U0937940

国家自然科学基金项目（71373227）、上海市教委科技创新计划资助（2017-01-07-00-03-E00044）、上海高校知识服务平台项目（海派时尚设计及价值创造知识服务中心）、中国创意城市研究院等共同资助。

# CAS视角下创意人才空间集聚行为与效应研究

## Study on Behavior and Effects of Creative Talents' Agglomeration from the View of Complex Adaptive System

袁新敏 著

**图书在版编目（CIP）数据**

CAS 视角下创意人才空间集聚行为与效应研究/袁新敏著．—北京：经济管理出版社，2017.12

ISBN 978－7－5096－5494－1

Ⅰ.①C…　Ⅱ.①袁…　Ⅲ.①文化产业—人才培养—研究　Ⅳ.①G114

中国版本图书馆 CIP 数据核字(2017)第 279033 号

组稿编辑：陈　力
责任编辑：杨国强　张瑞军
责任印制：黄章平
责任校对：王淑卿

出版发行：经济管理出版社
（北京市海淀区北蜂窝 8 号中雅大厦 A 座 11 层　100038）
网　　址：www. E－mp. com. cn
电　　话：（010）51915602
印　　刷：北京玺诚印务有限公司
经　　销：新华书店
开　　本：720mm×1000mm/16
印　　张：14. 75
字　　数：281 千字
版　　次：2018 年 3 月第 1 版　　2018 年 3 月第 1 次印刷
书　　号：ISBN 978－7－5096－5494－1
定　　价：58. 00 元

# 前　言

当前，文化强国战略背景下的文化创意产业实践正在我国勃然兴盛，并引领我国转向创新与知识驱动发展的新领域。Peck 在其“新”新经济（New New Economy）概念中指出，当今城市发展的主要动力已由之前的“技术”和“组织”转向了对“人”，尤其是对“创意人才”（Creative Talents）的关注。对创意企业而言，创意人才亦为关键资源，是企业实现创新突变的生力军，因此，无论作为组织活力的关键性资源，还是作为文化创意产业发展的核心能动要素，能否拥有足够的创意人才，汇聚创意源，将成为引领组织创新、影响产业和城市未来发展的关键内核。

创意人才与集聚地之间构成复杂适应性系统（Complex Adaptive System，CAS），人才空间集聚的过程可被视为人才与集聚地、人才与企业、人才与其他人才间关系形成与深化的过程，也即人地关系、人企关系、人际关系的建立与互动。为此，本书以 CAS 为研究视角，通过“集聚态势（现状）—集聚演化（过程）—集聚行为（表现）—集聚效应（结果）”的内容与结构安排，对创意人才的空间集聚行为及效应展开理论探讨和实证分析，试图探究创意人才集聚的行为特征与规律，揭示创意人才集聚效应产生的内在逻辑、作用表现与决定因素，为创意人才的获取与保留、文化创意产业发展、城市持续演进提供内生动力支持。

全书主要内容与结论如下：

（1）对我国创意人才的“集聚态势”（Situation）展开分析，采用修正的人才规模区位熵指标（LQ）进行省际层面的集聚比较与原因剖析。结果显示，我国创意人才集聚于东部地区的不均衡特征表现明显，但近年来出现了“中部城市明显改善”之势，东、中、西三大区域的层次分异、节点明显，折射出在空间结构上有向好的萌芽态势。在城市内部，创意人才主要聚集于新兴创意园区、城市衰败区以及文教区周边，表现为政策引导型、空间迁移型、空间极化型三种类型。

（2）为探讨创意人才在上述空间的集聚演化（Evolution），本书依循“案例—理论”的归纳法逻辑，对北京宋庄、深圳大芬村展开案例探讨与评述分析，以此为基础，将创意人才集聚演化的过程概括为“萌芽起步—吸引提升—根植与成熟—自增强—衰退或更新”五个阶段，与此相对应，创意人才在上述阶段的流动特征依次表现为“初始人才创业活动—外部人才吸引流入—本地嵌入与根植—群内流动与成长—人才更新或流出”。

（3）创意人才在集聚演化中具有怎样的行为表现（Performance）？这涉及“人企关系”和“人际关系”。其中，“人企关系”包括人才对不同企业的流动选择以及组织内保留两个方面。本书通过纳什均衡模型的博弈分析，发现组织激励在创意人才企业选择中影响显著，但组织激励对创意动力的激发将因创意人才自身能力的限制而遭遇多个停滞期，从而导致当企业知识平均增长率低于创意人才的学习能力时，人才的成长受限，组织激励对创意激发失效，人才的流出意愿相应增强。

创意人才在集聚中表现出寄生、双赢、共济三种不同类型的“人际关系”。本书运用创意生态理论，通过 Logistic 增长模型和 Lotka – Volterr 模型，对其人际关系的稳定性均衡展开数值分析，从而证实：双赢型创意人才人际关系的稳定在于合作互利、达人达己，而寄生型人才的稳定性条件则为此消彼长、相互牵制。

（4）集聚效应（Effects）是人才集聚量变与质变的结果。本书采用 CAS 理论的四个通用特征和三个主导机制，对集聚效应产生的内在逻辑予以梳理和明晰，并将其概括为“完成初始集聚—信息共享形成—知识溢出、知识协同产生—创意人才与企业非线性改变—区域效应形成”五个关键环节。沿“创意人才—创意企业—集聚地”三个尺度，本书同时对创意人才集聚的学习成长效应、创新效应、区域效应展开剖析，认为职业发展的正反馈与突跃效应、知识溢出效应是学习成长效应形成的两大关键；而创新效应依赖于集群内的知识协同，区域效应主要通过品牌效应、马太效应和羊群效应得以实现。

（5）以上海为样本，对创意人才的集聚行为与效应展开实证研究。人才层面，基于对园区内创意人才的问卷调查，从“群体特征、影响因素、行为表现、集聚效应评价”四个方面展开对“集聚行为”的实证分析。城市层面，对上海创意人才过去十年的“集聚效应”进行分析，发现其在社会网络缔结、信息共享等方面存在不足，使知识溢出效应受限。产业层面，采用 24 个创新城市的面板数据，从创意人才集聚规模、集聚强度、集聚均衡度三个维度，探讨创意人才集聚的空间演化对整个文化创意产业投入—产出效率的影响。结果显示，创意人才的集聚均衡度对产业的生产效率造成损失，但集聚规模、集聚强度则对其产生正向推动。

本书的创新之处在于：

（1）从研究视角看，本书从行为关系角度，将创意人才空间集聚问题由宏观至微观依次解构为“人地”、“人企”、“人际”三类关系的建立与互动，在构建创意人才复杂适应性系统（CCAS）简要模型的基础上，从集聚地共享环境中寻求人才成长的资源、机会与条件，从而突破传统人力资源管理着眼于从组织内部对人才予以开发和利用的局限，为创意人才的获取与保留提供新的路径与思路。

（2）从研究内容看，在“人地关系”案例探讨中，本书突破技术与制度层面，从“人的劳动价值”视角分析大芬村的演化与转型，得出创意工作者对自身身份的认同转换、对自我价值的认知转换是推动集聚地演化更新的内在动力，这对集聚地更新、产业转型升级具有借鉴意义；在“人企关系”探讨中，本书基于房租、社交等现实成本，提出修正的伊兰伯格流动净收益模型，同时基于实证，指出“城市文化”对创意人才空间选择发挥“标识”作用（即漏网功能），这能提高对现实问题（如逃离北上广、逃回北上广等）的解释性和指导性；在“集聚效应”分析中，本书运用CAS理论的7个基本点，梳理、概括出创意人才集聚效应产生的内在逻辑，同时创建创意人才能力成长曲线和胜任力模型，这既能为企业了解和把握创意人才的成长规律、优化创意人才管理提供理论依据，又能为人才流动的“后向式”研究做出贡献。

（3）在研究方法上，本书分别构建城市创意人才集聚效应、文化创意产业投入—产出效率两个评价指标体系，并运用熵值法和DEA－Tobit二步法展开实证研究，从而为我国采用“多中心、蔓延式”的创意人才集聚模式提供依据，也为创意人才集聚效应的评价提供量化测算方法上的借鉴。

# 目 录

# 1 绪论

当前，创意产业[①]在世界范围内获得迅猛发展，成为革新生产方式、推动社会经济发展的重要生力军。在四次经济增长转型[②]过程中，人类的生产、生活方式发生了根本性转变，从工业化初期的投资驱动，到以制造业为主的工业社会对信息、技术的获取，直至后工业化时期对创新知识和人才的开发与重用，无不彰显了人类社会在其经济发展道路上对资源的阶段性选择与适应性利用。可以说，生产要素的演化推动创意产业在全球范围内得以兴起。

追根溯源，创意产业的产生是经济社会步入一定历史时期的产物，在经历了物质资本快速积累的阶段后，人类开始进入经济高度发展和物质相对过剩的后工业社会，彼时，资源枯竭、环境恶化、经济发展动力不足、产品结构性矛盾突出等要求经济结构急需调整，经济发展方式亟待转变，而与此同时，科技发展日新月异，社会消费需求个性化特征不断显现，上述力量促使创意产业推动人类社会走向人力资本驱动的新阶段。显然，资源的稀缺性使“创意”成为21世纪以来无法替代的重要新生力量，这种力量以“破土”之势将创意产业推向历史舞台，也正因如此，创意的载体——创意人才，作为生产要素的价值和地位开始得到前所未有的重视与凸显。

同其他经济要素类似，创意人才在地理空间上同样表现出局部集中的特点：伦敦西区的文化艺术家，纽约、巴黎与米兰的时装设计师，东京的漫画家，好莱坞与宝莱坞的电影工作者……他们在特定城市的会聚为此提供了现实注脚。2013年，我国人才以15%~20%的年均流动率在企业、区域和国家间高速流动，这一速率比2003年增长了约10个百分点。伴随第四次国际产业转移和世界创新资源的系统性东移，以及创意产业后文化经济浪潮的来袭，对核心要素和先导性

---

① 文化产业和创意产业在内容上存在诸多相通之处，但在世界各国使用称谓不同，范畴也不尽相同。2009年，我国在《国家文化产业振兴规划》中，将文化产业的范畴确定为文化创意、影视制作、出版发行等八大门类，由于包含了创意产业的内容，因此，“文化创意产业”逐渐成为创意产业研究的侧重点，一直延续至今。对本书而言，由于规定了创意人才量化指标所涉及的三大行业（详见1.5.2节），因此无论使用何种称谓，对本书研究都不会造成质的影响，因此，本书在写作中未对文化创意产业、创意产业加以严格区分。

② 此为西方学者观点。国内学者厉无畏指出，工业化国家的经济增长方式历经投资驱动—技术驱动—信息驱动—知识驱动—文化创意驱动五次大的转型。

条件——创意人才的空间问题展开研究将成为影响创意企业和区域人力资本积累、组织创新、产业发展必须予以正视的现实命题。

## 1.1 研究背景与问题的提出

### 1.1.1 研究背景

#### 1.1.1.1 创意经济席卷全球，成为知识经济纵深发展的新阶段

拿破仑曾言：世界上有两种力量——利剑和思想。在人类创新发展中，思想的力量尤显重要。而创意（Creative），如国内学者段轩如（2002）给出的界定：创意是人们产生的思想、观念、立意、想象等具有创新性的思维成果，其本质在于思想的创造。创意的产生高度依赖于个体的知识、经验、直觉和洞察力，往往成为创新的发端，继而表现为创造新方法、新产品的巨大经济能力，这种对创新价值的生成、转化路径完全有别于资本、土地等传统要素的能力使创意逐渐成为知识经济背景下要素的“新宠儿”，人类也借此步入创意时代。

1997年，面对传统制造业萎缩，创新动力不足，英国政府率先将创意产业作为政策性概念提出①，并将其作为重振英国经济的支柱产业和增长点加以扶持和培育。实践证明，创意产业的发展帮助英国经济成功转型（见表1－1），并在全球范围内起到了良好的示范和带动作用，使更多来自欧美、澳大利亚、东亚的国家和地区开始重视创意产业所蕴含的巨大经济效益和文化价值，纷纷将其视为支柱产业加以培育。

**表1－1 英国创意生产力指数（2000～2007年）**

| | 2000年 | 2001年 | 2002年 | 2003年 | 2004年 | 2005年 | 2006年 | 2007年 | 1998～2007年变化率 |
|---|---|---|---|---|---|---|---|---|---|
| 指数 | 98.7 | 93.6 | 92.1 | 93.3 | 100 | 106.8 | 104.1 | 109.6 | |
| 变化率（%） | 1.6 | －5.1 | －1.6 | 1.3 | 7.2 | 6.8 | －2.6 | 5.3 | 1.5 |

注：表中生产力指数以2004年为基期。

资料来源：英国文化体育与传媒部．创意及休闲旅游产业的生产力估算［EB/OL］．http：//www.culture.gov.uk.

① 联合国教科文组织编著的《创意经济报告2013》指出：英国关于创意产业的概念实际上源于澳大利亚。1994年，澳大利亚在其第一份文化政策报告中提出了构建创意国家（Creative Nation）的目标，引起了英国政府的注意，并由此成立了英国创意产业特别工作小组（Creative Industries Task Force，CITF）并发布创意产业图录报告（1998，2001，2004）。

截至目前，创意产业已在发达国家和发展中国家/地区都显露出强劲动力，数据显示：“2002～2011年，发展中国家的创意产品及服务出口年均增长12.1%，2011年交易额占全球总额的一半。”作为一种新兴业态，创意产业正以其增值的经济势能，成为发达国家继续维持创新领先地位、发展中国家实施“赶超战略”的共同选择。

1.1.1.2　我国创意产业蓬勃发展，成为文化强国战略的重要内容

创意产业的繁荣兴盛与文化资源密不可分。在我国，国家对文化产业的重视与政策激励同样为创意产业的发展提供了难得的机遇，尤其是近年来，我国“文化强国”战略的确立进一步推动创意产业驶向快速通道。图1－1显示了我国“文化强国”战略的历史演化进程。

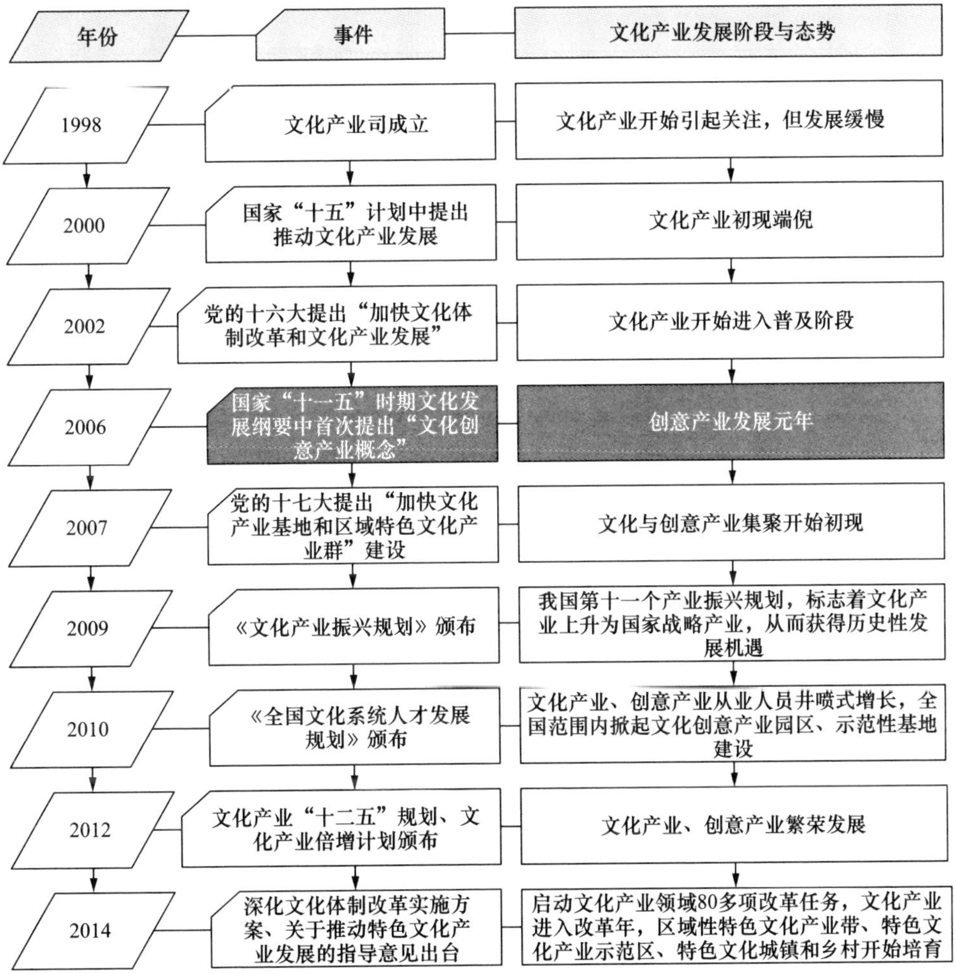

| 年份 | 事件 | 文化产业发展阶段与态势 |
|---|---|---|
| 1998 | 文化产业司成立 | 文化产业开始引起关注，但发展缓慢 |
| 2000 | 国家“十五”计划中提出推动文化产业发展 | 文化产业初现端倪 |
| 2002 | 党的十六大提出“加快文化体制改革和文化产业发展” | 文化产业开始进入普及阶段 |
| 2006 | 国家“十一五”时期文化发展纲要中首次提出“文化创意产业概念” | 创意产业发展元年 |
| 2007 | 党的十七大提出“加快文化产业基地和区域特色文化产业群”建设 | 文化与创意产业集聚开始初现 |
| 2009 | 《文化产业振兴规划》颁布 | 我国第十一个产业振兴规划，标志着文化产业上升为国家战略产业，从而获得历史性发展机遇 |
| 2010 | 《全国文化系统人才发展规划》颁布 | 文化产业、创意产业从业人员井喷式增长，全国范围内掀起文化创意产业园区、示范性基地建设 |
| 2012 | 文化产业“十二五”规划、文化产业倍增计划颁布 | 文化产业、创意产业繁荣发展 |
| 2014 | 深化文化体制改革实施方案、关于推动特色文化产业发展的指导意见出台 | 启动文化产业领域80多项改革任务，文化产业进入改革年，区域性特色文化产业带、特色文化产业示范区、特色文化城镇和乡村开始培育 |

**图1－1　我国“文化强国”战略的政策演进**

由图1－1可知，2006年可谓我国创意产业发展之元年，概念一经提出，便引发了政府到民间的高度重视。北京、上海率先进行了产业实践，此后，杭州、南京、成都、广州、深圳、长沙、重庆等17个城市都在“十一五”期间将其视为新的增长点加以培育，由政府圈定的各类创意产业园区如雨后春笋般建立起来。在政府政策扶持和引导下，我国创意产业取得了积极进展。2015年，北京文化创意产业增加值在经济下行压力下，仍以13%的速度高速发展；2014年，上海文化创意产业增加值达2820亿元，占GDP比重约为12%，见图1－2。

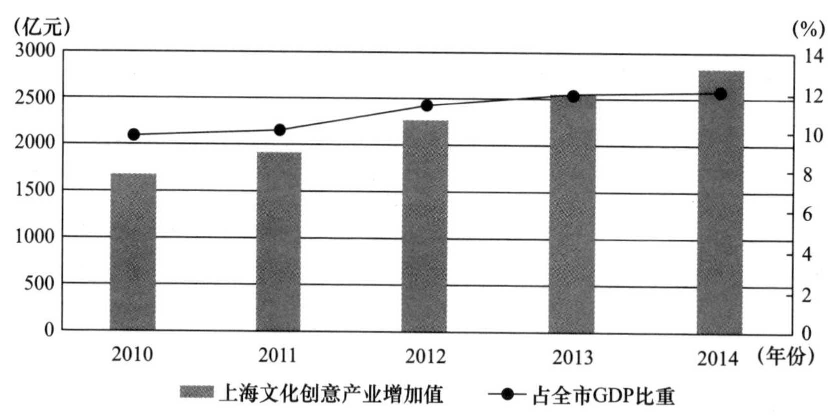


**图1－2 2010～2014年上海文化创意产业经济指标**

资料来源：张京成．中国创意产业发展报告（2015）［M］．北京：中国经济出版社，2015.

近年来，伴随“中国制造”向“中国创造”的转变，创意产品和服务逐渐取代传统制造业，物质产品不断进入全球文化消费市场。2011年，我国创意产品出口居世界领先地位，出口总额十年间增长了3倍。作为我国文化强国战略实施的重要表现，创意产业正显示出越来越强大的活力。

1.1.1.3 创意城市构建方兴未艾，推动城市创新体系不断完善

伴随生产要素与增长方式的转变，城市经济亦开启知识经济的新纪元。历经工业时代发展，城市具有创意产业发展所需的环境和条件，其中，遗留于城市中心区域的废旧厂房、仓库等成为创意产业发展最主要的“空间”支持。由此，创意产业在城市区域得以不断集聚，推动城市空间创新，促使“工业城市”向“创意城市”（Creative City）积极转变，成为后工业化时代城市发展的必然选择。

2004年，联合国教科文组织通过了成立“创意城市网络”（Creative Cities Network）的提议，拟设立文学之都、电影之都、音乐之都等7种创意城市类型，

由此推动创意城市网络（CCN）在世界范围内开始发挥作用。当前，国内已有4个城市加入了“创意城市网络”，其中，成都获得“美食之都”称号，哈尔滨被授予“音乐之都”称号，深圳和上海先后被授予“设计之都”称号，具体见附录1。

近年来，世界许多城市根植自身地方特色，将创意城市视为城市发展的一种模式，积极制定相关发展战略，推动创意城市与创意产业两者的良性互动，且成效显著。国际著名城市 Austin（USA）、London（UK）、Manchester（UK）、Almere（Germany）、Turin（Italy）、Copenhagen（Denmark）等均通过创意城市建设，成功摆脱了后工业时代的困境，带来城市复兴。

1.1.1.4 创意阶层悄然崛起，推动创意产业进入发展新阶段

早在2002年，美国的创意人才数量达3800多万人，不仅占全美劳动力人口的1/3，还独占世界创意从业人口总数的20%～30%；在欧洲，有7个国家的创意人才就业比例超过25%，其中，荷兰、比利时、芬兰三国均达30%。创意人才队伍不仅数量庞大，还以惊人的速度保持持续增长，在多数发达国家，包括科技、艺术设计、文化娱乐等创意行业的劳动力比例从1980年的12%上升至20世纪90年代的30%～40%。

异军突起的创意人才在国民经济社会中的地位与作用越来越凸显，以美国为例，其创意部门所创造的财富占全美经济价值的47%。以此为背景，2002年，Florida率先提出了创意阶层（Creative Class）的概念并指出，“创意的异军突起象征着一个全新职业阶层的崛起”，该阶层被划分为“超级创意核心”和“创新专家”两部分，既包括艺术家、文化企业家，也包括科学家、建筑师、工程师等，他们在2007～2010年的就业情况如图1－3所示。

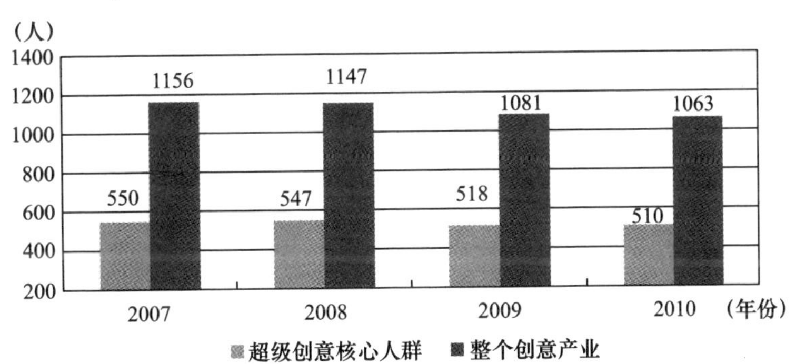


**图1－3 美国创意产业就业人数（2007～2010年）**

资料来源：国际知识产权联盟．美国经济中的版权产业：2011年报告［Z］．陈新译．2011.

目前，尽管我国创意人才规模尚未形成社会阶层力量，但在近四年来也以年均12.3%的速度在快速增长。以科学研究、技术服务，文化、体育和娱乐业，信息传输、软件和信息技术服务作为统计口径，2014年，我国创意从业人员总数近900万人，其中北京创意从业人员占城镇就业人口的比重超过18%，不难理解，我国创意从业人员规模的壮大为创意人才空间集聚问题的研究提供了必要的现实基础。

### 1.1.2 问题的提出

从全国范围看，国内创意人才在总量规模、层次水平、专业背景和地理分布等方面存在不足，数量短缺、质量参差不齐、空间极化分布、结构不均衡等问题导致我国创意产业发展动力不足，成为制约我国创意产业发展的严重瓶颈。

#### 1.1.2.1 创意人才数量与质量亟待改善

当前，我国创意人才数量与质量对创意产业发展尚不能提供足够智力支持。

一方面，创意人才在总量上严重匮乏。数据显示，在日本，有5000多万人曾接受过与创意相关的培训，创意从业人员在总就业人口中的比例高达15%以上。然而在我国，袁界平和张圆圆认为，我国创意人才总量偏少，占就业人口总数的比例过小。2011年，我国游戏动画人才短缺60万人，影视动画人才市场缺口14万人。此外，广告业也存在严重的“人才荒”，其中，仅北京、上海、广州三地的广告公司对创意人才的市场缺口高达74%。同样，据国家劳动和社会保障部资料显示，国内商务策划师人才缺口每年超过10万人，名列首位。

另一方面，我国创意人才质量有待提升。除了严重的数量短缺问题外，我国创意人才还面临着严峻的人才质量问题。原创性、高端创意人才不足，导致原创产品少，产品核心竞争力不强。从创意人才类型看，我国精通管理、营销、法律等复合型经营管理人才短缺，难以将创意思想市场化和产业化，致使创意资源优势不能有效转化为产业优势，可以说，人才整体竞争力不强导致创意企业发展滞后，创新效能提升缓慢。

#### 1.1.2.2 创意人才的行业结构与空间结构不均衡

从结构上看，我国创意人才队伍面临着明显的行业结构与空间结构失衡的问题。就行业结构而言，我国3/4的创意从业人员主要集中于传统文化行业，从事编辑、策划、设计等工作，而在新兴创意产业领域，如动漫游戏、工艺时尚等，创意从业人员则严重不足。从区域分布看，我国创意从业人员大量云集在经济富庶的长三角、珠三角、环渤海经济圈等地区，造成西部广大内陆地区创意从业人员比重不足1%。这种在局部空间的高度集聚将进一步加剧我国创意产业在空间上的非均衡发展。

从空间结构上看，受区域资源、政策制度、市场分割、信息不对称等因素制约，我国创意人才的流动尚未能实现充分市场化。公共服务、交流平台缺失，致使人才流动受限、受阻，人力资源配置不佳，一方面优秀创意人才无法人尽其才，另一方面创意企业求贤若渴，这种矛盾带来一定程度的效率损失，不利于我国创意企业和产业的良性发展。

1.1.2.3 创意城市、创意产业园区呼唤创意人才集聚

创意经济时代，创意阶层的崛起正成为决定一个国家或地区未来持续发展的重要动力。创新是城市与生俱来的特质，创意城市与创意产业之间存在互为促进、相互依存的关系。伴随创意产业在我国的兴起，越来越多的城市开始加入到创意城市的创建与建设中，通过对城市文化创意资源的保护、开发、利用，以及对城市创意空间和氛围的营造，吸引创意人才不断会聚，对创意产业和创意城市的发展起到了积极的推动作用。

然而，在创意城市、创意园区建设过程中，仍然存在着诸多制约创意人才流动、集聚的障碍与不足：①创意大师、领军人物等高端、复合型人才不足，难以在集聚区内产生人才“吸磁扩大”效应；②刻意模仿、盲目攀比、规划不科学，导致创意产业集聚区（园区）空心化明显，效率低下，人才流失严重；③城市创意空间、便利性有待优化，在硬件，特别是软环境上无法完全满足创意人才对工作和生活的需要；④户籍、教育、医疗等公共服务政策严苛，成为影响创意人才流动难以克服的制度性障碍；⑤城市内涵不足，定位不清，或个性不突出，导致城市认知度、辨识度不高，核心竞争力不强，难以对创意人才产生足够的吸引力。上述问题在不同程度上制约了创意人才在城市空间的流动与集聚，“人才蓄水池”与“创意源”的匮乏导致创意产业发展动力不足，严重影响创意城市的构建与品牌的形成。

1.1.2.4 创意人员管理成为当前企业创意管理的重要内容

创意源于个体，但成于团队。从企业管理层面看，创意与管理正日益融合，创意管理正成为企业管理当前的新焦点。表1－2简要列出了企业管理理论演化的五个发展阶段。不难发现，企业管理每一次中心理论的提出，实质上就是对现实管理问题与时俱进的创新性思考成果的抽象反映：从劳动分工理论对生产工具革新、工人技能的差别化管理，到大规模生产理论对规模效益的关注与强调，从组织管理理论突出组织管理创新，到消费者中心理论注重对营销方式的运用，每个阶段的核心思想都蕴含着对当时社会经济变革所做出的创新思考与创意设计。

表1-2 企业管理理论演化脉络简表

| 时间 | 中心理论 | 提出背景 | 具体主张 | 创新着力点 |
|---|---|---|---|---|
| 第一阶段：18世纪60年代至20世纪初 | 劳动分工理论 | 生产力水平低下 | 分工提高效率，将工作分成简单和重复性任务 | 生产工具革新、工人技能差别化管理 |
| 第二阶段：20世纪初至30年代 | 大规模生产理论 | 生产设备优化，机器化大生产 | 通过流程重组与再造提升生产效率，兼顾成本、效率与质量基础上实现规模化生产 | 生产规模创造 |
| 第三阶段：20世纪30年代至60年代 | 组织管理理论 | 人与工作、环境的关系变得复杂，矛盾突出 | 重视人的因素，通过计划、组织、领导和控制实现组织管理创新 | 管理模式创新 |
| 第四阶段：20世纪60年代至90年代 | 消费者中心理论 | 科技革命使产品日益丰富，市场供需力量发生扭转 | 通过营销组合满足顾客需求 | 营销组合创新 |
| 第五阶段：20世纪90年代至今 | 创意管理中心理论 | 消费者个性需求日益多元，产品日益多样化 | 强调创意源——人作为生产要素的主导性 | 创意人才管理、知识管理创新 |

2006年，Bilton提出了创意管理这一概念。认为创意为管理提供了内容和对象，而管理则帮助创意实现价值转化。Green在其提出的“5I”理论中，也认为创意生成所经历的资讯（Information）、酝酿（Incubation）、启发（Illumination）、生成整合（Integration）和应用（Illustration）五个阶段同样离不开微观视角下的企业管理。

知识经济背景下，创意人才作为企业生命线的重要影响作用，使创意企业对创意人才的获取、保留与开发变得前所未有的重要。也正因如此，创意人才在不同地理空间的流动引起了创意企业越来越广泛的关注，使对创意人才的管理逐渐成为企业创意管理内容中的重要组成部分。伴随创意管理中心理论的兴起，对创意人才的获取、培养；对员工创业意识、创新精神和创造能力的塑造将成为管理框架中的核心部分。

## 1.2 研究意义

创意人才作为创意力量正逐步参与到集聚地创新系统中，成为企业创新、区域创新、社会创新的“加速器”。然而，针对创意人才问题的探究，学术界和实践领域均处于探索阶段。本书将区域层面、组织层面两类人才流动融合起来，对创意人才的空间行为展开探索研究，能彰显如下理论与现实意义。

### 1.2.1 理论意义

（1）将创意人才作为研究对象，有助于拓宽我国人才研究的新视野，深化人才地理学研究，推动人才流动的后向式探讨，促进人力资源管理、要素集聚等相关理论在新的研究对象中的时代性拓展与修正性运用，为学科发展做出贡献。

当前，在国家良好文化政策激励下，越来越多的创意人才得以涌现。然而，从近年来国内关于人才研究的对象看，对“创意人才”这类群体尚未引起足够重视，既有研究也多数停留在概念界定、人才培育等方面，而基于人才空间视角，研究创意人才聚集问题的成果尚不多见。

创意人才具有怎样的群体特征？他们“去哪里以及为什么去那里？”他们“如何在集聚地从无到有、一步一步实现生成、演化？……”本书对上述问题的研究能积极拓宽我国人才研究的新视野、新对象、新内容，此为其一。

其二，关于人员流动的研究分为两个角度，一种是将人才流动作为因变量而展开的前向式研究，如分析人才的流动动因；另一种则将其视为自变量，探讨其流动所产生的各种效应，此为后向式研究。从现有文献看，多以前向式研究为主，针对创新人才流动的后向式研究在国内尚不多见。因此，本书对创意人才集聚效应的探讨能深化人才流动的后向式研究。

（2）基于 CAS 视角，对创意人才集聚行为与效应展开探讨，能拓宽人力资源开发与管理的新路径，深化对以知识管理为主要内容的人力资本研究，进一步丰富组织行为学理论，为企业未来创意管理提供方向指引和路径指导，具有较高的学术探索价值。

企业是人才集聚的空间单位，却很少被作为人才集聚的研究对象予以讨论。以“企业人才集聚”作为主题词，在 CNKI 上予以搜索，发现在过去 22 年中相关论文数仅为 277 篇。究其原因，主要在于其与人力资源管理理论存有一定程度的相似性。

本书以 CAS 为研究视角，主张从集聚地共享环境中寻求人才成长的资源、机会与条件，有利于打破传统人力资源从组织内部实现对人员开发与利用的局限，为人力资源开发与管理提供新路径。本书在研究中，将围绕创意人才与创意企业这一“人企关系”，着重探讨创意人才对不同空间的企业选择与组织内保留，对该问题的探讨将有利于探明创意人才的行为动力，揭示“组织激励”与“创意人才学习成长”、“创意动力激发”三者关系对人才组织内保留的影响，这将进一步深化创意人力资本研究，丰富组织行为学理论，成为企业人力资源管理，特别是创意员工管理的发展新阶段。

（3）将创意人才作为研究对象，有助于突破以往从“产业”、“园区”层面探讨创意产业问题的局限性，实现从生产要素视角，揭示创意人才对创意产业发展和城市持续演进的内生动力支持与作用表现，为创意产业后续研究指明方向，为城市创新管理提供新的参考和依据，为学科创新服务。

当前，国内学术界针对创意产业的研究，主要集中于概念界定、产业集聚、创意产业园区等宏观、中观层面，鲜有从要素视角对创意人才展开探讨分析。有关产业集聚对要素集聚的带动、要素集聚对产业发展的影响也尚未获得足够重视。本书基于创意人才与集聚地环境的交互作用，论述产业集聚对创意人才流动集聚所产生的外部拉力，实证创意人才的空间演化对创意产业投入—产出效率的影响，同时，明晰创意人才集聚与企业、与产业、与集聚地创新发展的内在逻辑，并通过集聚模式的优化选择，实现对创意人才的优化配置与充分利用，这将有利于揭示创意产业发展的内生动力机制，为创意产业未来研究指明线索和方向。

此外，作为城市未来持续演进与创新发展的活力源，创意人才在城市特定空间的集聚能产生良好的区域效应，成为未来城市创新管理的重要组成部分，因而，本书对创意人才空间集聚行为与效应的研究，同样能为城市持续演进、创新管理提供相应的参考和依据。

### 1.2.2 现实意义

（1）本书对创意人才集聚行为的探究，有助于深化对创意人才群体的了解和认知，帮助创意管理者了解创意人才的内在需求与外部动力，把握创意人才学习成长的路径与机制，理解创意人才集聚与企业创新之间的内在机理。因而从企业层面看，本书能为创意人才的获取与保留提供实践参考，指导创意企业在人才获取、人才保留中突破自身边界，从集聚地共享环境中加强对外部成长性资源的捕获与利用，实现对创意人力资本的合理开发、有效配置与充分利用，推动人才、企业在集聚地系统中的共同进化、共同成长。

（2）创意产业的集聚发展离不开对创意人才集聚的依赖，可以说，人才集聚与产业集聚相伴而生，甚至先期而行。当前，人才短缺、空间结构严重制约了我国创意产业的发展。因此，从产业层面看，本书能引导、促进和强化创意人才向产业集聚地的流动与集聚，改善集聚地创意人才队伍的质量、层次与结构，为创意产业发展提供要素支撑和动力支持，缓解、克服我国当前部分创意园区空心化、创新效应不明显、人才流失严重等问题；同时，通过“要素集聚—企业成长—产业发展—要素进一步集聚”的良性循环，促进我国创意阶层的培育和崛起，为构建良好的人才培育环境、推动创意产业获得内生发展、解决我国文化产业大发展中所面临的人力资源问题做出积极尝试。

(3)“新”新经济（New New Economy）概念指出，当今城市发展的主要动力已由之前的“技术”和“组织”转向了对“人”，尤其是对“创意人才”的关注。如何拥有大量创意人才，汇聚创意源，成为影响未来城市竞争的重要因素。“城市—园区—企业”是本书对“人才集聚空间”由宏观至微观的界定，因此，创意人才的空间集聚首先体现在对城市的优先选择上。创意人才是城市未来发展的活力源，那些会聚了大量创意人才的城市总是充满浓郁的创意创新氛围，创新成果突出，基于此，从城市层面看，本书能拓展创意城市有关“人”的研究，为城市的持续演进提供活力要素和内生动力，为地方政府人才政策的制定、城市便利性建设、城市创意管理提供指导和参考，促进城市由生产型向生态型、效益型城市转变，为我国创意/创新城市构建以及新型城市化建设提供关键要素。

## 1.3 研究视角阐释

### 1.3.1 基本考量

对创意人才空间集聚问题的探讨基于这样一个事实：在我国，由于起步晚、融资难、创意个性化消费等原因，多数创意企业在规模上体现为小而微，它们常以集中分布的态势聚集于某些特定区域，并从这种地理的邻近性中获得良好的外部性而对企业的价值创造带来积极的推动作用。然而，人才集聚是一种规模经济，单一创意企业在人才数量上的不足使对人才空间集聚问题的研究难以从单个企业层面展开。因此，他们的集聚区域就成为本书探讨创意人才空间集聚行为的基本空间载体。

创意人才作为知识类人力资本，其工作价值尤以产品创新、技术创新、知识创新等各类创新为典型标志，而创新是一个复杂的系统工程，现有文献涉及到的研究方法和相关理论主要有场（Ba）理论、知识螺旋（SECI）理论、复杂适应系统（CAS）理论、系统动力学等，其研究内容也由对创新概念、特征、影响因素的探讨逐渐转化为对创新内在机理与机制的探究。如图 1－4 所示，空间集聚使创意人才处于一个复杂、综合的社会关系系统（CCAS）中，一方面，创意人才与消费者、企业组织、其他创意人才之间共同构成创新核心系统，彼此发生千丝万缕的联系；创意人才、创意企业与行业内竞争者、合作者、承包商、供应商等关联方形成生产网络子系统，共同完成创意产品的生产制造环节。另一方面，创意人才与创意组织还通过与周边高校科研机构、公共服务平台以及各类中介组织的产学研合作来获得创新支持，最后，仍不可避免地接受所在区域社会文化、价值理念等因素的浸润与影响。

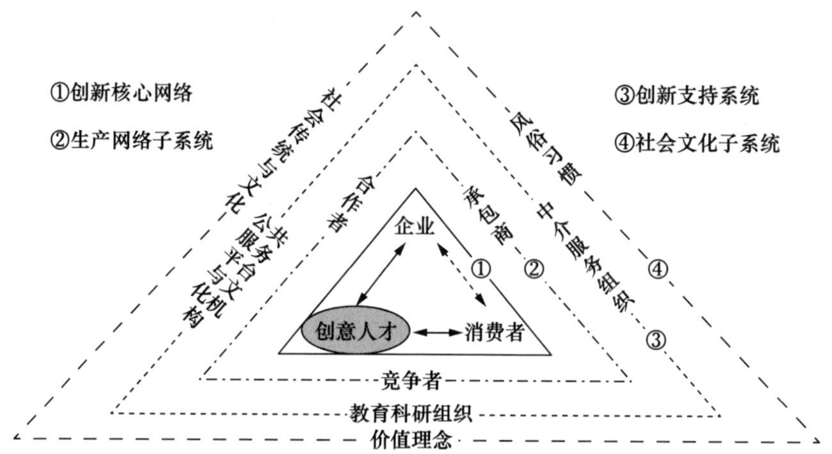


图1-4 创意人才所处的复杂适应系统（CCAS）

在上述CCAS中，多元化主体、多要素组合、多样化联系，形成纵横交错的社会网络①，作为具有适应能力的个体，创意人才能够自觉、主动地同周边要素与环境发生种种交互，从而产生对自己、对企业、对集聚地环境有利或不利的影响。基于此，本书将在复杂适应系统（CAS）的视角下对创意人才集聚行为与效应展开分析。

### 1.3.2 复杂适应系统（CAS）及其特性

CAS（Complex Adaptive System）概念最早由Holland提出，其基本思想是：一大类系统往往由大量具有适应性、主动性的元素（Active Element）组成，这些元素被称为适应性主体（Agent）。他们能主动适应环境、迎合其他元素的变化而随时调整自身行为。通过这种不断与环境、与其他个体的交互作用与学习，适应性主体逐渐获得经验，并主动对自身行为方式做出改变，以应对其他主体的变化，维持自身价值的永续。适应性主体的这种行为同时改变着周围环境，从而推

① 这里的社会网络包括强连接和弱连接。佛罗里达、科瑞德等学者指出，相对于强连接而言，弱连接对吸引创意人才流动更起作用。本书将在5.1节中对此展开论述。

动系统中新的层次不断衍生，或促使原有系统出现分化和多样性，抑或通过新的聚合产生更大的主体，因此，适应性造就复杂性为 CAS 的核心思想所在。

CAS 理论共涉及 7 个基本点：

（1）聚集性（Aggregation）。适应性个体在彼此接受对方时，通过多次“互动、黏合”，使原来较小的、处于较低层次的简单个体形成一个更大、更高一级的独立聚集群，并形成一种新型组织关系。这一过程不断循环反复，推动系统演化成多层次、多功能的复杂结构，这也是复杂适应系统演化的最基本方式。

（2）非线性（Nonlinearity）。适应性个体在交互中自身属性的改变并不直接等于自身独立变化的简单加总求和，即 $f(ax+by)\neq af(x)+bf(y)$，而是附加一个由外界干扰而带来的交叉系数或耦合项，这使叠加原理在此处不成立，个体变化往往表现为一种复杂、随机、多维、互为因果的非线性关系。

（3）流（Flow）。在 CAS 中，个体之间、个体与环境之间时刻存在着物质、能量与信息的交换，这一过程称为“流”。流是一个由｛节点，连接者，资源｝三元素构成的功能复合网，具有在不同节点中，通过对资源的有效利用，使系统的能量成倍递增的乘数效应（Multiplier Effect）和周而复始的再循环效应（Recycling Effect）。“流”的渠道的通畅性、周转速度将直接影响系统的演化。

（4）多样性（Diversity）。CAS 的多样性源于个体差异，个体差异不仅影响自身的行为方式，同时也导致系统中出现复杂的竞合关系。个体差异的进一步扩大会产生分化，因而推动整个系统朝多样化、多层次演化。系统的这种多样性源于个体对环境的依存性与协调性，因此，一次新的适应过程往往意味着一种新的互动机制产生。

（5）标识特征（Tagging）。CAS 中不同主体间的聚集并非出于随机和任意，而是基于共同目标有意识进行选择的结果，这种甄选机制即为“标识”。标识能强化个体间的区分度，一方面有助于系统的多样化，另一方面有利于主体在外界因素干扰下依然能够维持动态稳定。因此，“标识”在个体与环境的相互作用中显得尤为重要。

（6）内在模式（Internal Model）。适应性主体在主动适应环境过程中逐步建立起一种隐藏在系统内部的复杂机制，基于这种预警识别机制，适应性主体能对周边环境和行为做出预判、预知后果并迅速做出反应。在 CAS 中，不同层次的个体都有复杂的内部机制，具有预知未来的能力。

（7）构造模块（Building Blocks）。通常，复杂系统由多个简单部分通过改变彼此的组合方式得以形成。相应地，适应性主体在 CAS 中，将通过多次尝试、不断实验对自身加以改造和调适，继而形成作用于主体耦合的种种行为方式与规则，此为“构造模块”。构造模块强调系统的结构化，它结合“内在模式”，能确保CAS系统的完整性和稳定性。

### 1.3.3 创意人才复杂适应系统（CCAS）的特征

如图1－4所示，创意人才在特定地域的集聚使之与创意企业、其他创意人才、创意集聚地之间形成一个复杂的适应系统。在该系统中，创意人才、创意企业、创意集聚地三者都具有相应的适应能力，都能通过自身努力实现既定的价值和目标，表现出明显的主动性和目的性。基于CAS的上述7个基本点，本书对创意人才复杂适应系统（CCAS）的特征分析如下：

（1）关于聚集性。无论在创意组织还是创意集聚地，创意人才在其内部均呈现出典型的聚集性。人才在组织内的集聚形成组织人际关系，在集聚地内的聚集形成本地化网络。一个个具有创新能力和创新精神的创意人才①，基于各自的价值取向和工作目标，通过“互动、黏合”生成一个较高层级的创意群体或创意团队，而后又通过与其他创意群体的“黏合”进一步形成更高级别的创意主体。在CCAS中，创意人才彼此分工明确，能在与系统中其他要素的双向互动中，自觉、主动地改变自身行为方式，从而推动创意组织、集聚地人力资源内部结构和功能得以重组与完善。

（2）非线性关系。各类创意人才聚集于创意组织与集聚地，主体间形成一个多维度、多节点的创意功能网络。网络上任意一个因子自身的独立变化既受到其他关联因子的影响，又不可避免地引起其他因子发生“共振”，这种“共振”作用既不是对创意个体在知识、技能变化上进行简单的加总求和，也不是发生同比例的相应变化，而是使整个系统发生一种非线性改变。而且，这种改变既有可能引起系统的正向反馈，也有可能带来系统的负面效应。

（3）关于“流”。在CCAS中，存在一个由｛创意主体、创意工作机制、创意资源｝组成的功能复合网，在该网络结构中，创意个体与创意个体间、创意个体与外部环境间，在创意工作机制的干预和牵制下，进行着物质、信息和能量的交换。基于这种交换，创意个体不断提升对外部环境的适应能力，从而确保整个系统维持相对稳定。创意人才是创意企业的核心，容易获得资本、信息、技术等资源的支持，当创意人才获得上述资源时，创意网络将获得良好的乘数效应与循环效应，进而推动创意企业在环境适应能力和绩效水平上的改进。

（4）多样性特征。创意具有明显的个体化属性，在很大程度上受不同个体专业背景、受教育程度、知识结构和工作经历等因素影响，这使CCAS具有典型的多样性特征。这一特征对系统的影响作用显著，某一独立个体的些许变化都将

① 事实上，创意人才与其他非创意人才主体之间的相互合作与相互适应，也能形成聚集现象。

引起“牵一发而动全身”的影响，不仅使创意协作关系发生改变，引起其他创意主体的工作也发生相应变动（如创意管理人员风格的改变使创意人才间的合作交流机制、创新氛围发生相应变化），同时还可能使个体的差异进一步扩大，最终形成分化，推动整个系统的多样化、多层次演化发展。

（5）标识特征。虽然存在明显的个体差异，但创意人才对于空间、企业、团队的选择依然有律可循。从系统的两大标志——“同质性”与“互补性”看，能从四面八方汇聚到一起的多数是那些具有相似知识背景、价值取向相互认同，兴趣爱好相仿、专业技能接近或互补的群体，唯有如此，才能在劳动分工和相互合作的基础上产生聚集现象。在空间流动与选择过程中，“标识”能引领和指导创意人才的空间选择、流动与协作共生，使 CCAS 演变路径由简至繁、由单向变双向。由此不难得出，“标识”是系统不断演变的结果，也是使系统维持整体健康的重要内生机制。

（6）内在模式。内在模式作为预警机制，将决定 CCAS 中各创意主体对环境变化的反应能力，其来源主要有二：一是源于针对创意主体为适应环境所确定的各项准则，此时，群体对环境的适应状况既与创意主体自身能力有关，也与企业的创新宽容度有关；二是源于系统自身的稳态机制，实现稳定是系统运行的目标，但系统的稳定是一个不断向上、动态发展的过程，由此，维持系统稳定的“内部模式”具有增强创意人才对环境的预知和判断能力的作用，这也是系统为了保持稳定健康而对创意主体提出的必然要求。

（7）构造模块。CCAS 是一个由多个独立系统上下交错而成的复杂网络，具有明显的层次性。而每一独立系统又由较低层次的“构造模块”组成。例如，创意人才先基于共同任务和目标组成项目团队或单个部门（即创意种群），然后，又和其他项目团队组成创意企业或创意联盟，所形成的创意群落使系统的复杂程度变得更高，边界范围变得更广。当然，不同的创意工作内容（如 R&D、创意生产等）、不同的创意者身份（如工艺师、经纪人等）也都能构成创意人才 CAS 中的“构造模块”，他们基于价值创造与共生规律发生相互交错。

基于创意人才在系统内与创意企业、创意集聚地的相互作用，CAS 视角下的创意人才空间集聚行为研究也将主要从集聚地（园区）层面—组织（创意企业）层面—人际层面得以展开，这一思路也将成为本书内容安排的逻辑与主线。如图 1－5 所示，“人地关系”主要从园区层面，着重探讨创意人才基于自发机制，在特定集聚地从无到有、不断生成演化的过程；“人企关系”基于组织层面，探讨创意企业对创意人才的获取与组织内保留，反映创意企业加强创意人力资本管理的新路径；“人际关系”则从人才个体层面，重点围绕创意人才与组织内、集聚地内其他创意人才的竞争、合作关系而展开，目的在于探讨 CAS 系统中人才关系的稳定。

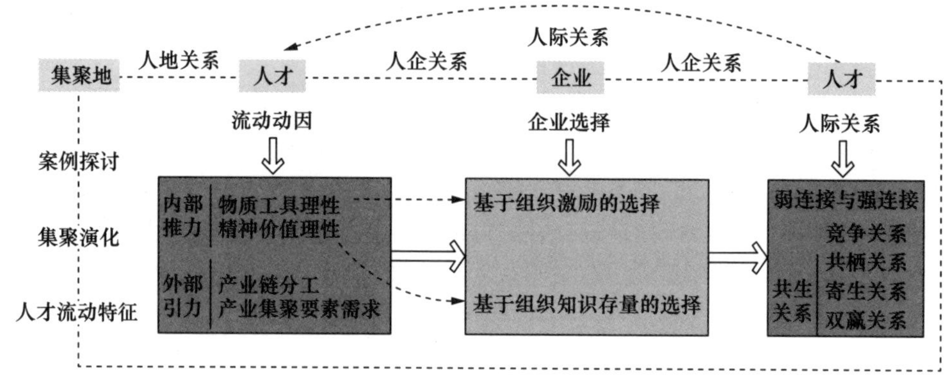


图1-5　CAS视角下创意人才空间集聚的主要行为关系

## 1.4　研究内容、方法与技术路线

### 1.4.1　研究内容与技术路线

本书基于"集聚态势（现状）—集聚演化（过程）—集聚行为（表现）—集聚效应（结果）—实证分析（验证）"的内容安排与研究主线，对创意人才空间集聚行为与效应展开理论探讨和实证分析，具体研究内容与思路如图1-6所示。

（1）第1章旨在交代时代背景，指出我国创意人才队伍在近年来呈现出爆发式增长，数量规模的急剧扩大为本书研究提供了现实基础。然而，创意人才在总量、质量、结构等方面存在不足，无法充分满足创意产业持续发展的客观要求，加之，创意管理成为当前企业人力资源管理和创新管理研究的新焦点。基于上述考虑，本书提出对创意人才空间集聚问题展开研究，以回答"创意人才去哪里?"以及"为什么去那里"的问题。

（2）有关创意人才集聚的研究涉及人力资本、人才集聚等相关理论，因此，本书第2章将对上述基础理论进行简要阐述，然后对与本书主题密切相关的创意产业及其集聚理论予以简要回顾与总结，最后就创意人才的内涵、范畴等做出本书的界定说明，并针对创意人才地理集聚的当前研究动态，展开文献梳理与评述。

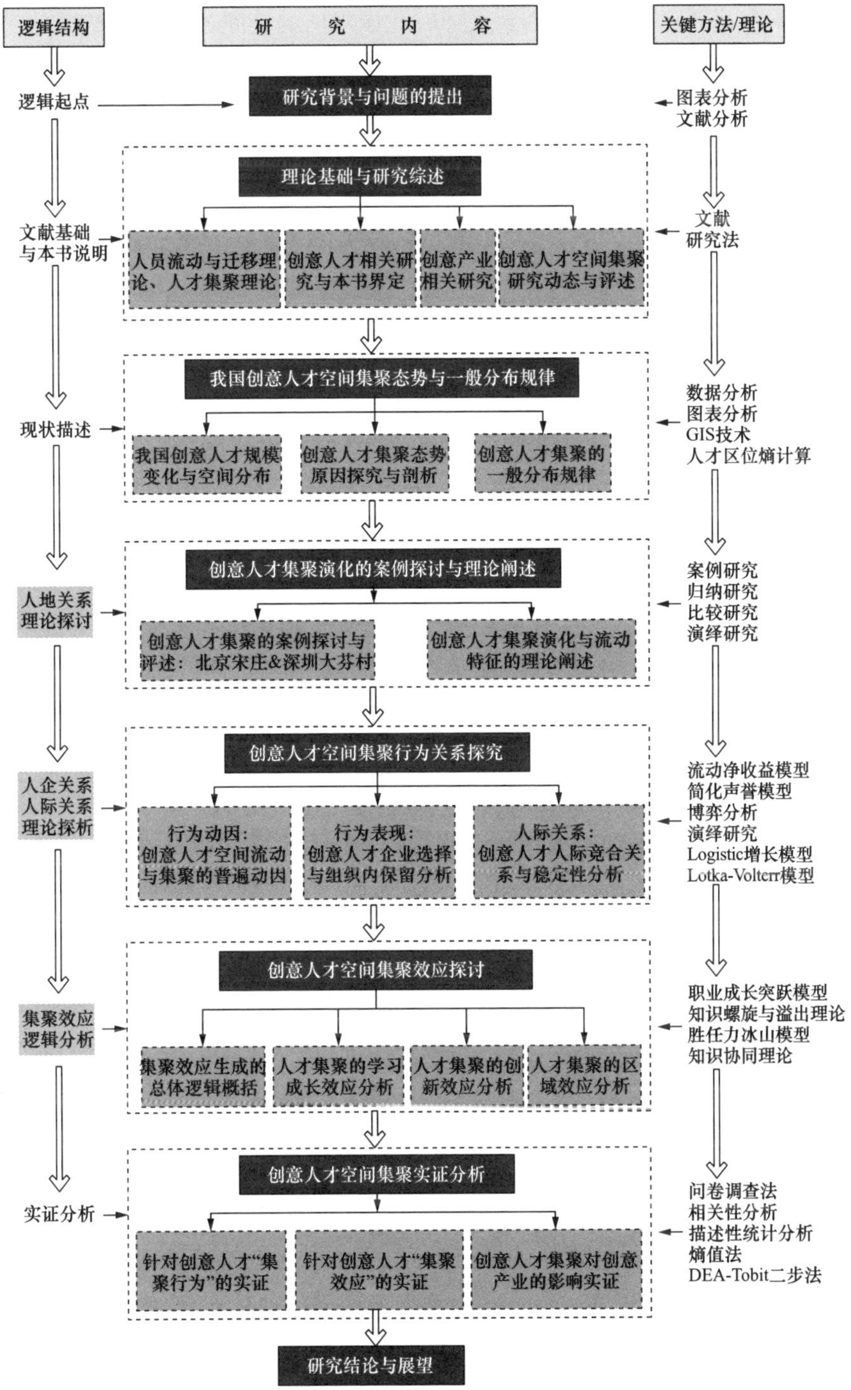

逻辑结构 | 研究内容 | 关键方法/理论

| 逻辑结构 | 研究内容 | 关键方法/理论 |
| --- | --- | --- |
| 逻辑起点 | 研究背景与问题的提出 | 图表分析<br>文献分析 |
| 文献基础与本书说明 | 理论基础与研究综述：人员流动与迁移理论、人才集聚理论；创意人才相关研究与本书界定；创意产业相关研究；创意人才空间集聚研究动态与评述 | 文献研究法 |
| 现状描述 | 我国创意人才空间集聚态势与一般分布规律：我国创意人才规模变化与空间分布；创意人才集聚态势原因探究与剖析；创意人才集聚的一般分布规律 | 数据分析<br>图表分析<br>GIS技术<br>人才区位熵计算 |
| 人地关系理论探讨 | 创意人才集聚演化的案例探讨与理论阐述：创意人才集聚的案例探讨与评述：北京宋庄&深圳大芬村；创意人才集聚演化与流动特征的理论阐述 | 案例研究<br>归纳研究<br>比较研究<br>演绎研究 |
| 人企关系人际关系理论探析 | 创意人才空间集聚行为关系探究：行为动因：创意人才空间流动与集聚的普遍动因；行为表现：创意人才企业选择与组织内保留分析；人际关系：创意人才人际竞合关系与稳定性分析 | 流动净收益模型<br>简化声誉模型<br>博弈分析<br>演绎研究<br>Logistic增长模型<br>Lotka-Volterr模型 |
| 集聚效应逻辑分析 | 创意人才空间集聚效应探讨：集聚效应生成的总体逻辑概括；人才集聚的学习成长效应分析；人才集聚的创新效应分析；人才集聚的区域效应分析 | 职业成长突跃模型<br>知识螺旋与溢出理论<br>胜任力冰山模型<br>知识协同理论 |
| 实证分析 | 创意人才空间集聚实证分析：针对创意人才"集聚行为"的实证；针对创意人才"集聚效应"的实证；创意人才集聚对创意产业的影响实证 | 问卷调查法<br>相关性分析<br>描述性统计分析<br>熵值法<br>DEA-Tobit二步法 |
|  | 研究结论与展望 |  |

图1－6　研究思路、内容与技术路线

（3）本书第 3 章主要描述创意人才在我国当前的空间分布与集聚状况，主要回答我国创意人才“在哪里集聚”的问题。本书将采用图表分析、GIS 技术对我国创意人才的“集聚态势”（Situation）展开描述性分析与图景绘制，同时采用修正的人才空间集聚度指标（规模区位熵 LQ）展开省际层面的集聚比较与原因剖析，并结合实例，总结归纳出创意人才在城市内部的一般分布规律。

（4）第 4 章至第 6 章为本书的理论探讨部分。其中，第 4 章将着重围绕“人地关系”而展开，试图回答在自发机制下，创意人才是“怎样一步一步从无到有，实现在集聚地的生成、演化”的问题。对此，本书依循“案例—理论”的归纳法逻辑，对国内两大知名艺术家集聚地——北京宋庄、深圳大芬村展开案例探讨与评述，以此为基础，从理论上对创意人才集聚演化的过程和内在机理加以抽象归纳，同时，对创意人才各阶段的流动行为特征做出概括总结。

（5）企业是承载创意人才集聚的基本空间单位，因而从微观层面上，创意人才的空间集聚最终体现为人才对不同企业的流动选择与组织内保留。围绕这一“人企关系”，本书第 5 章将首先运用修正的伊兰伯格流动净收益模型、简化的声誉模型以及产业集聚、产业链等方法和理论，从内部推力、外部拉力两个角度展开对创意人才集聚行为动力的探析；其次采用纳什均衡模型，对创意人才基于组织激励的企业选择展开博弈分析；最后探讨企业知识存量对创意人才组织内保留的影响。

创意人才在集聚中表现出各种不同类型与状态的“人际关系”。本书将运用创意生态理论，对创意人才间的竞合关系展开理论探讨，同时借助 Logistic 增长模型和 Lotka – Volterr 模型，对其人际关系的稳定均衡展开数值分析，以揭示创意人才集聚行为的特征与规律。

（6）“集聚效应”是人才集聚量变到质变的结果，创意人才的空间集聚能产生积极的集聚效应。本书第 6 章将分五个进展环节厘清并概括创意人才集聚效应产生的总体逻辑，而后分别对创意人才集聚的学习成长效应、创新效应及区域效应展开分析。其中，针对创意人才学习成长效应的探讨为本章重点，本书将从职业突跃效应和知识溢出机制两方面对此做出解释，同时基于现有文献，构建创意人才能力成长曲线和胜任力冰山理论模型。

在创新效应分析中，本书既对其作用机制——知识协同予以阐述，同时也将针对不利因素——“四个障碍”展开分析，以趋利避害，确保创新效应的实现。对于区域效应，本书主要通过区位品牌、规模效应两个角度加以论述。

（7）在上述理论探讨的基础上，本书第 7 章将以上海为样本，采用数理方法对创意人才集聚行为与效应展开实证分析。人才层面，通过对园区内创意人才的问卷调查，从“群体特征、影响因素、行为表现、集聚效应自我评价”四个方面展开对“集聚行为”的实证分析。城市层面，在构建创意人才集聚效应评价指标体系的基础上，运用熵值法，对创意人才过去十年在上海集聚所产生的信息共享、知识溢出、学习成长、创新等六类“集聚效应”进行分析，以了解和诊断各类效应的具体表现及内在联系。产业层面，将构建文化创意产业投入—产出效率评价指标体系，同时基于24个创新城市的面板数据，运用DEA - Tobit分析法，从创意人才集聚规模、集聚强度、集聚均衡度三个维度探讨创意人才集聚的空间演化对整个文化创意产业投入—产出效率的影响。

（8）第8章为研究结论与展望。对全文主要观点做出概括、归纳与总结，并针对创意企业如何改善创意人才管理、上海如何提升创意人才集聚效应等问题提出相关建议，最后指出本书不足，提出研究展望。

### 1.4.2 拟解决的主要问题

围绕创意人才空间集聚行为，本书拟对下列几个问题做出积极探讨：

（1）基于“案例—理论”的归纳法逻辑，抽象概括创意人才集聚演化的过程、内在机理和阶段性流动特征。相较于政府引导下的创意人才集聚，国内对人才自发流动的集聚模式尚未引起足够重视。作为国内外知名的艺术集聚区，北京宋庄、深圳大芬村经历了一条由自发集聚到政府、社会共同关注、不断扶持的发展道路，这为理解和揭示自发机制下创意人才集聚的生成、演化，从而找出创意人才空间集聚的流动特征与内在规律提供了感性认知，因此，依循“案例—理论”的归纳法逻辑，在对两大集聚地展开案例探讨的基础上，对创意人才集聚演化的过程和阶段性流动行为特征做出理论上的抽象归纳，成为本书拟探讨的重点之一。

（2）基于“人地关系、人企关系、人际关系”内容主线，科学揭示创意人才集聚的行为特征与规律。从关系角度看，人才空间集聚的过程即是人才与集聚地、人才与企业、人才与其他人才之间关系形成与深化的过程，也即人地关系、人企关系、人际关系的建立与互动，这为理解、揭示创意人才空间集聚的行为特征及规律提供了新的视角。因此，探明创意人才在集聚地从无到有、逐步形成、演化的过程；剖析驱动创意人才流动与集聚的行为动力；论证创意人才与企业基于博弈的企业选择与组织内保留的行为表现；阐释创意人才间不同类型的人际关系及其稳定性均衡条件，是本书为掌握创意人才空间集聚行为特征与规律必须予以阐明的中心内容。

（3）通过对集聚效应的探讨与实证分析，深入明晰效应形成的内在逻辑与决定因素，提高对现实问题的解释性和指导性。创意人才按照一定的内在联系以类聚集，所产生的积极、正面效应既是人才集聚所追求的目标，也是诱发人才集聚的原因所在。因此，运用CAS、知识溢出、知识协同、基因突变等理论，对创意人才集聚效应产生的内在逻辑加以剖析、梳理和阐释，找出集聚效应的影响与决定因素，为企业、政府制定有利于人才获取、人才保留的相关政策，提高对现实问题的诊断和指导性成为本书研究的最终意义所在。

### 1.4.3 研究方法

#### 1.4.3.1 文献研究与专家咨询法

本书将借助Elsevier、CNKI等数据库及网络资源，检索国内外有关人力资本管理、人才集聚、创意产业集聚、创意人才流动与集聚等理论的文献，以便了解、掌握上述理论的研究进展与最新成果，为全书的写作提供理论基础与文献支撑。同时通过对近年来有关创意人才问题研究的文献阅读与分析，初步选定研究方向，并基于与业内专家、行业从业人员、理论专家的咨询反馈最终确定本书的选题与研究内容。专家咨询同时在本书调查问卷设计中被得到运用。

#### 1.4.3.2 案例研究与问卷调查法

针对创意人才自发集聚的生成演化，本书将北京宋庄、深圳大芬村作为典型案例，对其演化过程、阶段性特征、人才流动表现展开案例探讨与理论分析。为了解创意人才的群体特征以及他们在集聚地的集聚行为表现和集聚效应评价，本书以上海为例，选择环东华时尚园区、田子坊、西郊鑫桥、环同济设计创意集聚区四家创意产业园区作为样本，对园区内创意人才展开问卷调研，以了解上海创意人才集聚的现状与不足。

#### 1.4.3.3 理论探索与实证研究法

在阐述创意人才空间集聚问题中，本书将综合运用管理学、经济学、地理学、创意生态学等多学科理论，积极开展理论探索研究，具体包括：①借鉴CAS的相关理论，对创意人才复杂适应性系统（CCAS）的四个通用特征、三个主导机制进行理论分析，同时运用上述理论，展开创意人才集聚效应形成的内在逻辑分析；②在探讨创意人才物质利益驱动时，对伊兰伯格的流动净收益模型予以修正，加入人才流入地基于房价、社交开支等“最大成本支出”的考量，使模型更符合现实实际；③运用创意生态理论对创意人才间的“人际关系”展开探讨，并运用Logistic增长模型和Lotka－Volterr模型对人际关系的稳定均衡展开数值分析；④在综合现有文献的基础上，构建创意人才胜任力冰山理论模型、学习成长曲线，以及城市创意人才集聚效应评价指标体系等。

在实证研究中，主要涉及三种方法：运用修正的人才区位熵指标对省际层面的创意人才集聚态势进行横向比较分析；运用频度等基本描述性分析和熵值法对上海创意人才的集聚行为与效应展开实证研究；采用DEA－Tobit二步法对创意人才集聚与文化创意产业投入—产出效率两者的关系展开回归分析。

## 1.5 研究创新与相关说明

### 1.5.1 创新之处

(1) 从研究视角看，本书从行为关系角度，将创意人才空间集聚问题由宏观至微观依次解构为“人地关系”、“人企关系”和“人际关系”的建立与互动，并综合运用管理学、经济学、地理学、生态学等相关理论和方法，在构建创意人才复杂适应性系统（CCAS）简要模型的基础上，从集聚地共享环境中寻求人才成长的资源、机会与条件。因此，CAS 视角下的创意人才空间行为研究，能将区域层面和组织层面的人才流动较好地融合，一方面，有利于突破创意人才在社会空间的流动性范畴，使其地理空间流动得以展现和强化；另一方面，又能突破传统人力资源管理着眼于从组织内部对人才予以开发和利用的局限，为创意人才的获取与保留提供新的路径与思路。

(2) 从研究内容看，在“人地关系”案例探讨中，针对大芬村由普通手工业向文化创意产业升级、艺术劳动者由手工业者向创意设计者转化、由被动接受市场信息（Information）变成主动输出知识（Knowledge）这些价值流逆转的现象，本书突破技术与制度的常规层面，从“劳动价值”视角出发，揭示创意人才集聚更新的关键和内在动力，在于引导创意工作者实现对自身劳动价值的认知转换和对自身身份的认同转换，使其在劳动分工与生产过程中重新找到劳动的价值，为此，无论政府还是创意企业，在推动创意人才集聚的政策制定中，需要更多地从激发“原创动力”入手，这对集聚地更新、产业转型升级具有借鉴意义。

在“人企关系”探讨中，本书考虑房租、社交等现实成本，提出修正的伊兰伯格流动净收益模型，同时基于实证，指出“城市文化”在创意人才空间选择中的“标识”作用，即创意企业和集聚地通过“文化标识”实现对创意人才的优胜劣汰（漏网功能），这能提高对逃离北上广、逃回北上广等现实问题的解释性和指导性。

在“集聚效应”分析中，本书基于 CAS 的四个通用特征和三个主导机制，对创意人才集聚效应产生的逻辑予以梳理。针对学习成长效应，创建创意人才能力成长曲线和胜任力模型，为企业了解和把握创意人才的成长规律、优化对创意人才的管理提供理论依据，同时也为人才流动的后向式研究做出贡献。

(3) 从研究方法上，本书分别构建城市创意人才集聚效应、文化创意产业投入—产出效率两个评价指标体系，并运用熵值法和 DEA – Tobit 二步法展开实证研究，所得结论能为创意人才集聚效应的评价、集聚模式的选择、创意人才资源的合理配置提供实证依据和量化测算方法上的借鉴。

### 1.5.2 相关说明

#### 1.5.2.1 关于创意人才范畴的界定

有关创意人才的内涵与外延[①]国内学术界仍处于研究探索中，尽管从经济学、管理学范畴看，广义的创意人才主要包括创意产业领域所需的艺术、技术、经营、管理等职业素质的人才，但仍不乏散落于各传统产业中的从业者。本书对创意人才的定量研究主要局限于对创意产业三大主导行业——科学研究、技术服务，文化、体育和娱乐业，以及信息传输、软件和信息技术服务从业人员的分析[②]。其中，既包括了体制内文化事业单位从业人员，也包括以盈利为目的的创意企业从业人员；既包括技术、设计类人才，也包括经营、管理等复合型人才。这种处理主要基于如下三点考虑：其一，我国对从业人员的统计是基于行业而非职业，在公开的统计资料中，只能获得行业数据；其二，在创意企业里，虽然总会存在一定数量的非创意从业人员，但从现实来看，创意企业通常规模较小，因而这部分人员的占比通常很小；其三，所选定的三大行业涉及国家统计指标体系中的 3 门类，11 大类，涵盖了我国创意产业绝大多数行业范畴。因此，将上述三大行业的从业人员数作为我国创意产业人才规模指标将具有一定的代表性，以此为基础展开集聚问题分析不会带来质的影响，且仍将具有典型意义。

当然，这样处理的结果可能导致创意人才在数量统计上出现与实际情况一定程度的偏差。此外，第二个不足还体现在：国外对创意人才的统计口径大多以"受过本科及以上"教育为标准，国内文献对人才的界定标准也为"受过大专及以上"教育，但受我国统计资料所限，本书无法严格从学历层次上再对上述三类创意从业人员进行甄选，这意味着在本书定量分析中，除了问卷调研、上海市创意人才集聚效应评价这两类研究对人才质量予以考虑外，其他方面的定量分析目前未从人才质量角度对集聚效应展开全面研究。

#### 1.5.2.2 对人才集聚效应研究的侧重性选择

同其他经济现象一样，创意人才的集聚也会产生经济性和不经济性两种效应，所谓不经济性，是指人才虽然在特定空间完成了聚集，但所产生的集聚作用小于各自独立工作的效应。造成这种现象的原因可能在于人才流动性不够、集聚

---

① 本书 2.2.3 节将对该问题予以详细说明。

② 学者段楠在其《城市便利性、弱连接与"逃回北上广"》一文中也是采用这三大行业的从业人数作为创意阶层的规模指标。

环境不够理想，抑或人才之间缺乏内在联系等。由于我国创意产业尚处于发展阶段，从指导我国产业集聚发展的实践意义出发，也为了更好地着力于对积极作用的探讨，本书只针对创意人才集聚的经济性效应展开论述，而对不经济性效应未展开分析。

# 2 理论基础与研究综述

国外对人才集聚问题的探讨主要体现在人力资本、人员流动、知识团队、产业集聚等相关研究中，国内研究虽然起步于21世纪初，但在近年来成果较丰。考虑本书研究主题，本章着重梳理人才集聚的相关文献，而对创意产业、创意产业集聚等综述相对弱化。本章内容分四个部分：首先围绕基础理论——人员流动与迁移、人才集聚展开文献梳理与回顾；其次围绕创意人才、创意产业相关研究展开文献综述；再次对本书核心概念——创意人才做出界定性说明；最后针对创意人才空间集聚的当前研究动态予以评述。

## 2.1 相关理论概述

### 2.1.1 人员流动与迁移理论

#### 2.1.1.1 人员流动理论

人才流动最初源于Sichter提出的人员流动理论，Mobley将人员流动分为自愿流动和非自愿流动，Ableson又将那些不被组织或区域挽留的自愿流动行为与非自愿流动行为一起合称为功能性流动（Functional Turnover），将组织愿意挽留的自愿流动称为非功能性流动（Dysfunctional Turnover），现实中，多数创意人才流动都属于非功能性流动。

尽管西方学者形成了较为丰富的人员流动理论，如勒温的场论、中松义郎的目标一致论、库克曲线、卡兹的组织寿命曲线等，但影响人员流动的因素众多且交互作用，不少学者基于个体、组织和社会三个层面，纷纷致力于对员工流动模型的构建与完善。在从组织角度研究人员流动的影响因素中，既涉及年龄、性别等人口学要素，也受家庭收入、宏观经济状况与就业水平等社会因素影响，同时还与工作期望与满意度、工作匹配、薪酬待遇、成长空间与机会等工作因素相关。可见，对人才流动决定因素的探讨已从初期的员工满意度、组织承诺、工作搜寻等组织内部因素逐渐扩展至囊括外部环境、组织和个人三个维度的综合

因素。

从研究角度看，人员流动分为前向研究和后向研究两类，前者主要探讨人才流动的动因，后者集中于对人才流动效益的分析，图2－1对此进行了部分归纳。

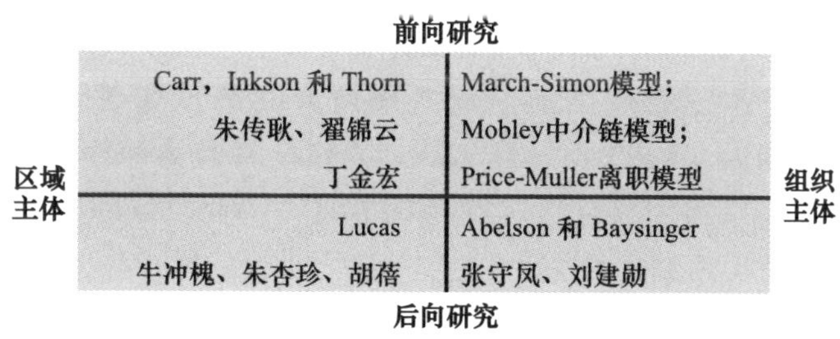


**图2－1 人员流动基于不同研究主体、研究角度的四个子领域**

将人员流动视为自变量，对其流动效应展开分析的后向研究，在学术界关注相对较少，且普遍认为，人才流动易对组织绩效产生负面影响。这种分析直到20世纪80年代后才发生扭转，学者们认识到，新员工的流入能为企业带来创新思维和新知识、新技术，能对老员工产生激励。目前，学术界对于人才流动对组织绩效的影响，主要形成了三种观点：其一为负相关，此为主流观点；其二为倒U形关系；其三体现为两者斜率渐趋弱化的负相关关系。如图2－2所示。

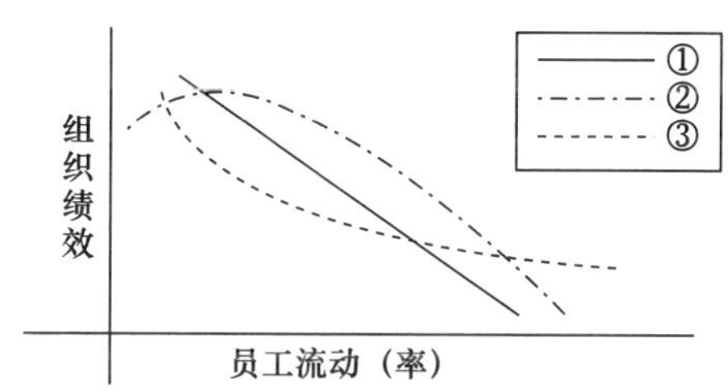


**图2－2 人员流动与组织绩效的关系**

注：①为负相关关系；②为倒U形关系；③为两者呈斜率逐渐减弱的负相关关系。

资料来源：赵峰，陆九愚等．创新人才流动研究综述：基于组织层面的新视角［J］．科学管理研究，2012（8）：87－91.

#### 2.1.1.2 人口迁移理论

国外对人口迁移问题的研究较早，目前已形成了相对完善的理论体系，比较著名的有推—拉理论、引力模型、迁居场模型、价值（收入）期望模型、最优化引力模型等。本书在研究中主要涉及推—拉理论与价值（收入）期望模型。

1959 年，Burge 在其推—拉模型（Push and Pull Theory）中概括出了 12 个影响人口迁移的推力因素和 6 个拉力因素。其中，资源的减少、晋升机会的缺乏、机械化和自动化对劳动的替代、灾难的发生等成为推力因素，而产业发展、新资源开发、更多就业机会、更优环境等成为迁入地的拉力因素。价值（收入）期望模型由美国经济学家托达罗提出。他认为人口的迁移行为主要决定于迁移成本以及迁出地与迁入地两者间的预期收入差异，差距越大，迁移流量则越大。1990 年，舒尔茨把人口迁移视为一种人力资本投资形式，认为只有当迁移预期收益超过迁移成本时，产业、区际间的人口迁移才有可能发生，此谓成本收益理论。

国内对人口迁移问题的研究是 20 世纪 80 年代以来伴随我国人口迁移规模的不断扩大而兴起的，虽起步较晚，但成果迅速涌现。不少学者研究发现，自 20 世纪 90 年代以来，我国东部沿海地区是省际人口迁移的主要迁入地，而中西部地区通常为迁出地，这种由西向东迁移的基本格局常年较难改变，局部性变化主要体现在：人口迁入的重心由珠三角北移至长三角区域。

谌新民将我国劳动力流迁的大致原因归纳为经济型、环境型与事业型三类。雷光和的研究结果显示，经济和家庭因素是我国当前人口迁移的主要动力。不少学者发现，区域经济、交通距离、资本投入和就业因素等对人口迁移产生重要影响；白积洋的研究认为，地理距离、迁出地人力资本存量与人口迁移负相关，经济差距、就业机会与人口迁移正相关，而迁移链对人口迁移具有正向的促进作用。

依据冰山理论，劳动力在跨区域流动中所产生的迁移成本是无法避免的，且与空间距离正向变化，鉴于此，部分学者认为，迁移成本的存在降低了迁移者的预期收益继而削弱了迁移发生的概率。但近年来，更多学者开始关注社会网络关系对人口迁移的重要影响作用。研究发现，良好的社会网络能降低迁移者的心理成本、搜寻成本和时间成本，从而提高了迁移发生的概率。若远方的人际关系能提供帮助，大部分的迁移选择将是就远不就近。同样，李建明指出，作为一种资源配置成本，迁移成本存在于人体之外，但改变人的空间或社会位置的人口迁移能带来收入的增加，因此，它带来的效果和影响更具长期性。

### 2.1.2 人才集聚理论

#### 2.1.2.1 人才集聚的内涵与特征

自 1988 年 Lucas 提出“如果人们不是为了与他人更加接近，那么他们支付曼哈顿或芝加哥市中心的租金又是为什么?”的疑问之后，关于人力资本集聚于初始存量较高的城市区域的问题便引发了众多学者的关注。

所谓人才集聚，是指作为一种具有内在增值功能和内在价值追求的资本性要素，人才也同其他经济资源一样，遵循市场机制，在不同企业、不同地域的物理空间或不同行业的虚拟（或逻辑）空间不断流动汇集，继而产生这两类空间的人才密度高于其他空间的聚集现象。从集聚类型看，同一类型的人才集聚称为横向人才集聚，当不同类型的人才发生集聚时则为纵向人才集聚。

在关于人才集聚特征的研究上，学者们观点基本一致。归纳起来，主要表现为空间性、规模性、层次性、聚类性等方面。空间性说明人才集聚无法与空间相分离；聚类性则指在人才集聚区域，总会存在大量相同类型的人才，从而体现出按类集聚的特征。在发展阶段上，徐光平将人才集聚划分为萌动期、加速期、繁荣期和停滞期四个阶段。

2.1.2.2 人才集聚模式理论研究

国外学者针对人才集聚模式的理论研究集中在如下三个方面：就横向人才集聚模式而言，主要是以 Paul Krugman 为代表的中心—外围理论以及以 Allen Scott 为代表的知识共享与外部经济理论。第三种是以 Scott 和 Storper 为代表的基于交易成本的纵向人才集聚模式。他们的研究表明，人才集聚能促进更频繁、更有效的社会经济交流，这种交流能带来交易成本和信息成本的减少。因此，生产的知识分工、企业之间相互交易的结构将内生地衍生出纵向人才集聚模式。此时，交易成本和信息成本是解释这种现象的理论基础。

从实践看，西方人才集聚主要有市场主导型、政府扶持型两种模式。国内学者对该类问题研究较为丰富，表 2－1 列出了部分研究成果和观点。

2.1.2.3 人才集聚影响因素研究

人才集聚深受多种复杂因素的影响，国外学者主要从经济结构和因素结构两方面对人才的集聚动力展开分析。在因素结构方面，Taylor 提出了包括“创造性工作的多寡、容易识别知识的消费者、未来提升空间”等在内的五种推动人才集聚的因素。Palivos 和 Wang Ping 提出了人才集聚的主要向心力，包括工资水平、知识溢出、地方公共物品的供给能力、内部与外部规模经济及当地政府政策。波特认为，就业和个人成长机会，以及名扬在外的成功故事是吸引人才聚集的重要原因。Paul Krugman 将影响因素归为偶然原因以及路径依赖和循环累积因果效应。

针对人才集聚现象，国内多数学者从宏观、中观、微观三个层面展开对问题的分析，认为我国人才集聚是人才、企业、政府三个主体共同作用的结果。表 2－2 对部分相关文献进行了归纳整理。

**表2-1 我国人才集聚模式的类型（部分）**

| 作者 | 集聚模式与观点 |
|---|---|
| 孙丽丽、陈学中 | 将高层次人才集聚模式分为收益优势依傍型、产业集聚推动型、“领头羊”效应吸引型和政府牵引型四种类型 |
| 王萍、章守明 | 提出“刚性”、“柔性”两种集聚方式，“刚性”集聚要求同时拥有人才的所有权和使用权，“柔性”集聚着重于人力资本投入的实际增加；对区域外部人才的流入性集聚要综合运用上述两种集聚方式 |
| 孙健、徐辉等 | 对国有企业、民营企业和外资企业人才集聚的模式进行比较分析，得出不同性质的企业在人才甄选、人才激励和人才治理模式上存在差异 |
| 孙健、孙启文等 | 采用实证方法，得出我国东部地区应选择市场主导型的人才集聚模式，中西部地区目前应以政府扶持为主的结论 |
| 王乐杰、崔沪 | 以制造业人才集聚为研究对象，提出政策引导型、产业吸引型和收益吸引型三种模式 |
| 朱良华、张堂云 | 提出紧缺人才以政策为依托、高层次人才以项目为依托、实用人才以市场为依托的“三位一体”的人才集聚模式 |
| 宋美丽、孙健 | 市场主导型的人才集聚模式在我国目前还难以直接采用，必须发挥政府的支持作用 |
| 鄢圣文 | 我国人才集聚模式有市场主导型、政府扶持型、计划型三类，现阶段采用的主要为市场主导和政府扶持相结合的模式 |

**表2-2 人才集聚影响因素部分研究归纳**

| 层次 | 影响因素 | 参考文献 |
|---|---|---|
| 宏观层面 | 经济、文化发展环境 | 王奋、杨波 |
| | 科技政策、户籍等制度因素 | 王学义；蔡昉；吴晓刚 |
| | 经济收入、就业机会 | 张西奎、胡蓓；Glaeser；Sato Y.；Freedman |
| | 成长空间、区域品牌 | 周均旭；Glaeser |
| | 城市化（如城市规模） | Glaeser；陆铭、高虹 |
| 中观层面 | 高校、科研院所状况 | 王奋、杨波；马进 |
| | 企业组织因素（组织激励与承诺、企业知名度等） | 王学义 |
| 微观层面 | 人才本身心理因素（流动意愿、工作满意度等） | 王学义 |
| | 个人发展因素（提高教育水平、拓展声誉等） | 李刚、牛芳 |
| | 家庭因素（更好的教育、医疗等） | 王世平、毛海涛 |

基于物质资本、人力资本两者的依存关系，在产业集聚相关研究中，人才集聚问题始终不可避免。对此，徐光平用极化效应（Polarization Effect）进行了解释。

通常，产业在极点（城市）的发展引发对人力资本的极大需求，导致大量外部人力资本实现在极点的集聚。不仅推动极点（城市）的自我发展，还因规模效应提高了集聚区内人力资本的收益，因而吸引更多人力和企业入驻，推动产业集聚。还有一些学者从社会网络、非正式交流角度对产业集聚促进人才集聚的机理进行了分析。赵祥宇和姜宇指出：科学家40%的知识、工程师60%以上的知识是通过非正式交流获得的，地理的邻近性、人才在社会文化背景方面的相似性有助于提高人才间的互动频率与交流质量，使人力资本结构得以优化。周均旭同样提出，密集的社会网络以及人际联系等非正式途径，包括同乡、同学、同行业网络，能有效克服人才市场中的信息不对称问题，在影响区域外的人才集聚决策中起着决定性作用。

此外，不少学者以某一产业或行业为例，探讨了产业集聚与人才集聚两者的关系。例如，李乃文等运用系统动力学理论，分别构建了产业集聚对人才集聚、人才集聚促进产业集群两个系统动力学模型。张樨樨以高新技术产业为例，具体探讨了产业集聚在不同发展阶段对人才集聚的不同影响：在集聚初期，主要吸引企业家创业；当集聚达到一定规模后，就会吸引大量区域内外的人才；此后，集聚规模的进一步扩大又吸引更多企业家来此会聚。

#### 2.1.2.4 人才集聚效应研究

国内对人才集聚效应的研究往往从经济效应和非经济效应两方面展开。所谓经济效应，是指相关人才在特定空间以类聚集后所产生的超过各自独立工作的效应，此为人才集聚的高级阶段。与此相对应，非经济效应则指人才集聚给集聚地带来的消极影响。综观现有文献，以人才集聚的经济效应研究居多，其中尤以牛冲槐教授的成果最为突出，事实上，人才聚集效应的概念就是由其首次提出的，他以诺贝尔奖获得者的国别分布为例说明了人才聚集效应的客观事实。

对于人才集聚所产生的经济效应，不同学者基于不同的研究对象，有不同的归纳。牛冲槐将其概括为信息共享、知识溢出、集体学习与创新效应四类。李明英和张席瑞用AHP法得出集成规模、信息分享、持续激励、集体学习、知识溢出和区域空间效应。刘思峰和王锐兰认为科技人才集聚能产生升值效应、传承效应、抗风险效应和加速器效应。张体勤和刘军等以知识型人才集聚为例，将人才集聚的正面效应分为内部效应和外部效应。其中，协作效应、学习效应、竞争效应等为内部效应，而外部效应包括引致效应、品牌效应和示范效应等。张仁汉以文化创意人才为例，阐述了人才集聚的马太效应，即一个地区聚集的创意人才越多，越能吸引更多的创意人才流入，使之成为创意人才集聚高地，进而推动区域创意人才的集聚。

对于人才集聚效应产生的作用原理，Lucas提出，劳动力的空间集聚能产生强外部性人力资本，该外部性提升了集聚地的生产率，带动其经济增长。彭树远、牛冲槐基于SECI模型，说明了知识的螺旋递进能导致新知识、新思想的不断涌现，是人才聚集能够产生加总效应的根源所在。当然，当人才聚集规模超过区域承载力时，有可能带来人才集聚的不经济效应，牛冲槐将其称为“空间的极化现象”。唐朝永同样认为，人才聚集过度、聚集陷阱，都有可能造成人才聚集系统的劣质化倾向，导致人际关系处理内耗，管理成本增加，人才效能和创新性不足，人才边际收益递减，同时还将严重挫伤低位势地区或人才流出地对人才培养的积极性，从长远上影响人才的质量。

## 2.2 创意与创意人才相关研究

### 2.2.1 对创意内涵的理解

创意是对传统的叛逆，是打破常规的哲学。长期以来，来自心理学、经济学、管理学等不同领域的学者对其内涵展开了积极研究。

#### 2.2.1.1 心理学类群的定义

心理学派的研究起源较早，其将创意定义为“创造力的高级思维过程”，主要代表人物及观点如表2－3所示。

表2－3 心理学派对创意内涵的理解

| 代表人物 | 主要观点 | 意义与评价 |
| --- | --- | --- |
| Wertheimer（1945） | 创意是格式塔（Gestalt）之意念的再组合或知觉（Perception）的重新建构 | 研究较早的创意心理学分析 |
| De Bono（1992） | 创意是一种特殊的智力活动，是艺术创造中最稀缺、最宝贵的资源；<br>提出了水平思维法（Lateral Thinking）和六顶思考帽（Six Thinking Hats）理论 | 被广泛用于教育及企业管理实践领域 |
| Anna和Peter（2004） | 基于学习阈角度，提出创意是学习过程与学习结果的统一；<br>培养创意思维的关键取决于创意教学环境的营造 | 强调通过教育和学习以培养和提升人的创造力 |
| Sternberg（2005、2013） | 基于认知心理学视角，提出包括分析性智力、创造性智力、应用性智力在内的三元理论 | |
| 林崇德、胡卫平（2012） | 创意由创造性思维、人格及社会背景三要素构成；强调创造力开发对创新型国家的重要性 | 为创造力心理学研究提供了前瞻性指导 |

心理学对创意内涵的研究突出人脑的作用，主要集中于对人内在思维过程的

探讨，这为强调通过教育、学习来开发、提升人的创造力提供了思路，但有关“创意是所有人群的共同特征还是某类人群的特定心理过程”这一问题，尚未形成共识。

2.2.1.2 经济学类群的定义

国外学者在创意研究中极为关注人的创造力，罗默是第一个将创意引入经济发展研究领域的学者。1986 年，他率先将人力资本和新思想（Idea）两个因素纳入经济与技术体系中，并将人的创意思想与经济增长联系起来。此后，Landry 将创意诠释为“再思考的能力”。Howkins 把创意简单地定义为“符合个人、原创、有意义、有用处四项标准的新思想”，并指出只有当创意思想转化为或改善了商业产品时才能体现其商业价值。2006 年，在文化资本的基础上，Florida 提出了“创意资本”的概念，认为创意是一种资本形式，包括创意人才所创造的新理念、新技术、新商业模式以及新产业。

从经济学视角看，创意是一种生产要素，能衍生出无穷的新产品、新市场和创造财富的新机会，创意的这种经济学内涵获得了国内不少学者的认同，他们认为，作为一种特殊的生产要素，创意是文化、知识和技术的结合体，文化为其内涵源泉，技术是其表现形式，知识体现其本质属性。经济学派对创意价值的探讨成为创意内涵研究的一次质的突破。

2.2.1.3 管理学类群的定义

Bilton 是较早提出创意管理概念的学者，他认为创意是一个被管理的过程，需要依赖产业框架和企业管理的作用来实现价值；Fangqi 和 Tudor 提出，创意管理能帮助实现东西方企业的融合管理，并有可能成为现代企业管理研究的主流范式；Bilton 和 Cummings 认为，能对创意和战略思维做出积极调整的企业将在技术创新、企业领导及组织能力等方面拥有更胜于其他企业的优势。

在国内，针对如何对创意进行管理的问题，袁薇薇提出，要从创意主体、创意来源、创意链条、创意文化等方面加强管理。余芳珍等构建了创意管理模型框架，提出要从顾客、供应商、竞争对手等多角度、多渠道激发创意。还有不少学者从创意产业链视角对创意管理内涵展开了研究。例如，彭莎认为，企业应从观念、组织、制度、战略、文化、市场六个方面对企业创意进行管理。

管理学派对创意内涵的理解除了认可其商业价值外，重点还在于突出企业管理对创意的影响作用。这类研究顺应了创意产业发展的当前趋势，迎合了现代企业管理焦点的转变，成为当前研究创意理论的主流。

### 2.2.2 创意、创新、创业辨析

创意（Creativity）、创新（Innovation）、创业（Entrepreneurship）是三个联

系密切又相互区别的概念。虽然词汇中所蕴含的“创”字彰显了三者在本质上具有一致性——都体现为人的一种创造性智力劳动，但深入探究，三者依然各有侧重：创意强调原创性，创新突出再创性，创业关注实用性。

2.2.2.1 创新与创意

创新概念是由Schumpeter于1912年首次提出的，是一种基于知识、信息的生产、传播与使用的活动，涉及新原料、新产品、新技术、新市场、新组织五个方面的突破。

创意与创新的相同之处体现在：①作为人类的一种高级脑力活动，两者均与人的创造性思维密切相关；②两者拥有共同的基础与源泉，都需以知识、信息、技能和经验为创作基础；③“创造性”通常打破常规，这使两者在商业价值的实现上具有一定的风险性。

从狭义角度看，创意与创新在如下几方面存在差异：

（1）目标与价值取向不同。创新通常追求低成本与高效率，强调产品功能与作用效果的突破与革新，因而常常伴随生产工艺的改进、工作流程的优化等。虽然创意也强调经济价值，但更多地被视为一种高级的人力资本要素，用于提升产品附加值，使之获得个性化、差别化优势。

（2）展现方式与辐射范围不同。创意源于个体内在才能，主要体现为思维革新或创造性工作，具有通向创新的潜力；创新更多地体现为对外部客观事物的重新组合，它虽源于创意，但较少引发创意。表达形式的不同使创意、创新的辐射范围也不尽一致。通常，创意的辐射范围要广于创新，从而导致创意人员数量规模超过传统工业领域中的创新劳动者数量。

（3）对人才主体的要求不同。相较于创新，创意对人才主体的要求更高，只有拥有独特的思维方式和审美能力，才能推动创意的产生。而创新更重视人才的专业技术水平，在思维、审美、技能技巧等方面不及创意人才，因此，创意在深度和广度上要远高于创新。

2.2.2.2 创业与创意

人类早期对于创业的研究主要集中于创业者这一特定主体，着重探讨他们的企业家精神及其在企业管理中的领导作用，直至20世纪80年代，外部经济环境的变化使创业成为普遍现象，创业成为一种平民行为。以此为背景，不少学者开始突破企业内部的局限，从社会网络、集成系统、共生系统等外部环境视角展开对创业的研究。

回顾有关创业研究的文献脉络，可以发现其演化路径体现为：从早期局限于对创业者特质的关注向整个创业过程转变，由研究创业个体向企业、组织甚至全社会层面转变，并用系统集成化思维，强调人、组织与环境的互动，这与本书基于 CAS 视角研究创意人才的空间集聚具有共通之处。

相较于创新，创业与创意的关联性更为密切，两者关系可概括如下：

（1）伴随大众创业、万众创新成为共识，创意与创业均突破了某一特定人群的局限而日趋一致。

（2）创业展现创意的基本内涵。创业是实现创意和创新商业价值的必要手段，创意是一个从无到有的过程，其价值的实现离不开创业这一工具，因此，创业所表现的内容即为创意的基本内涵。

（3）价值实现的机理一致。创意的实现离不开与他人的合作，而创业的过程即是帮助创意转化为现实交易的过程，特别是当现代创业融合了经济、文化、科技等诸多创意、创新元素时，创意与创业在价值实现的内在机理上也将更趋于一致。

### 2.2.3 创意人才的界定与特质

#### 2.2.3.1 创意人才概念界定

自 20 世纪 60 年代以来，社会上逐渐涌现了一批工作上需要运用创意的工作者，国外学者将这类劳动群体称为“知识工作者”（Knowledge Workers），Machlup（1962）、Drucker（1969）、Bell（1973）、Collins（2005）等相继从行为、个性、职业、学历等角度对其展开研究，成为有关创意人才的最初探讨。具体内容见表 2－4。

表 2－4 国外学者对创意人才的不同界定

| 类型 | 代表人物 | 观点 | 评价 |
|---|---|---|---|
| 行为说 | Machlup（1962）；Kelloway 和 Barling（2000） | 主要从事知识生产和分配或从事知识的创造、运用、转化和获取 | 强调创意的工作内容，忽视了人类思维的能动性及外部因素 |
| 特质说 | Drucker（1969）；Davenport（1996）；Howkins（1998） | 崇尚自由，依托自我才能进行头脑服务，创新意识和创新行为表现强烈，强调自我价值的实现 | 聚焦某类特定员工而忽视了其他员工的发展潜力，导致创意工作成为一种专属劳动 |
| 职业说 | Bell（1973）；Fussel（1983）；Zukin（1989）；Drucker（1999）；Brooks（2000） | 根据工作类型进行界定，包括科学家、工程师、经理和律师等精英阶层或中产阶层，提出“符号分析专家”、“城市先锋”、“X 阶层”、“波波族”等概念 | 彰显了创意群体的多元化、社会化特征 |
| 学历说 | Stewart 和 Ruckdeschel（1998）；Smith 等（2005） | 具有较高学历或拥有较高职业技术等级，是智力资本的承载者 | 过于关注学历与资历，忽视了创意劳动价值衡量的综合性 |

续表

| 类型 | 代表人物 | 观点 | 评价 |
|---|---|---|---|
| 地域说 | Landry（2008）；Jacobs（1969） | 基于创意人才与城市发展的互动关系，将能够为城市营造活力、提供创新资源的劳动者纳入创意人才的范畴 | 创意人才被视为区域发展的一个附属要素，概念界定模糊 |
| 综合说 | Florida（2002） | 综合上述各类观点，提出“创意阶层”概念，将其分为“超级创意核心”和“创新专家”两部分 | 基于动态视角，考虑创意人员的层次、边界与流动性，但因外延过于宽泛而遭受质疑 |

近年来，创意人才伴随创意产业的兴起而引起各国学者的普遍关注。Howkins 从人才特质角度，将创意人才界定为“专精人才”，他们以某种专业或特殊技能为手段，以自主知识产权为核心，以头脑服务为特征。伴随知识经济的不断演进，“创意”日渐与创新相融合，从事创意性工作的劳动者数量也获得了巨大增长。在此背景下，2002 年，Florida 率先提出了创意阶层（Creative Class）的概念，并将其分为“超级创意核心”（Super－creative Core）和“创新专家”（Creative Professionals）两部分①。在 Florida 看来，除了创意产业内的创意工作者之外，创意阶层还包括由其他不同专业的技术、管理人员所组成的巨大群体，涉及商业、金融、法律等相关领域。而且，随着其他行业创意工作内容的不断增加，劳工/服务阶层的成员也能跻身于创意阶层行列。

此后，有不少学者相继提出了知识密集型员工（Knowledge Intensive Workers）、创意员工（Creative Workers）、创意知识员工（Creative Knowledge Workers）等概念，为了推动创意人才在特定城市的集聚，欧洲国家还相继展开了城市创意人才集聚能力方面的研究。2010 年，Eger 针对创意工作者在特定地域与当地文化、商业、科技及地方属性紧密结合的社会现象，首次提出“创意社群”（Creative Communities）的概念，进一步凸显了创意人才的空间属性。

国内对创意人才的研究主要源于对创意人才/创意阶层内涵的探讨。在《国家中长期人才发展规划纲要（2010～2020 年）》中，对人才的界定是：具有一定的专业知识或专门技能，进行创造性劳动并对社会做出贡献的人，是人力资源中能力和素质较高的劳动者。Florida 通常用具有本科及以上学历的人口对人才进行具体衡量，我国主要以专科学历作为标准。表 2－5 显示了国内学者从不同角度对创意人才的概念界定。

① 该定义充分考虑了将其他阶层的工作群体纳入创意阶层的可能性，但在近年来因范畴过于宽泛而饱受质疑，甚至部分拒绝。

表2－5中，厉无畏在综合国外行为说、特质说、职业说、学历说等内容的基础上提出的定义颇受认同。此后，“创意经理人”、“创意管理人才”等相继被提出，前者从胜任力角度归纳出创意经理人的五种胜任力因子，后者则从管理角度，认为创意人才能对创意价值形成的各项活动进行计划、组织、领导和控制。

表2－5 国内学者对创意人才的不同界定

| 作者 | 界定角度 | 概念界定 | 评价 |
|---|---|---|---|
| 李元元 | 市场角度 | 基于创新精神和能力，具有某项专业或特殊技能，提供高附加值产品或服务，并被市场接受和认可的精英人才 | 凸显了创意人才高附加值的头脑服务特征，但相对忽略了创意中从事体力的那一部分劳动者 |
| 王飞鹏 | 人才类型 | 以自主知识产权为核心、拥有专业技术能力和从事专业性文化工作的劳动者 | |
| 蒋三庚、王晓红 | | 将创意人才具体划分为创意生产者（如画家）、策划者（如广告策划）和成果经营管理者（如经纪人等）三类 | 忽视了创意人才的内部流动性 |
| 陈炎霞 | 广义和狭义 | 广义：专为创意产业提供服务的人才，囊括创意的生产者、管理者与经营者<br>狭义：专指创意的生产者 | 具有研究重点和中心难以确定的风险 |
| 厉无畏 | 综合派 | 是一类创新能力很强、知识水平较高的人才集合体，能运用创作技能将特有内容和信息转换至创意产品或服务中，并推动其生产、流通和经营，既囊括创意产业链中从事创造性工作的人才，也包含技术支持、经营管理、市场销售等复合型人才 | 综合了国外行为说、特质说、职业说、学历说等内容，在国内颇受认同 |

创意阶层称谓属于舶来品，因此，在实际运用与研究中，常与20世纪80年代提出的“创新人才”、20世纪90年代兴起的“知识型人才”等概念相混淆，表2－6对上述三个概念进行了对比分析，旨在进一步阐明三者的区别。

表2－6 创意人才、创新人才、知识型人才概念比较分析

| 概念 | 定义 | 文献来源 | 简要评价 |
|---|---|---|---|
| 创意人才 | 运用创作技能将特有内容和信息转换成创意产品或服务，推动其生产、流通和经营的人才集合体 | 厉无畏（2006） | 包括从事创造性工作的人才，也包括技术、管理、销售等复合型人才 |

续表

| 概念 | 定义 | 文献来源 | 简要评价 |
| --- | --- | --- | --- |
| 创新人才 | 借鉴以往经验，用全新的视角审视问题，用超常规的方式思考问题，用非传统的手法解决问题，并进行创造的人才 | Duffy（1998） | 人才的知识结构、能力结构、个性品质未予以关注 |
|  | 具有创新精神、创新意识、创新思维、创新能力且能取得创新成果的人才 | 钟秉林（2007） |  |
| 知识型人才 | 从贡献论角度认为知识型人才是指一个企业组织中脑力劳动贡献高于其体力劳动贡献的劳动者 | 张向前（2009） | 相对于体力工作者做出概念界定 |

2.2.3.2 创意人才的特征

相较于传统产业人才，创意人才在价值取向、行为方式、个性特征、心理需求等方面表现出显著的差异。根据 Florida 的研究，创意阶层是一类依靠创意实现经济价值的人才群体，他们个性自由，受教育程度普遍较高，创新能力强，年轻化，生活方式与价值取向多元，通常聚集在特定的创意社区，具有“波西米亚人”风格，总体表现“另类”，在引领城市未来经济与文化发展中起着重要作用。Peck 将 Florida 创意阶层的思想评价为“新”新经济（New New Economy），之所以“新”，是因其将城市发展的主要动力由新经济思想中的技术和组织转向了对人，尤其是对创意人才的关注。

此外，Howkins 指出，创意人才是一类具有高度“自我强化”（Ego - strength）意识的群体。他们特立独行的工作与思考方式相对于普通人而言虽然更原始、更文明，但也更具破坏性。Mumford 和 Scot 对创意人才群体的价值取向展开了研究，发现他们对自我价值实现的追求要胜于对权力与认同归属的追求。

厉无畏认为，创意人才极富创新精神，他们注重工作的独创性、个人意愿的表达以及对不断创新的渴求，他们集聚在一个城市或社区，构成“创意阶层”和创意社区，为城市发展提供强大的支撑。易华将创意人才的特征概括为重视创意，具有创造力；受教育程度普遍较高；具有某些共同的价值观和能力；有独特的生活方式及价值取向；以团队形式进行创作；对城市便利性要求较高；喜欢在创意城市集聚七个要点。陈炎霞认为，创意人才作为一个新兴阶层，具有“专业知识丰富、敏锐洞察力、崇尚个性与自由、勇于创新、强烈自我实现愿望”五大特征，并指出创新是创意人才的核心特质。除了上述特征外，王飞鹏认为，创意人才还具有良好的沟通能力和较强的抗压能力。盛建国和杨燕英、张相林等的研究也指出，从职业特征看，创意人才具有自主创业的特点，他们工作随意性较大，就业比较自由灵活，具有流动频繁的特点。

综合以上文献，可将创意人才的特征归纳为如下五点：①生活方式与价值取向独特、多元。②个性特征上崇尚自由，注重个人意愿，重视创意，洞察敏锐，强调创新。③行为方式上总体表现“另类”，对城市便利性要求较高，通常聚集在特定的创意社区或创意地带，形成众多“城市先锋”（Urban Pioneers）。④从职业特征看，具有自主创业的特点，因而工作随意性较大，具有流动频繁的特点。⑤心理需求方面，具有高度自我意识，自我实现愿望强烈。上述特征成为创意人才创造价值的利器。

### 2.2.4 对创意人才的有关说明

尽管 Florida 指出，创意并不只是少数天才的“专利”，而是一种几乎所有人都具备的与生俱来的能力，只是程度不同而已，但以此将“所有人”作为创意人才的研究范畴显然是不科学、不现实的。无论是基于经济学、管理学、地理学研究视角，还是从心理学、社会学、政治学角度，对创意人才的内涵与外延规定均有其学科界定。本书认为：创意人才是一类受过良好教育或职业培训，拥有特定的专业知识与技能，具有强烈创新意识、革新勇气和自我价值实现愿望，重视创意，追求个性与独特生活方式，依托团队、现代科学技术和管理方式，注重将创意成果产品化与市场化的劳动群体。

从人才类别看，创意人才是创新人才与知识型人才的交叉延伸，具有利用已有知识技能实现创新的工作能力。从人才特质看，创意人才崇尚自由，创新意识与创新行为表现强烈，具有异于常人的价值取向。从工作内容看，创意人才主要从事与“创意”有关的工作，既包括创意的构思、设计、研发、策划，也涉及创意产品的生产、营销、管理等工作，因此其类型不仅局限于脑力劳动者，还包括部分体力劳动者。从工作岗位看，创意人才既可上至创意企业领导者和决策者，也可以下至具体从事产品生产制造的一线技术工人。当然，这其中更不乏中层的相关销售与管理人员。举例来说，创意企业负责人、服装设计师、软件工程师、动漫游戏设计师、影视剧制作人、文化经纪人等都属于创意人才范畴。

此外，创意人才还是一个动态变化的概念，创意产业对传统产业的不断渗透与融合使越来越多的行业创意元素渐浓，无处不在的创意活动推动传统产业人才向创意人才转变，使创意人才的内涵与外延得以更新和演化。

如前所述，我国创意人才队伍伴随创意产业、文化产业在近年的发展得以蓬勃壮大，一批批知识工作者在当前经济与文化体制转型背景下正经历着从“文化人”到“创意人”的转换，设计师、出版商、策划师、广告人、经纪人、建筑设计师、媒介人、创意营销师、管理者等人群最终将完成自身角色的转型，他们的出现预示并推动着我国创意阶层的真正形成与发展。因此，根据Florida关于创意阶层的划分理论，我国创意阶层目前正处于转型期和形成期。尽管尚处萌芽期或童年期，但在知识经济背景下，创意阶层终将成为不可替代的重要人群，引领城市未来社会经济发展，这一点是毋庸置疑的。而且，在诸如北京、上海、广州、深圳、杭州等发达城市，其在文化创意产业集聚发展（包括基地建设和园区建设）方面已做出了富有成效的探索，积累了丰富的经验，创意人才规模亦逐年大幅提高，在城市中的就业比重不断提升，集聚效应日益明显。这既为推动我国创意人才集聚、创意阶层的形成创造了有利条件，也为本书关于创意人才集聚问题的探讨提供了现实基础。

本书对于创意人才范畴的界定基于如下两点考虑：

一是从学术层面看，创意产业形态有待成熟、创意阶层尚未确立的当前态势使我国对创意产业研究依然处于宏观向中观过渡的阶段，难以在深度和广度上展开对创意人才的“微观”探讨。因此，本书认为，目前，我国对创意人才问题的研究需要对其予以相应的学科界定，不宜将外延拓展得过于宽泛。因为对于“人”的探究，在我国创意产业正在发展，创意从业人员队伍参差不齐、素质不一，创意产品技术水平与原创能力有待提升，创业环境需要持续优化与改善的当前背景下，过于宽泛的研究范畴容易造成浅表的泛泛而谈，极易忽视人才群体的内部层次差异；相反，只有集中聚焦于某类成熟的行业，选取具有典型特征的特定代表性创意人群时，才更有利于对其展开细致、深入的分析和刻画，才能发现并把握创意人群与非创意人群在价值取向、行为方式、个性特征、心理需求等方面的实质区别，从而在明确组织激励方法与手段、人力资源管理、公共政策制定等过程中为更好地满足他们的利益诉求提供切实可行的依据。

二是充分考虑厉无畏对创意阶层范围的确定。他认为，创意阶层包括在广告、电影、音乐、出版、设计、表演艺术、电视广播、软件、工艺品、互动休闲软件、艺术等创意行业从事创意和设计的专业人士；在专业设计制作公司及传统行业相关部门从事创意和设计的专业人士。依据创意产业在我国的行业范畴规定，我国创意产业主要涉及娱乐、出版、动漫等13个行业，其中，科学研究、技术服务，文化、体育和娱乐业，以及信息传输、软件和信息技术服务是构成我国创意产业的三大主体性行业，上述行业全都归于厉无畏所确定的创意阶层范围内，这意味着：将上述三大行业的从业人员数作为我国创意产业的人才规模，既能涵盖厉无畏对创意阶层范围的规定，也能涉及我国创意产业绝大部分行业范畴，这种做法不失为一种相对合理的处理方式。事实上，在探讨创意产业的相关文献中，有不少文献以上述三大行业作为定量分析指标，因此，在后续章节的有关分析中，本书将基于数据的可获得性，将科学研究、技术服务，文化、体育和娱乐业以及信息传输、软件和信息技术服务三大行业的从业人数视为创意人才规模数，展开对相关问题的数据分析。

## 2.3 创意产业研究简述

### 2.3.1 创意产业的内涵与范畴

1997 年，英国政府将创意产业定义为“源自个人创意、技能与才华，在知识产权开发与运用基础上，具有提供就业机会，创造潜在财富的产业”。目前，对该概念的界定大致分为三类（见表 2-7）。第一类以凯夫斯为代表，注重对“文化与内容”的关注，认为创意产业是“提供具有广泛文化、艺术或娱乐价值的产品和服务的产业”。第二类为“版权型”界定，以 Howkins 为代表，引入知识产权的概念，认为专利、版权、商标和设计四部门共同构成创意产业。第三类属“功能型”界定，强调创意产业对劳动就业、产品附加值以及社会经济发展的贡献。例如，美国密苏里州经济研究中心提出：无论何种产业，只要其与艺术相关的职业比行业艺术雇员平均值高于至少一个标准差，即可被视为创意产业。

表 2-7 创意产业概念界定类型

| 来源 | 定义视角 | 评价 |
| --- | --- | --- |
| R. Caves | 文化、内容 | 范畴比较狭窄，相对忽视了实体经济之外的产业内容 |
| Howkins | 知识产权 | 将研发纳入创意产业，扩大产业内涵；用版权解决科技与文化艺术的矛盾；提供创意产业分类标准 |
| 美国密苏里州经济研究中心 | 对就业、经济增长的作用 | 提供了划分创意产业的实际数据操作标准 |
| CITF（UK） | 国家政策层面 | 明确概念且深受认同 |
| UNCITD | 国际贸易 | 凸显创意产业的经济功能 |

创意产业源于文化产业但又超越文化产业，两者区别如表 2-8 所示，文化产业主要集中于消费领域，是采用工业生产和商业营销手段，将文化转变成产品，本质上属于“知识生产”；创意产业则从消费领域拓展至生产领域，强调产品创新，注重产品的差异化与个性化，在本质上属于“知识创新”和“知识服务”。

**表2-8 文化产业与创意产业对比**

| | 文化产业 | 创意产业 |
|---|---|---|
| 产业本质 | 知识生产 | 知识创新、知识服务 |
| 服务领域 | 消费领域 | 消费领域、生产领域 |
| 经营目标 | 公益性（传统文化产品）<br>盈利性（现代文化产品） | 盈利性 |
| 生产手段 | 工业化复制、商业化推广 | 融入创意 |
| 生产方式 | 标准化生产 | 差异化生产 |

注：传统文化产品是指那些具有公共产品特性，带有明显的外部经济倾向，生产者无法获得利润的产品，如博物馆、公共图书馆等；反之，现代文化产品具有商品属性，通过产品出售来获取利润。

近年来，文化创意产业（Cultural & Creative Industries）开始进入大众视野，并逐渐衍生为文化产业的高级形态。如图2-3所示，与文化产业相比，文化创意产业是一种同时针对传统制造业和信息产业的新型服务业，它更注重市场化因素，更强调文化创意源头的作用，往往置于文化产业的上游和价值链的高端。与创意产业相比，文化创意产业属于创意产业的“文化创意”部分，其涉及的行业和门类相对较窄，在我国一般涵盖动漫产业、新闻出版、广告、电影、电视及音像、文化艺术、网络、软件业、信息和咨询服务业等。

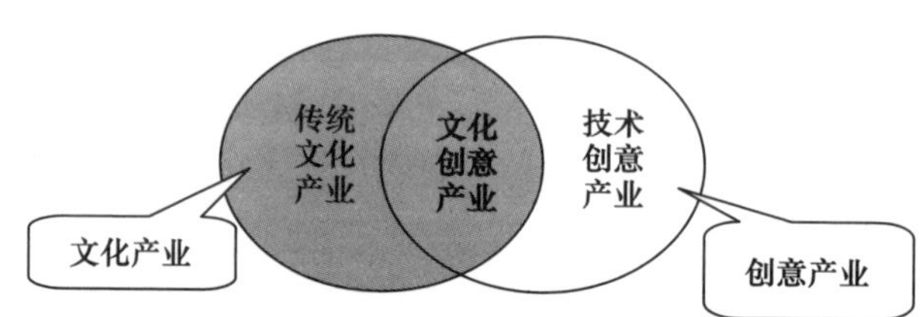


**图2-3 文化创意产业与文化产业、创意产业的关系**

在产业发展实践中，受自身文化传统、产业优势以及发展路径的影响，世界各国对创意产业的称谓与分类标准也不尽相同，目前主要被分为五类，见附录2。

世界各国对于创意产业的不同称谓与范畴规定充分折射出创意产业在不同国家和地区的路径选择与发展战略。基于创意产业与文化产业的渊源关系，我国对于创意产业概念的界定总与文化产业紧密相关，不少学者在研究中根据自身侧重点的不同使用不同的称谓，导致创意产业、文化产业、内容产业、文化创意产业

等概念时常见诸报端。在产业实践中，花建指出，我国多把文化产业与创意产业视为相通的产业领域加以融合推进。金元浦指出，我国创意产业起步较晚，文化产业体系也直至2004年才得以正式形成，由于目前创意产业还尚未被纳入正式的国家统计范畴和指标核算体系，因此，不同城市和地区对创意产业范围的划定如附录2所示，但总体上大致可归为“流行时尚、工业设计、影视艺术、展演出版、广告企划、软件服务、建筑装饰和运动休闲”八类。

### 2.3.2 创意产业集聚与模式

#### 2.3.2.1 创意产业集聚现象与特征

实践表明，创意产业与其他产业类似，表现出朝特定区域集聚化发展的特征。英国NESTA以SOHO、中央伦敦等地区为例，指出小型创意企业在早期阶段的一个显著特征是选择在特定区位集聚。O' Connor指出，创意企业一方面根植于地方，另一方面又离不开全球网络体系的特点，使创意产业表现出集聚于大都市并形成专业化生产的特点。Scot（2004）也发现了创意产业在地理分布上所具有的聚合性倾向，指出地理集聚是其发展趋势。

创意产业集群有别于传统产业集群对低成本的追求。表2－9从发展要素、发展主体、形成模式、联结方式等方面对两者进行了对比分析。

**表2－9 创意产业集群与传统产业集群的比较**

| | 传统产业集群 | 创意产业集群 |
|---|---|---|
| 发展要素 | 更多依赖自然资源与资金；强调技术和管理的创新行为 | 更多依赖创意人才与社会资本；强调文化创意 |
| 发展主体 | 以生产经营和技术服务为主体 | 以创意企业、研发机构、创意人员为主体 |
| 形成模式 | 自上而下，企业集聚先于人才集聚 | 自下而上，人才集聚先于企业集聚 |
| 联结方式 | 商品导向，以商品价值为联结方式 | 价值导向，基于文化传播及价值实现 |
| 环境布局 | 核心区、配套区、外围区集中布局；产业区与生活区功能相区分 | 工作与生活一体化，强调便利性和舒适性的空间环境 |
| 生产特点 | 程序化和标准化 | 松散，个性化，小众化 |
| 生产目的 | 营利性 | 生产经营、中介、金融部门与文化机构、艺术场馆等非营利性机构并存 |
| 企业组织模式 | 同类企业之间偏向于竞争关系，地理集合特征明显 | 企业间更加注重合作，地理网络特征明显 |

资料来源：根据华正伟（2012）的内容整理。

2.3.2.2 创意产业集聚发展模式

鲍枫总结了三种具有代表性的创意产业集聚发展模式，包括以英国为代表的“历史文化开发＋产业集群”模式、以美国为代表的“知识版权＋商业运营”模式，以及以日、韩为代表的“政府主导＋市场机制”模式。商艺基于集聚区核心竞争力的来源，将国外创意产业集聚区发展归纳为五种模式，见表2－10。

**表2－10 国外创意产业集聚区五种发展模式比较**

| 模式 | 典型代表 | 主要特点 |
|---|---|---|
| 艺术联姻商业 | 纽约SOHO区 | 艺术家集聚（曾规定非艺术家不得入驻），商业气氛浓郁，金融发达，集商业、艺术于一体 |
| 政府引导 | 伦敦西区（世界两大戏剧中心之一） | 政府通过半官方或民间机构，以项目资助形式提供政策、资金和技术支持，“一臂之距”（Arms' Length Principle）文化管理模式盛行 |
| 文化底蕴助推 | 巴黎左岸艺术区 | 历史悠久，文化底蕴浓厚，艺术声望高，书店、画廊、美术馆、博物馆云集的文化圣地 |
| 产业链推动 | 好莱坞影视制作基地 | 企业基于产业链相互合作，构成利益共同体，政府、行业协会、民间组织提供综合服务 |
| 科技助推 | BC省动画产业园区（北美三大影视制作中心之一） | 依托区域内哥伦比亚大学的科研优势，与教授、专家、优秀学生等人才合作孵化创意活动 |

资料来源：商艺．国外创意产业集聚区发展模式研究［J］．中外文化交流，2015（6）：64－66.

对于我国创意集聚区的发展，厉无畏、于雪梅指出，欧洲多数创意产业集聚区的形成历时较长，属于自发性行为，但我国更多地依赖于政府的引导和推动，政府的作用极为关键。范桂玉将创意产业集群发展模式归纳为政策主导型、区位诱导型、垂直关联型、水平关联型四种类型，其中政府规划建设为主流模式。陈舒雯认为，我国创意产业已形成了文化艺术工作者与科技人员的自发集聚、企业与科研院所自动转型而形成的集聚以及由地产商打造、推动的集聚三种类型。

此外，不同学者针对创意产业区位选择和集聚的影响因素也提出了不同的意见。表2－11对此进行了对比归纳。从中不难看出，较多的学者认为城市功能、产业基础是推动创意产业集聚的首要因素，其次为创意环境、创意人才和科技。

表 2 – 11 创意产业区位选择与集聚的影响因素

| | 创意环境 | 创意人才 | 城市功能 | 科技创新 | 产业基础 | 文化 | 政策制度 |
|---|---|---|---|---|---|---|---|
| Florida | ☆ | ☆ | ☆ | ☆ | | | ☆ |
| Landry | ☆ | ☆ | ☆ | | | ☆ | |
| 王缉慈 | | ☆ | ☆ | | ☆ | | |
| Charles Libisite，Oakley | ☆ | | | | ☆ | | |
| O' Connor | | | ☆ | | | | |
| Ackbar Abbas | | | ☆ | | | ☆ | |
| Michael Porter | | | | ☆ | ☆ | | |
| Allen Scot | | | | | ☆ | | |

资料来源：尹宏．文化创意产业集聚的空间演化研究［J］．四川师范大学学报，2013（2）：39.

## 2.4 创意人才空间集聚研究动态

所谓创意人才空间集聚，是指创意人才基于社会、经济、地域环境等各种因素的影响，从各个不同的区域向某一特定地理空间流动和聚集，从而使创意人才在空间上表现出一种地域集聚的现象。这种现象在世界各国表现明显，它既是人才自由流动与选择的过程，也是市场优化配置人才资源的结果。

作为创意产业最重要、最活跃的人力资源，人才的集聚在推动产业集聚过程中发挥着重要作用。因为创意产业集聚具有创意人才“先导性”的特点，只有创意人才首先在地理空间的汇集才能吸引企业和组织相继入驻，产业及产业竞争力才能形成。可见，创意产业发展对创意人才具有很强的依赖性，产业集群的人才集聚效应，对产业集群的发展具有重要意义。

### 2.4.1 创意人才空间分布研究

#### 2.4.1.1 创意人才具有高度地理集聚的特征

创意人才分布具有显著的地域指向性特点。早在 20 世纪 80 年代，Zukin 在分析阁楼文化时就指出：城市先锋（包括艺术家、手工艺者、音乐人等各种文化生产者）偏向于集聚在大城市的边缘地带。盛建国指出，创造力工作必须依赖于一些特殊的视觉环境、密集的社会文化活动，因此与特定地方空间具有密切关系，创意人才大量聚集在大城市是世界多数国家和地区所表现出的共性，也是创意产业形成的基础。从世界范围来看，全球创意人才高度集中在美国和欧洲。其中，美国以占世界 20% ~30% 的比例独占鳌头，成为创意阶层人数最多的国家。欧洲是第二大创意人才集聚地，其创意人员的就业比例不仅早已超过了传统行业，还正以惊人的速度递增。在最早提出创意产业概念的英国，其创意产业也已成为该国雇用就业人数最多的产业。

从国家内部层面看，Markusen 研究发现，创意人才主要以群体的方式聚集在一些中心城市或大都市，通常在那些较大城市集中度比较高，在较小城市集中度比较低。例如美国的创意人才，主要聚集在旧金山 SOMA、西雅图先锋广场、纽约 SOHO 等地，华盛顿特区、罗彻斯特等地也云集了大量“超级创意人群”；1998 ~2002 年，纽约创意核心产业就业率增长了 13.1%，集聚了美国 8.3% 的创意产业人员，包括美国 1/3 的演员、27% 的时装设计师、12% 的电影导演、10% 的布景设计师和 7% 的画家。而在英国，有 500 万音乐家，每晚超过 4500 场的现场演出，它们主要是集中在伦敦、爱丁堡、曼彻斯特等大中城市。其中，大伦敦地区和曼彻斯特等大城市是英国西北部地区第一、第二大创意人才集聚地。

我国学者张胜冰进一步研究发现，创意人才在地理空间上还呈现出不同层级和地理圈层的变化。例如美国，从事媒体、娱乐等行业的文化工作者，第一圈层主要集中在纽约、洛杉矶、旧金山等核心城市，其中洛杉矶密度最大；第二圈层则分布于华盛顿、西雅图、波士顿等中等城市。

当然，创意阶层的集聚中心并不全由大城市（地区）专属垄断。不少面积较小的城市，尤其是主要大学、研究所和政府所在地也集中了数量可观的创意人才。例如，位于伦敦东区的霍克斯顿，因邻近剑桥大学而成为世界著名的创意人才集聚地和产业集聚区。

关于我国创意人才的空间分布，张峰和李雪铭等指出，国内创意人才具有“集中于部分城市”的不平衡现象，就城市人居环境而言，东部地区对创意人才的吸引力最大，其次为西部和中部，目前长三角地区已成为创意人才的城市集聚区。易华在探讨创意人才特征的过程中发现，我国的创意人才具有“喜欢在创意城市集聚”的特征，他们主要分布在北京、上海、广州、深圳、香港等大都市，其中尤以大量文艺和科技人才聚集北京而形成的“北漂”现象最为典型。

2.4.1.2　创意人才集聚地往往也是创意、科技创新中心

从空间效果看，创意人才“马赛克”式的分布图景与创意产业、高科技产业的空间分布特征具有极大的相近性，全球创意产业最发达的城市和地区，往往也是创意人才集聚度最高、最密集的地区。Florida 研究表明：人力资本作为区域发展的动力因素，人才的经济地理分布对高科技产业定位和区域发展具有重要影响。在美国，创意阶层集聚地几乎和科技创新中心并驾齐驱，排列最前的 5 个创意阶层集聚区中，就有 3 个同时位居全美前 5 大高科技产业区。此外，还有学者

运用数理统计，发现创意阶层集聚地与地区专利申请量、高科技产业三者之间在统计关联上表现出均匀正相关。

在我国，创意人才集聚地也正是我国创意产业最为发达的地区。不少学者对此进行了解释，周蜀秦等研究发现，创意发达地区往往也是创新和怪癖的收容所与培养基地，使得该地区演化为创新区域成为必然。王俊票基于创意产业地方化发展的视角认为，创意人才在某一地区的集聚能进一步带动技术、资本、信息等生产要素的集聚，从而产生更多创新，推动该地区演化为创新中心。张恒惠等则运用人才区位理论指出，创意人才集聚是企业和投资接踵而来的先决条件。为了得到那些受过高等教育的人才的智力支持，企业会跟随创意阶层来到他们居住的城市或倾向于接近高校、研究机构密集的文教区，从而使创新区域与创意人才集聚地接近一致。

### 2.4.2 创意人才集聚效果研究

创意人才对集聚区域的功能效果主要体现在推动城市发展和区域经济增长两个层面。

#### 2.4.2.1 创意人才集聚对城市发展作用显著

创意人才是城市产业组织结构、技术结构优化升级的强劲动力，大量创意人才的集聚必将增强城市持续演进的内生动力机制，从而进一步扩大城市的集聚效应。当然，创意阶层是一群受教育程度较高的群体，他们对城市环境的要求更加苛刻，对城市各方面的功能也提出了更高的要求，从而促进城市提高宜居水平，由生产型向生态型、效益型城市转变。这无疑彰显了创意人才集聚能“推动城市转型，促进城市功能转变”的积极作用，张胜冰以曼彻斯特为例，对此予以了例证。他指出，通过重点发展金融业、旅游业和创意产业，曼彻斯特已成功地由制造业城市转变为创意城市，带来城市的复兴。正因如此，张峰和李雪铭等提出，在我国，创意人才集聚是新型城市化发展的关键要素。

#### 2.4.2.2 创意人才集聚推动区域经济增长

从现实来看，那些拥有高比例创意阶层的地区往往具有显著的竞争优势。刘奕指出，创意阶层是通过促进设计、研发、营销等生产性服务业的增长而间接推动区域经济发展的，不少学者采用定量研究方法对此予以了分析。如牛冲槐、田莉等基于1978～2006年的面板数据，发现科技型人才聚集对区域经济增长起着明显的正向作用。王锐兰、刘思峰基于区域经济持续发展的内在机理，提出创新人才集聚与区域经济发展之间存在着良性互动关系，这种关系正是区域经济稳步发展的助推器。对此，Florida 用技术（Technology）、人才（Talents）、宽容（Tolerance）的“3T”理论予以了阐述，在该理论模型中，技术是中心要素，人才是关键动力，宽容极大地影响创意人才在城市的集聚继而影响城市创意产业发展的竞争能力。三者的理论逻辑为：城市宽容等人文环境吸引创意阶层，创意阶层引致创新性企业追随和技术、资本流入，创意阶层的服务需求创造中低收入服务岗位，从而带动区域经济增长（见图2-4）。由于创意人才喜好向“3T”指数高的地区集聚，因此，在未来，创意阶层集聚地更有可能成为经济增长的“赢家”。

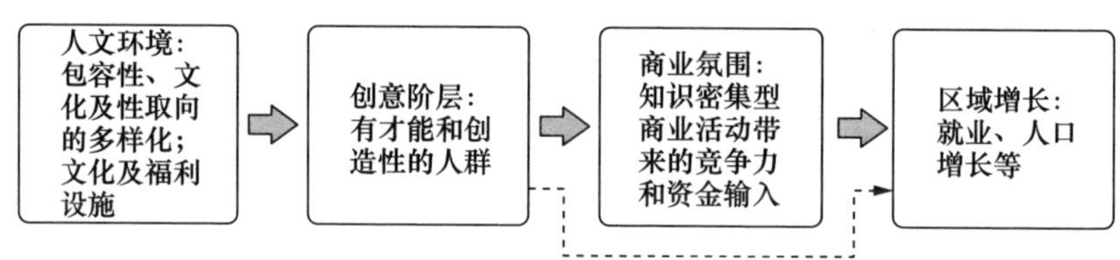


**图2-4 创意阶层与区域经济增长**

资料来源：H. K. Hansen and T. Niedomysl. Migrations of the Creative Class：Evidence from Sweden［J］. Journal of Economic Geography，2009（9）：191-206.

### 2.4.3 影响创意人才集聚的地理因素

2.4.3.1 环境要素

创意人才的地理集聚与环境要素紧密相关。Peck 指出环境对于创意人才集聚极为重要。对此，Howard Becker 提出了“艺术世界”（Art Worlds）、Pierre Bourdieu 提出了“文化场域”（Cultural Fields）的概念。Sands 和 Reese 通过对加拿大40个中等规模城区的调查发现，多样的环境和适当的政策支持是一个城市凝聚创意人才的关键。Drake 基于区位视角对影响个体创意的因素进行了考察分析，他发现区位本身的环境、区位的声誉和传统、区位中密集的社会文化活动以及各种创意人才团体组织是影响创意的四类区位因素。张胜兵指出，创意城市之所以能够聚集大量创意人才，是因其具备了知识、技术、资源、金融、交通、通信等创意产业发展的环境要素。张峰从城市人居环境入手，将这类环境要素细分为四个部分：适宜的生态环境、便利的生活环境、优越的工作环境以及多样的文化环境，其中，工作条件、城市基础设施和创意文化氛围对创意人才集聚影响显著。

尽管城市对创意产品的需求程度也会影响创意人才的集聚，但对创意人才而言，人文环境比商业环境更为重要。Florida、Clark 和 Glaeser 用“利便性”（Urban Amenities）概念对此加以概括。他们指出，城市各种各样的利便条件，包括音乐、艺术等人文环境，气候，绿化等生态环境等都会吸引创意阶层，对此，

Glaeser 在其“3S”（Skill，Sun and Sprawl）理论中强调了地点质量（Quality of Place）对于创意阶层的重要意义，并指出阳光地带（Sunbelt）是吸引创意阶层的一个重要因素。而 Florida 更是在“3T”理论基础上增加了一个“T”（Territorial Assets，地域资产），以凸显城市人文环境对创意人才的重要性。当然，在“4T”理论中，“城市宽容”始终发挥关键作用，正如王俊等所言，创意阶层趋向于包容力强、自我存在感突出、具有多样性与开放性等特质的地区聚集，大量优秀创意人才涌入的中心城市大都具有良好的文化设施、自由氛围、宽容精神和开放度。

此外，政府的政策因素也会对创意人才集聚产生影响。陈治平以上海为例，发现住房、户籍、社保、交通等是显著影响上海创意人才集聚的共性政策因素，而个性政策因素主要涉及社会氛围、知识产权、环境保护等方面。

#### 2.4.3.2 区域知名度与声誉

王缉慈（2007）研究发现，一个地方的声誉和传统对这个地方是否能够产生新的原创产品有着很重要的作用。梅萍（2009）也指出，英国十分重视将创意人才的知识和创意转化为价值与财富，这种倡导推动了英国创意阶层声望的形成和积累，从而吸引更多创意人才前往英国集聚，最终推动创意阶层的形成。直到现在，凭借“世界创意和文化中心”的声誉，伦敦每年吸引了大量国际创意人才趋之若鹜。在亚洲，新加坡也早在 1988 年确立了“新亚洲创意中心”、“全球文化和设计中心”的定位，通过知名度与声誉的打造和建设，最终成为亚洲首屈一指的会展创意名城。

### 2.4.4 创意人才集聚的政策制度研究

#### 2.4.4.1 有关创意人才开发的政策建议

创意人才集聚首先离不开对创意人才的培养与开发，许多发达国家和地区都相继推出了创意人才发展政策。例如，澳大利亚、韩国、日本等创意产业强国，都将创意人才培养置于国家战略层面，不约而同地实施了“全民创新教育政策”和“人才战略”；新加坡政府推出了“创意社区”计划；美国政府制定了“创意社会结构”制度。基于此，不少学者认为，造就高素质创意人才队伍的责任主要在于政府，政府指导在创意人才集聚过程中始终存在并发挥重要作用。

与此同时，Florida 强调了大学在创意人才开发中的重要作用，他指出，大学生是创意人才的储备力量，高校应成为创意人才培养的基地，重点加强对创意人才特别是高端人才、复合人才、营销人才的培养。此外，为了缓解我国创意人才的结构性矛盾，学者们普遍提出了“引进”策略，他们鼓励政府和企业积极构建多元分配制度，设置人才开发专项资金，塑造信任、尊重、包容的企业文化，通过薪酬激励、文化认同、兼职等方式吸引和留住优秀创意人才，以打造人才、机构和大师的集聚之地。

2.4.4.2 基于城市环境营造的对策建议

事实证明，一个城市的移民比例越高，城市的创意和创新氛围也越浓厚。自由、宽松的城市环境对创意人才集聚至关重要。Edward Gerry 主张，地方政府应投入资金用于城市利便性的建设，以此集聚创意人才。Florida、Landry、Camagni 相继提出了“创意社区”、“创意氛围”（Creative Milieu）的概念，认为在吸引创意人才集聚过程中，政府除了为企业提供补贴及建设基础设施外，还需构建一个能够包容多样化的社区，发展各种生活方式，塑造城市人文气候。John Kreidler 将“创意社区”研究更推进一步，他针对硅谷的文化创新，提出了“创意社区指数”（Creative Community Index），这种量化研究为城市“创意社区”的建设提供了切实可行的指导和依据。国内不少学者也对上述问题展开了探讨，但从研究观点看，仍深受 Florida“3T”理论的影响。例如，诸大建基于“3T”理论，以上海为例，提出了“建设创意生活圈、推动研究型大学和大学园区建设、实现政府—企业—大学三区联动”等政策建议。

### 2.4.5 研究述评

2.4.5.1 总体评述

由英国引发的创意经济热潮，吸引了不少来自经济学、社会学、管理学、心理学和文化学等专家学者的激烈探究。从内容关注点看，已有研究经历了从“创意（Creativity）本身—创意产业—创意经济—创意人才”的转变，体现出从关注“产业组织”到“社会组织”再到“核心要素”的演变历程。

近年来，在 Florida 观点的影响下，欧美学者相继展开了对创意人才相关问题的探讨和研究，并与创意产业同步，逐渐成为 21 世纪的新焦点。目前，对创意人才的研究领域和视角正日益多元和不断深入。国内研究虽然起步更晚，针对创意人才问题的全面系统研究还不是很多，但趋势良好。

从研究内容看，现有文献主要集中于：从微观层面探讨创意人才的定义、基本特征和素质构成；从中观层面寻求创意人才的培养和开发策略；从宏观层面展开对创意人才竞争力（创意人才指数）的评价研究。上述探讨为创意人才培育、创意产业发展提供了理论指导和经验借鉴。然而，从产业发展实际需求看，有关创意人才问题的研究急需在内容与方法上进行拓展和延伸，所存不足主要体现如下：

（1）对创意阶层的概念认定存在两种极端：一部分学者认为，Florida 所提出的创意阶层实际上与知识工作者并无二致，其理论研究与传统人力资本理论相差无几。另一部分学者认为，创意人才极具多样性，每类人才的成长规律、发展环境和人才政策并非同质化，这使创意阶层的概念界定宽泛不一，难以形成统一的认识，从而使研究面临容易失去重点和中心的风险。

（2）整体来看，学者们对创意人才问题的探讨相对于创意产业而言有所欠缺。而且，国内学界对创意人才的既有研究多以概念界定、介绍为主，缺少相应的理论深化与实践拓展性研究。从内容看，主要集中于对创意人才开发培育、政府政策制定等中观层面的描述与总结，而针对创意人才管理、特有思维、工作与生活方式、空间流动与集聚等内容较少涉及，从而导致直接立足创意人才特点的实证研究相对不足，企业创意管理理论相对薄弱。

（3）尽管创意产业集聚、创意人才集聚两者之间存在相互催生、相互驱动的经济关系，国内外一些学者在研究产业集聚演化时，总或多或少地指出人才集聚的成因，但这类研究从整体上看缺乏一定的系统性。在关于人才集聚影响因素的探讨中，即人才集聚的前向研究中，多数文献局限在城市环境、制度政策等几大层面，相对忽视了产业集聚对人才集聚的带动作用，更忽视了人才集聚给人才自身、企业和集聚地/城市带来的影响（即后向式研究）。

（4）就研究方法而言，对创意人才集聚问题的探讨主要以定性研究为主，定量研究主要针对科技型人才而展开。

（5）以创意人才为主体的创新城市研究尚未引起重视。从研究立足点看，众多关于创新城市的文献大都将“城市”作为主体，而对城市的服务对象和需求主体——创意人才关注不足，因而缺乏将“创意人才”作为主体的创新城市研究。

#### 2.4.5.2 针对创意人才空间集聚的评述

有关创意人才在产业集群的集聚现象，不少学者如 Porter、Markusen 等均对其展开过论述，但主要以定性的静态描述为主；其他学者如 Fujita、Krugman、Chatterjee 等虽然注意到人才集聚表现为动态形成过程，但对此问题的专门研究相对欠缺。本书认为，与产业集群的动态持续过程一样，人才集聚也是一个动态过程，因而需要在理论上对其生成演化过程加以深入剖析，以揭示和了解创意人才在集聚演化的每一阶段有何流动特征和规律。

在我国，创意产业集聚大致可以分为政府主导规划建设型、企业自发集聚型、龙头企业吸引带动型三种模式。国内关于创意人才流动、集聚等空间问题的研究，多数被作为附属内容在创意产业集聚研究中得以讨论。在知识密集与创新性方面，创意产业与高科技产业具有极大相似性，因而，在借鉴相对成熟的高科技产业发展模式下，（文化）创意产业园区对创意人才的会聚作用得到普遍关注，而基于自发流动机制的集聚模式并未引起足够重视。

本书认为，在国内文化创意产业集聚大力发展但创意人才对产业发展尚不能提供足够智力支持的背景下，忽视对创意人才自发集聚规律的认识和把握，纯粹依靠建立创意产业园区从而诱发创意人才集聚的方式并不能满足产业发展和人才空间流动的现实需要。当代青年曾经表现出的“逃离北上广”又“逃回北上广”这一折返式行为，充分说明创意人才具有很强的利便性指向与城市选择性。因此，需要充分激发、实现自发机制下的创意人才流动，从理论上明晰创意人才集聚的生成、演化过程（人地关系），把握其背后的普遍动因与决策行为（人企关系与人际关系），厘清人才集聚产生的各种效应及作用逻辑，最终找出创意人才空间集聚的内在要求与客观规律，促进创意人力资本的积累与提升。

## 2.5 本章小结

作为人才的一种类别，创意人才伴随创意产业的兴起而引起各国学者的普遍关注。有关人才集聚问题的研究，本质上隶属于人员管理的研究范畴，因此本章首先从人员流动与迁移、人才集聚两方面进行理论回顾与综述，其次针对创意、创意人才、创意产业的相关内容展开文献回顾，最后聚焦于创意人才空间集聚问题，对其当前研究动态予以文献整理与评述。本章旨在通过文献回顾为全文研究提供相应的理论支撑。

# 3 我国创意人才空间集聚态势与一般分布规律

人类学家 Alfred Krupp 曾提出：为什么天才总是成群地出现？近年来，伴随创意从业人员规模在我国的急剧扩大，创意人才在特定空间的集聚已成为不争的事实。本章拟通过数据分析、图景绘制、空间集聚度（人才规模区位熵）计算等方法，对我国创意人才的规模与结构变化展开现状描述与原因探究，同时对创意人才在城市内部的一般分布规律做出归纳与总结，以有效回答“创意人才在哪里”的问题。

## 3.1 我国创意人才规模变化与空间分布

### 3.1.1 总体变动趋势与行业分布特征

近年来，我国创意人才队伍急剧扩大，引发了社会各界对这类群体的普遍关注。图 3－1 显示了我国 2005～2014 年创意人才队伍数量变化趋势。

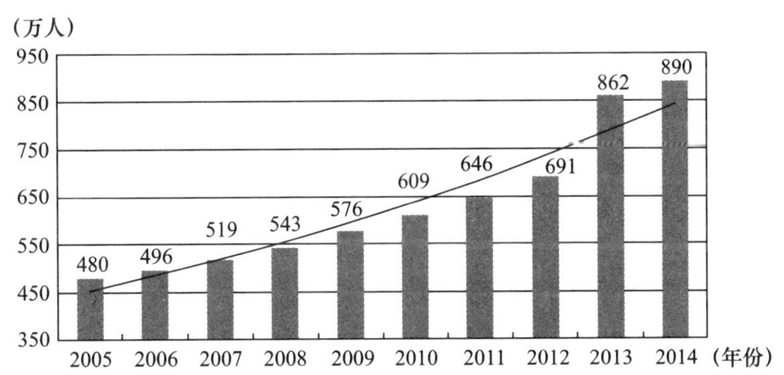


**图 3－1 我国 2005～2014 年创意从业人数总量变化趋势**

资料来源：根据各年《中国劳动统计年鉴》整理。

总体来看，在过去10年间（2005～2014年），我国创意从业人员队伍规模稳步扩张，从2005年的480万人持续增加至2014年的890万人，年均增长7.26%①。依据增长幅度，可将我国创意人才总量变化分为2005～2008年平稳增长、2009～2014年急剧上升两个阶段，自2010年始，我国创意人才规模便驶入了快速上升通道，尤其在2013年，更是以年增幅24.71%的速度引人侧目，由2012年的691万人猛增至2013年的862万人。

从行业分布结构来看，如图3-2所示，我国创意从业人员以从事科学研究、技术服务业居多，其次为信息传输、软件和信息技术服务业，这两大行业在2005～2014年分别以年均11.76%、6.78%的增长率获得人员的快速扩张，特别是2012年以来，创意从业人员在科学研究、技术服务业的增长率连续两年保持两位数增长。2013年，伴随大量互联网、信息、软件开发等企业的风起云涌，我国信息传输、软件和信息技术服务业创意人数更是增长了47%，由2012年的222万人井喷式地扩张至2013年的327万人，极大地充实、壮大了我国创意人才队伍。当然，从文化、体育、娱乐行业创意人数看，尽管增长态势不及上述两大行业，但在过去10年中，其总量规模始终保持温和增长态势，目前从业人数达150万人左右。

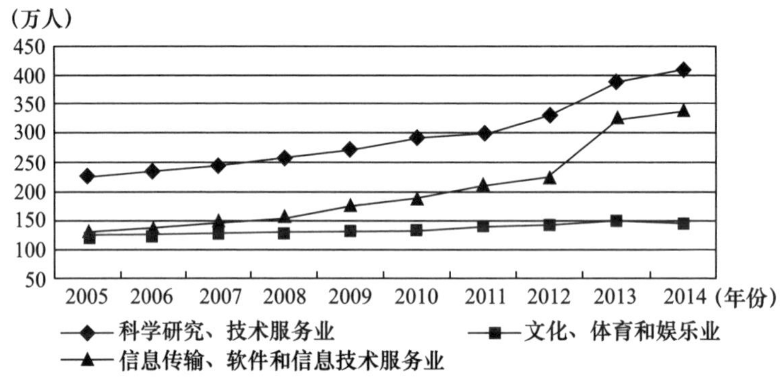


**图3-2 我国2005～2014年创意从业人数行业变化趋势**

资料来源：根据各年《中国劳动统计年鉴》整理。

## 3.1.2 创意人才分布图景与集聚度分析

### 3.1.2.1 空间分布图景

创意人才在空间上具有流动性强、在特定区域内追求收益最大化的特点。与

① 需要再次说明的是，本书仅选用科学研究、技术服务，文化、体育和娱乐业，以及信息传输、软件和信息技术服务三大行业的创意从业人员数作为创意人才规模指标，所得数据较之已有文献整体偏小，但由于创意人才从属于创意从业人员队伍，因此这种处理不会改变创意人才质的属性以及整体演变趋势。

其他经济要素资源类似，我国创意人才在空间分布上同样表现出高度汇集于特定城市/区域的极化现象。我国近十年来创意从业人数变化呈现出如下两大明显特征：

（1）从规模上看，我国创意从业人数呈整体扩张之势，不管是东部沿海地区，还是中部省市，在 2014 年均表现出明显的集中和增长，尤其是中部省市，这一态势表现得尤为明显，表明我国中部区域的创意人才开始大量涌现并日益崛起。这得益于中部省市对创意人才的本土开发与培养，也缘于近年来，发达城市生存成本的提高导致部分人才集聚的挤出效应，使中部城市出现部分创意人才回流现象，这一事实从侧面彰显出我国中部省市在文化创意产业发展方面所具有的巨大潜力。

（2）从结构上看，我国创意人才高度集中在东部沿海地区，尤以北京、长三角、珠三角等区域为人员密集之地，其中，北京、上海、江苏、浙江、广东在东部地区形成 5 个人才吸引力“波峰”，这种态势在近年来有增无减，展现出日益强化之势。当然，在东部地区人才集聚日益加剧之际，中部省市并没有“弱者更弱”，反而表现出“奋起直追”、“迎头赶上”之意。简言之，可将近年来我国创意从业人员空间结构的演化态势概括为：东部地区日益加强，中部地区明显改善，由东部地区向中部地区梯次蔓延的态势开始萌芽，但西部地区创意人才集聚依然表现不突出。

创意从业人员的空间分布与区域文化创意产业发展水平密切相关，通常，文化创意产业产值越高的区域往往也是创意从业人数高度密集之地。我国创意人才主要集中于珠三角、长三角、环渤海等区域，这种空间分布特征与城市文化创意产业发展、区域经济整体格局大体一致。

3.1.2.2 人才的空间集聚度分析

为了更好地反映创意从业人员在我国各省市的具体集聚程度，加强区域空间比较，本书基于数据的可获得性，选用人才规模区位熵[①]（即 LQ 指数）对此加以测量。区位熵原本是用来反映产业集聚程度的一个常用指标，本书在此通过计算各省市创意从业人数的相对比重来反映从业人员的集聚化水平，LQ 值越大，说明人才规模集聚程度越高，其计算公式如下：

$$LQ = \frac{E_{ij}/E_j}{E_i/E} \tag{3-1}$$

式中，$E_{ij}$代表某省市创意从业人数，$E_j$ 代表该城市年末人数，$E_i$ 代表全国创意从业人数，E 代表全国年末人数。由于在同一年内，$E_i/E$ 为定值，因此，

① 人才规模区位熵主要考虑创意人才数量，对人才质量不作考虑。

LQ 的值取决于 $E_{ij}/E_j$，这样会造成部分总人口稀少的省市区，如青海、内蒙古等由于 $E_j$ 值很小，导致 LQ 值偏大，不能真实地反映实际人才集聚度。为此，本书综合考虑创意产业所涉及的八大类别，选用全国 31 省市区艺术表演团体国内演出观众人次、艺术表演场馆观众人次、出版物发行机构数、出版印刷业销售产值、软件业营业收入、影院数、电子出版物数量、录音制品出版发行数量、录像制品出版发行数量等 10 项指标占全国比重的均值作为权重对原始 LQ 值予以修正，从而尽可能减小纯粹依赖从业人数所造成的偏差。计算中所用数据均来源于 2012~2014 年《中国统计年鉴》、《中国劳动统计年鉴》、《中国文化文物统计年鉴》、《中国第三产业统计年鉴》以及国家相关部委平台发布的统计报告。

遵循上述方法和思路，本书分别计算了 2011~2013 年各省市的 LQ 值，其中 2013 年的结果如表 3-1 所示。

**表 3-1　我国 2013 年创意从业人数 LQ（规模区位熵）值**

| 区域 | 省市区 | 修正前的 LQ | | 权重 | 修正后的 LQ | |
|---|---|---|---|---|---|---|
| | | LQ 值 | 排名 | | LQ 值 | 排名 |
| 东部 | 北　京 | 3. 848663874 | 1 | 0. 150635285 | 0. 579744579 | 1 |
| | 江　苏 | 0. 802022833 | 22 | 0. 101478377 | 0. 081387975 | 2 |
| | 上　海 | 1. 626861687 | 2 | 0. 048611167 | 0. 079083645 | 3 |
| | 广　东 | 0. 786497098 | 24 | 0. 09415322 | 0. 074051234 | 4 |
| | 辽　宁 | 1. 071449875 | 8 | 0. 064981959 | 0. 069624912 | 5 |
| | 浙　江 | 0. 754825591 | 25 | 0. 083546676 | 0. 063063169 | 6 |
| | 山　东 | 0. 677608034 | 29 | 0. 049211097 | 0. 033345835 | 8 |
| | 河　北 | 0. 896381205 | 17 | 0. 030361465 | 0. 027215447 | 10 |
| | 福　建 | 0. 608589913 | 31 | 0. 025489698 | 0. 015512773 | 16 |
| | 天　津 | 1. 152173877 | 6 | 0. 012282864 | 0. 014151995 | 19 |
| | 广　西 | 0. 935030901 | 15 | 0. 013440478 | 0. 012567262 | 21 |
| | 海　南 | 0. 976637454 | 13 | 0. 00339362 | 0. 003314336 | 30 |
| 中部 | 湖　北 | 0. 898232246 | 16 | 0. 030989127 | 0. 027835433 | 9 |
| | 湖　南 | 0. 864054001 | 19 | 0. 030845515 | 0. 026652191 | 11 |
| | 安　徽 | 0. 72399962 | 27 | 0. 032686036 | 0. 023664678 | 13 |
| | 河　南 | 0. 640089612 | 30 | 0. 03456709 | 0. 022126035 | 14 |
| | 山　西 | 0. 798799943 | 23 | 0. 022878249 | 0. 018275144 | 15 |
| | 吉　林 | 1. 139548418 | 7 | 0. 012736629 | 0. 014514005 | 17 |
| | 江　西 | 0. 723572599 | 28 | 0. 017791645 | 0. 012873547 | 20 |
| | 黑龙江 | 1. 025290467 | 11 | 0. 012142745 | 0. 012449841 | 22 |
| | 内蒙古 | 1. 066848583 | 9 | 0. 007706088 | 0. 008221229 | 25 |

续表

| 区域 | 省市区 | 修正前的 LQ | | 权重 | 修正后的 LQ | |
|---|---|---|---|---|---|---|
| | | LQ 值 | 排名 | | LQ 值 | 排名 |
| 西部 | 四　川 | 1.027778285 | 10 | 0.041170914 | 0.042314571 | 7 |
| | 陕　西 | 1.279633517 | 5 | 0.020006814 | 0.02560139 | 12 |
| | 云　南 | 0.947605253 | 14 | 0.015069941 | 0.014280355 | 18 |
| | 重　庆 | 0.724676347 | 26 | 0.014107958 | 0.010223703 | 23 |
| | 甘　肃 | 1.018225424 | 12 | 0.009046755 | 0.009211636 | 24 |
| | 贵　州 | 0.834915219 | 21 | 0.008500298 | 0.007097028 | 26 |
| | 新　疆 | 0.835464929 | 20 | 0.006817981 | 0.005696184 | 27 |
| | 西　藏 | 1.522403879 | 3 | 0.003222574 | 0.004906059 | 28 |
| | 青　海 | 1.360421228 | 4 | 0.00273255 | 0.003717419 | 29 |
| | 宁　夏 | 0.882144908 | 18 | 0.003756686 | 0.003313941 | 31 |

资料来源：根据2014年《中国统计年鉴》、《中国劳动统计年鉴》、《中国文化文物统计年鉴》、《中国第三产业统计年鉴》以及国家相关部委平台发布的统计报告数据计算。

从修正前的数值看，只有北京、上海、辽宁等为数不多的省市的LQ值大于1，说明就全国范围而言，我国创意从业人员的整体集聚程度表现尚不突出，也即，虽然创意从业人员规模在近年来不断壮大，但整体上依然显弱，需要继续扩大。

从修正后的LQ值排名看，我国创意从业人员高度集中在东部沿海地区，在前十位排名中，东部省市包揽8席，北京、江苏、上海、广东、辽宁、浙江位居前六，这与前文所反映的直观结果不谋而合。在中部地区，以湖北、湖南表现较好，但各省市排名整体居中，依次减弱，相差不大。西部地区以四川尤为突出，排名第七。此外，除了陕西、云南两省外，整体集聚度水平相对不高。就从业人员分布情况看，2013年，全国创意产业从业人数占全部就业人口的1.12%，占城镇就业人员的4.76%。就地域分布而言，东部地区占全国创意产业从业人数的59.85%，中部地区占20.52%，西部地区占19.63%，图3－3显示了2005～2013年期间我国三大区域创意从业人员占全国的比重情况。不难看出，全国一半以上的创意从业人员持续集中在我国东部区域，尤其在2009年，伴随国家《文化产业振兴规划》的出台，我国东部区域更是抢跑在前，创意人员规模大幅增长，其占全国的比重由2008年的56%急剧上升至2009年的65%，可以说抢占了创意产业大发展的先机。而中部、西部区域创意从业人员占全国的比重相对比较稳定，但近年来西部区域有上升态势、中部区域稍显疲弱，两线走势逐渐靠拢于20%的网格线，显示两区域的差距在日渐缩小。这一点也可以从前文中得到直观体现。

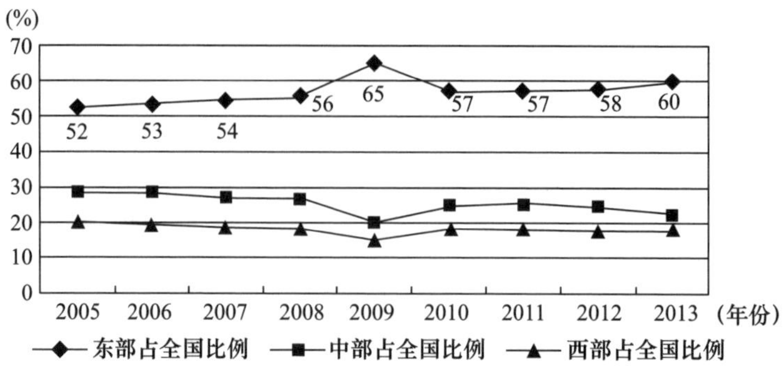


**图 3－3　我国三大区域创意从业人数占全国的比重（2005～2013 年）**

考虑到我国创意从业人员从 2010 年开始出现大幅增长，本书分年度计算出了全国 31 省市区（不包括港澳台地区）在 2011～2013 年间的 LQ 值，试图从动态发展视角考察各省市区创意人才集聚度的变化态势，详见表 3－2。

**表 3－2　我国 2011～2013 年创意从业人数 LQ 值（修正后）排名**

| 省市区 | 2011 年 | | 2012 年 | | 2013 年 | |
|---|---|---|---|---|---|---|
| | 修正后 LQ 值 | 排名 | 修正后 LQ 值 | 排名 | 修正后 LQ 值 | 排名 |
| 北　京 | 0. 351340087 | 1 | 0. 194702603 | 1 | 0. 579744579 | 1 |
| 江　苏 | 0. 073050697 | 4 | 0. 076966149 | 4 | 0. 081387975 | 2 |
| 上　海 | 0. 085025242 | 3 | 0. 075700352 | 5 | 0. 079083645 | 3 |
| 广　东 | 0. 11328636 | 2 | 0. 087691808 | 2 | 0. 074051234 | 4 |
| 辽　宁 | 0. 042304574 | 6 | 0. 087665638 | 3 | 0. 069624912 | 5 |
| 浙　江 | 0. 061220599 | 5 | 0. 059173538 | 6 | 0. 063063169 | 6 |
| 四　川 | 0. 02463837 | 13 | 0. 030139073 | 9 | 0. 042314571 | 7 |
| 山　东 | 0. 026979251 | 11 | 0. 025101179 | 12 | 0. 033345835 | 8 |
| 湖　北 | 0. 029423911 | 10 | 0. 024481496 | 13 | 0. 027835433 | 9 |
| 河　北 | 0. 025580098 | 12 | 0. 028914097 | 10 | 0. 027215447 | 10 |
| 湖　南 | 0. 03627728 | 7 | 0. 028288689 | 11 | 0. 026652191 | 11 |
| 陕　西 | 0. 033243285 | 8 | 0. 030406435 | 8 | 0. 02560139 | 12 |
| 安　徽 | 0. 030648986 | 9 | 0. 035532708 | 7 | 0. 023664678 | 13 |
| 河　南 | 0. 022721136 | 14 | 0. 016965389 | 14 | 0. 022126035 | 14 |
| 山　西 | 0. 018554465 | 15 | 0. 01361523 | 17 | 0. 018275144 | 15 |
| 福　建 | 0. 016905133 | 17 | 0. 011921306 | 21 | 0. 015512773 | 16 |

续表

| 省市区 | 2011 年 | | 2012 年 | | 2013 年 | |
|---|---|---|---|---|---|---|
| | 修正后 LQ 值 | 排名 | 修正后 LQ 值 | 排名 | 修正后 LQ 值 | 排名 |
| 吉　林 | 0.014073778 | 19 | 0.014341306 | 16 | 0.014514005 | 17 |
| 云　南 | 0.016260081 | 18 | 0.013023228 | 18 | 0.014280355 | 18 |
| 天　津 | 0.009555858 | 25 | 0.011176455 | 22 | 0.014151995 | 19 |
| 江　西 | 0.012519823 | 22 | 0.014407443 | 15 | 0.012873547 | 20 |
| 广　西 | 0.018456496 | 16 | 0.012600603 | 20 | 0.012567262 | 21 |
| 黑龙江 | 0.013744798 | 21 | 0.012628051 | 19 | 0.012449841 | 22 |
| 重　庆 | 0.013887021 | 20 | 0.009265693 | 23 | 0.010223703 | 23 |
| 甘　肃 | 0.010226845 | 24 | 0.00768975 | 24 | 0.009211636 | 24 |
| 内蒙古 | 0.008032476 | 26 | 0.005729962 | 27 | 0.008221229 | 25 |
| 贵　州 | 0.012168396 | 23 | 0.005802397 | 26 | 0.007097028 | 26 |
| 新　疆 | 0.00801814 | 27 | 0.005844608 | 25 | 0.005696184 | 27 |
| 西　藏 | 0.001560379 | 31 | 0.001309326 | 31 | 0.004906059 | 28 |
| 青　海 | 0.002472042 | 30 | 0.002878555 | 28 | 0.003717419 | 29 |
| 海　南 | 0.003192825 | 28 | 0.001976087 | 29 | 0.003314336 | 30 |
| 宁　夏 | 0.002566656 | 29 | 0.0019007 | 30 | 0.003313941 | 31 |

资料来源：根据各年《中国统计年鉴》、《中国劳动统计年鉴》、《中国文化文物统计年鉴》、《中国第三产业统计年鉴》以及国家相关部委平台发布的统计报告数据计算。

从表 3－2 看，近年来，我国创意从业人员集聚程度的变化主要集中在中西部区域，其中，四川、天津两省市进位明显，分别从第 13、第 25 位上升为第 7 和第 19 位，而湖南、陕西、安徽三省则相继从第 7、第 8、第 9 位下降至第 11、第 12、第 13 位，其他省市区排名变动均不显著，东部沿海区域始终是我国创意人才高度集聚地。说明自 2010 年以来，我国快速增长的创意从业人员依然较多地流向了东部沿海区域。

## 3.2 我国创意人才集聚态势原因探究与剖析

影响创意从业人员规模扩张和空间选择的因素有很多，从外部环境来看，我国创意产业在近年来快速地集聚发展，国家营造良好的政策制度环境，创意企业基于日益旺盛的市场潜力而激发对创意人才的用人需求，都为我国创意从业人员规模的扩大、空间的流向产生了重要引导和促进作用。

### 3.2.1 基于创意产业集聚的结伴共生

创意产业的集聚发展与创意人才的空间分布结伴而生。《中国创意产业发展报告（2009）》提到：产业集聚已成为我国创意产业发展的主题，集群化趋势在我国近年来日益明显。从区域发展格局看，我国在2007年就已形成了六大典型的产业集聚区，时至2011年，这六大集聚区发展状况如表3-3所示。

**表3-3 我国六大典型创意产业集聚区**

| 区域名称 | 代表城市 | 主要优势行业 |
| --- | --- | --- |
| 环渤海创意产业集聚区 | 北京、天津 | 文艺表演、影视传媒、艺术品交易 |
| 长三角创意产业集聚区 | 上海、南京、杭州、宁波 | 工业设计、时尚服饰、广告策划、室内装饰等 |
| 珠三角创意产业集聚区 | 广州、深圳 | 影视、广告、动漫、印刷 |
| 中部创意产业集聚区 | 长沙 | 广播电视 |
| 川陕创意产业集聚区 | 成都、重庆、西安 | 网络游戏 |
| 滇海创意产业集聚区 | 昆明、丽江、三亚 | 旅游、影视 |

资料来源：刘奕，马胜杰．我国创意产业集群发展的现状与政策［J］．学习与探索，2007（3）：136-138.

由上可见，从区域层面看，我国在创意产业发展过程中，由于自身资源禀赋、经济发展水平、特色优势不同，各区域在园区性质、功能定位、主导行业选择等方面也有所差异。例如，我国东部地区科技实力较强，创意产业集群模式多以游戏、软件设计、数字娱乐等“科技+创意”类型为主；而中部地区具有相对悠久的历史文化，因而选择广播电视、动漫、网络游戏、数字出版等“文化+创意”的产业发展模式；西部地区自然资源丰富，同时文化资源也极富特色，因此，诸如艺术表演、文化旅游、传统手工艺品等“资源+创意”的产业发展模式成为该区域的现实选择。上述差异也导致不同专业背景的创意人才在空间分布与流向上有所不同。

从省际层面看，刘强按创意产业综合竞争力分值对我国31个省市区进行了分层排序，结果如图3-4所示。不难发现，位居第一、第二层次的省市均为我国经济最为发达的东部沿海区域，随后的排名表现出随地域自东向西逐步减弱，将这一结果与表3-1关于人才集聚度的排名进行比对，发现除了天津、重庆、福建出入较大外，其余28个省市区的创意人才集聚度与创意产业整体实力排名大致匹配，这说明各省市区创意产业发展水平与创意人才的空间集聚态势相互影响、唇齿相依。

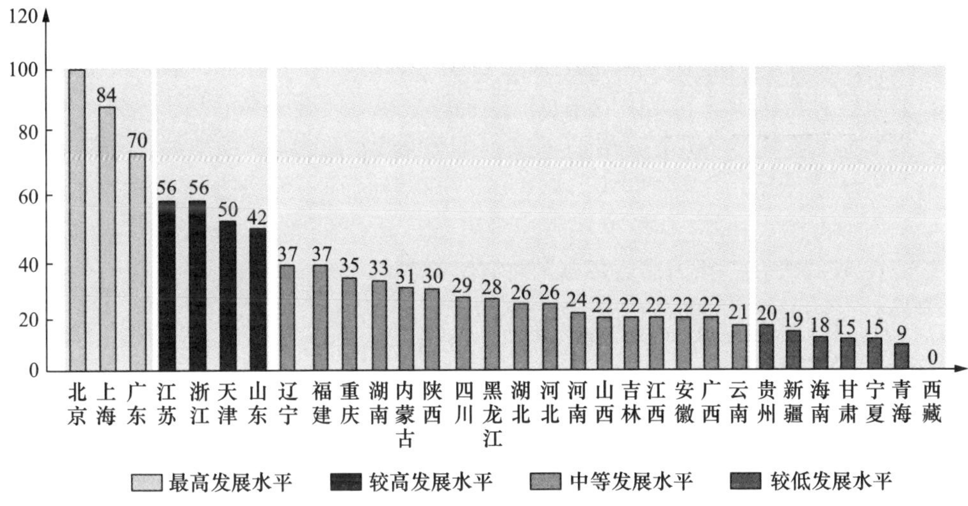


**图 3-4 我国各省市区创意产业综合实力排名**

资料来源：刘强．中国文化产业发展水平的区域比较［D］．东北财经大学博士学位论文，2010.

创意产业园区数量的演变也能有效反映创意从业人员规模在我国的竞相增长态势。2009 年，我国《文化产业振兴规划》的颁布为创意产业的发展创造了前所未有的历史机遇，自 20 世纪 90 年代起步的文化创意产业园区迅速在全国各地争相涌现，势头强劲，并在 2014 年达到 3500 个的顶峰（见图 3-5）。创意产业园区对创意人才具有强烈的会聚作用，这种作用伴随园区环境改善、品牌形成而变得越发明显，从而推动我国创意人才数量逐年递增，并源源不断流向园区。

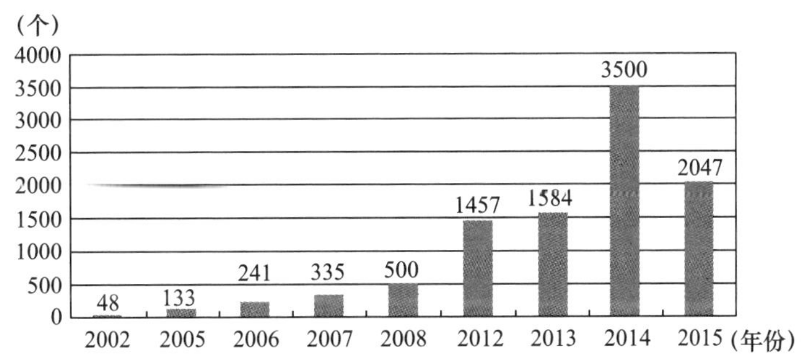


**图 3-5 我国文化创意产业园区数量（2002~2015 年）**

注：我国文化创意产业园区在 2012 年呈现井喷状态，直到 2015 年，随着对园区质量效率的关注，数量才开始出现回落。

资料来源：年终盘点：2015 年度文化创意产业园区面面观［EB/OL］. http://www.ccitimes.com.

从城市层面看，城市是创意产业发展的空间载体，近年来，创意产业在我国主要城市繁荣发展，并在全国范围内涌现出一批颇具代表性的标杆城市，如北京、上海等。张京成、刘光宇以创意产业企业数量、就业人数、资产总额、营业收入为依据，将国内 60 个城市的创意产业发展划分为四个梯队①，如图 3－6 所示。

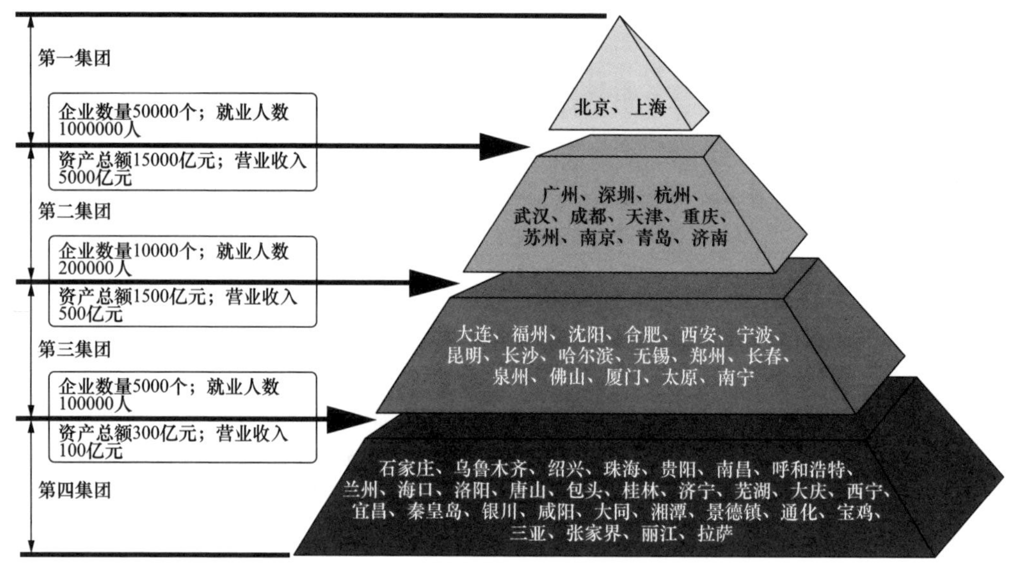


**图 3－6　我国部分城市创意产业发展梯队图**

资料来源：张京成等．我国创意产业发展现状与趋势［J］．北京联合大学学报（人文社科版），2011（5）．

在上述金字塔状发展梯队中，北京、上海构成我国创意产业发展的塔尖，在全国范围内起着示范和引领作用；以广州、深圳、杭州、成都等为代表的 11 个城市位居第二梯队，其创意产业正稳步向前，优势明显；第三层次以大连、长沙、沈阳、昆明等城市为代表，其创意产业发展具有一定基础，正处于快速成长阶段，增长潜力较大；位居塔底的为乌鲁木齐、海口、兰州等城市，其创意产业发展基础相对薄弱，尚处于起步阶段，需要必要的政策予以扶持。显然，我国创意产业在总体上已形成以龙头城市为引领、大中城市为“干将”、中小城市快速跟进的发展格局。

综上，要素集聚与产业集聚总是相伴而生，相互促进。作为创意的载体与核

① 由于统计方法不一致，本书的创意从业人数略小于此处文献。

心要素，创意人才必将遵循创意产业的空间演化而流向创意产业高度发达的区域，从而使创意人才在空间分布上，也同样呈现出与创意产业相对应的非均衡集聚态势，也即，创意产业高度发达区域往往也是创意人才密集之地，人才的集聚地与产业集聚区高度吻合。因此，我国创意产业集聚区的空间分布、创意产业园区数量的增长、城市创意产业发展梯队的划分不仅推动了我国创意人才队伍规模的壮大，同时也影响了这类群体的空间集聚格局。

### 3.2.2 日臻完善的政策环境条件助推

由于起步较晚，我国多数城市在创意产业集聚发展过程中主要以政府规划建设为主。近年来，日臻完善的制度环境、积极的政策支持为创意企业与人才的涌现保驾护航。2012 年，创意设计业被列为我国“十二五”期间文化系统重点发展的 11 个行业门类之一，此后，国家又密集出台了诸多针对文化产业（包括文化创意产业）发展的相关文件（见图 3－7），这为创意产业发展提供了良好的政策支持环境。

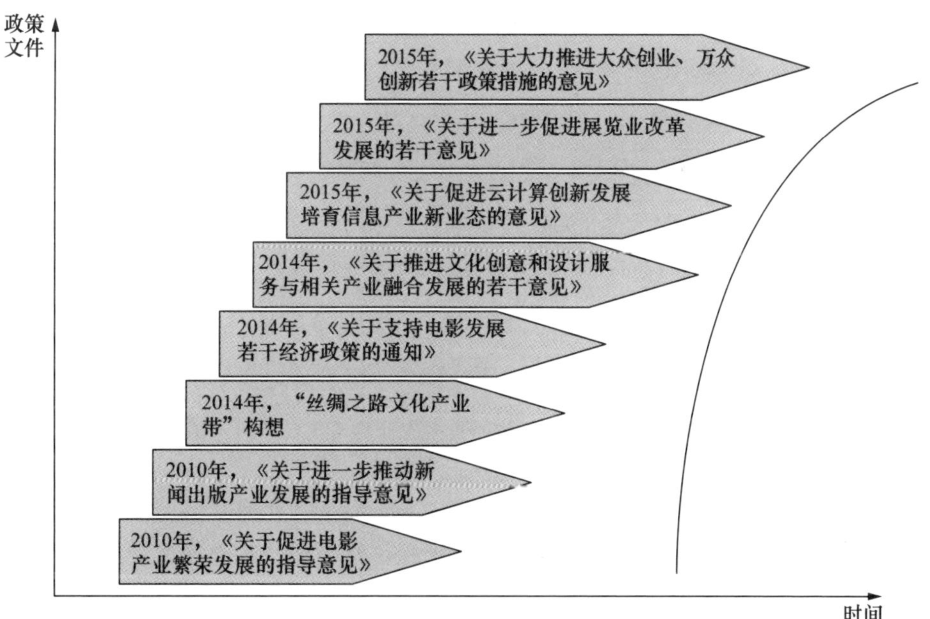


图 3－7　我国近年来密集出台的促进创意产业发展的相关政策

近几年来，为进一步改善我国创意产业市场运营环境，国家在电影、新闻出版、专利、网络游戏、电视剧、互联网视听等行业领域密集出台了许多规范、约束、制度性文件，详见附录3。这些行业基本覆盖了创意产业所涉及的传统与新兴行业，为市场参与主体营造了公平、公正的竞争环境，保护了创意者（创意企业）的相关利益，日渐规范的制度环境为我国创意企业、创意人才的涌现提供了有力保障。

### 3.2.3 源自创意市场供需的外生动力支持

我国创意从业人员队伍的迅猛壮大与创意产业的良好发展相伴而生，而推动产业发展的动力主要源于文化动力和消费动力两者的融合。根据马克思"消费需要决定生产"的论断，市场对文化创意产品旺盛的消费需求对创意从业人员扩张和产业发展提供了源源不断的动力支持，旺盛的创意市场供需成为创意人才发展壮大的重要推力。

以电影为例，自2003年启动电影产业化改革以来，我国电影市场规模在全球维持个位数增长的背景下，持续保持年均30%左右的增长速度。图3-8显示，我国影院观影人次由2009年的1.82亿人增加至2014年的8.3亿人，五年内翻了两番。2014年，我国成为仅次于美国的电影消费第二大国。

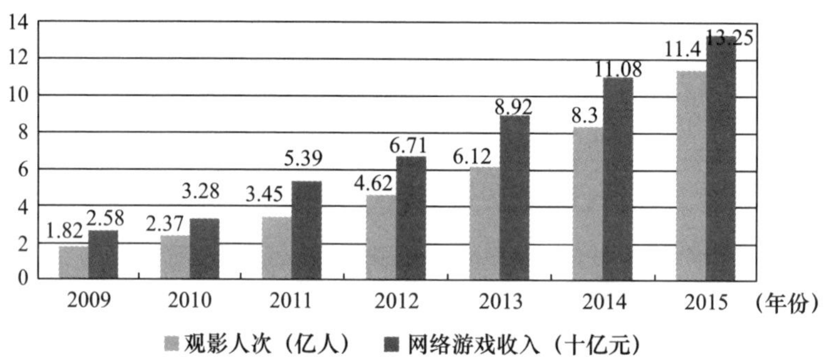


**图3-8　我国观影人次、网络游戏收入变化趋势（2009~2015年）**

资料来源：EBOT艺恩日票房智库，www.entgroup.com.cn.

对文化创意产品旺盛的市场需求不断刺激供给方——创意及关联企业加大对技术、资本、人才等要素的投入，推动我国以动漫、游戏、设计、广告等为代表的新兴行业实现跨越式发展，企业对创意人才急剧扩大的需求加快了高校、职业院所对创意专业的设置与人才培育，也倒逼我国文化产业中的传统部门，如电影电视、图书出版、文艺演出等相关行业开始注重与创意产业融合，通过企业重组、体制、机制改革等制度层面，通过数字化、移动化、网络化等技术层面实现自身转型与升级。

由上可见，旺盛的创意市场需求、企业自身转型的内在需要不断刺激企业加大对创意人才的需求与投入，产业的发展、政策的激励、社会对创意的需求、企业对人才的重视、高校对创意人才的培养，多方力量共同推动、催生更多创意人才进入创意领域，不断推动我国创意人才规模发展壮大。

## 3.3 创意人才集聚的一般分布规律

出于对要素的高度依赖，创意产业的发展总离不开创意人才的集聚，最终也必然带来创意人才的集聚，这使我们对创意人才空间问题的研究总是不可避免地与创意产业集聚发生关联。从世界范围看，不论是创意产业起步较早的欧美发达国家，还是作为后起之秀的发展中国家，创意人才总是出于对区位的依附关系而遵循如下规律向特定区域流动汇集。

### 3.3.1 趋于都市地区的资源依赖规律

作为人类文明的产物，城市在社会经济发展中扮演着空间载体和创新场域的重要作用。因为具有设施完善、交通便利、信息密集、技术集中、市场需求旺盛等优势，城市自然成为吸引大量创意人才流动汇集的首选场所。从全球范围看，创意人才表现出一种向大都市集中的地域聚集现象，他们普遍集中在那些具有资源优势或经济发达的中心城市，如纽约、伦敦、东京、巴黎、洛杉矶、柏林、首尔、新加坡、中国香港等。这与Henderson曾指出的，“高科技、高创意行业集聚对差异性要求较高而对规模要求不高，因而倾向于在大城市集聚”的论述一致。

在我国，根据2013年的统计数据，我国30%的创意从业人员高度集中在北、上、广、深四大一线城市，这些城市正是我国创意产业最为发达的地区，这种分布也体现了全球创意人才的共同特征。有趣的是，当以衣着、交通通信、文教娱乐作为居民创意产品消费衡量指标时，我们发现，我国城镇居民创意产品人均消费能力位居前十的省级区域中，有7个省市的创意从业人员规模区位熵同时也位列前十（除内蒙古、福建、天津）。表3-4对此进行了反映。

现代区位理论认为，区域因素是影响产业集群形成与发展的重要条件，同样，也是促进创意人才发生集聚的诱发性条件和基础之一。对创意人才而言，影响其空间流向的区域因素主要涉及区域的经济环境与资源禀赋。

表3-4 2013年我国创意从业人员规模区位熵与人均创意产品消费排名

| 省市区 | LQ排名 | 创意产品消费额排名 | 消费金额（元） |
|---|---|---|---|
| 上海 | 3 | 1 | 10891 |
| 北京 | 1 | 2 | 10886 |
| 浙江 | 5 | 3 | 9652 |
| 广东 | 4 | 4 | 9381 |
| 江苏 | 2 | 5 | 8438 |
| 天津 | 23 | 6 | 7773 |
| 内蒙古 | 24 | 7 | 7608 |
| 福建 | 16 | 8 | 7353 |
| 辽宁 | 6 | 9 | 6948 |
| 山东 | 8 | 10 | 6662 |

注：之所以选择2013年的消费数据，是为了便于与2013年创意从业人员规模区位熵（LQ）的排名进行比对分析。

资料来源：根据《中国统计年鉴》（2014）计算所得。

首先，创意的生产强调创意空间的开放性，创意产品也具有强烈的时效性，因而对快捷、便利的交通运输条件要求较高，一个具有便捷交通网络体系的城市更易于吸引创意人才前往集聚。从现实看，创意产业集群大都分布在交通通达地区，从而为创意人才的便利性流动、创意产品的实效性交易提供保障。

其次，对于一个强烈需要外部支持的创意行业而言，城市的金融、技术环境对创意人才的吸引力正发挥越来越重要的作用。这是因为，创意产业链的每一环节，从内容创意、加工生产到市场营销，每一步都离不开金融资本的投入以及技术层面的转化，纽约SOHO所在的曼哈顿岛当属世界金融业最为发达的地区之一，其雄厚的金融支持能力吸引各类创意人才大量会聚，使之成为创意人才高地。

一般认为，城市的资源禀赋是吸引特定要素的基础性因素，对创意人才而言，特定地域的资源赋存、文化传统、消费观念与水平等是影响其空间流动与集聚的重要考量。某区域若拥有大量相对廉价或优质的资源，如便宜的房租、宜人的气候环境、丰富的历史人文资源、当地浓厚的创新传统等，则该区域往往会成为创意人才集聚产生的自发地。本书后续案例研究将对此有所阐述。创意人才在地理空间选择中所表现出的强烈的地域资源依赖性和指向性，正是支持创意产业生产体系地理集中的关键所在。

在众多影响创意人才集聚的资源要素中，文化资源发挥的作用越来越突出。这是因为：创意产业起源于文化产业，其创意内容的生产在某种程度上是将文化资源不断转化为创意产品和创意服务的过程，因此，那些具有独特、丰富文化资源的特定地域，由于具备了资源开发利用的潜在优势，从而为创意人才在该区域的流动、集聚、发展提供了可能。巴黎左岸艺术区就是一个极好的佐证，其悠久的历史，深厚的文化底蕴，浓烈的艺术氛围以及无数艺术家、作家和诗人留下的艺术声望，促使创意工作者纷纷入驻。

当然，区域文化资源禀赋的差异同时也会影响区域创意产业主导行业的选择，继而影响不同类型、不同层次的创意人才集聚。而且，区域性文化往往是由本地特有的思想观念、民俗民风、传统工艺等历经长期的历史发展积淀而来，因此，创意人才与创意企业一旦在此形成集聚，将会基于本地根植性而难以被其他区域复制。

综上，创意人才具有向优势资源、经济发达城市进行集中的规律。各区域因自身资源禀赋不同，环境存在差异，对创意人才的吸引力也有所不同，继而带来创意产业集群发展类型与水平的差异。

### 3.3.2 密集于文教区的空间极化规律

创意人才沿高等院校、科研机构密集分布的规律在全球表现明显。在英国，位于伦敦东区的霍克斯顿，因邻近剑桥大学而聚集了500多家创意企业和大量创意人才，成为世界著名的创意产业聚集区。加拿大BC省动画产业园毗邻哥伦比亚大学，通过依托该校教授、专家、优秀学生的科研优势而成为北美三大影视制作中心之一（另两个中心在纽约和洛杉矶），高校的人才密集优势正是BC省创意产业发展的最初支撑点。

我国的情况也同样如此。以上海为例，经统计，在上海92家（截至2015年）市级挂牌的文化创意产业园区中，有超过1/3的园区（33家）分布于高校或科研院所周边（详细名录见附录4）。这些园区从行业类型看，主要集中于设计类相关行业。如依托上海师范大学美术学院建立起来的“设计工厂”，依托同济大学土木建筑专业的人才优势而集聚起来的“昂立创意设计园”，借助上海交通大学发展起来的“天山软件园”和“乐山软件园”等，从图3-9中不难发现，在东华大学、工程技术大学、外贸学院、上海交通大学、同济大学、复旦大学等高校附近，集聚了数家创意产业园区，为上海创意产业人才的培养提供了良好平台。

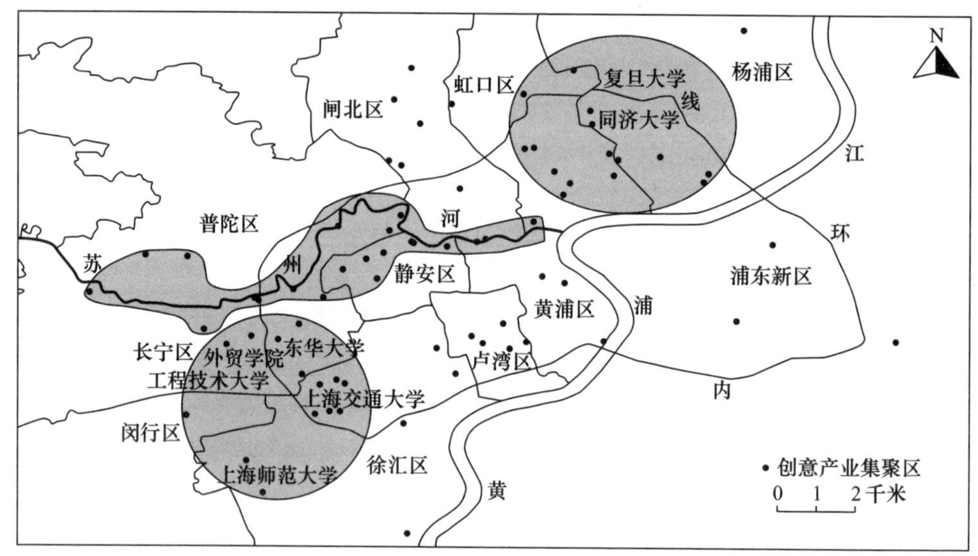


**图3-9 上海创意产业集聚区分布图（部分）**

资料来源：于丽丽，赵新正等．上海创意产业集聚区：动力机制、形成模式和空间分异［J］．产经评论，2010（7）．

创意人才、创意企业倾向于云集高等学校、科研院所的原因在于：大学及科研机构不仅拥有强大的科技创新实力，同时也是培养高素质创意人才的重要阵地，由于具备高层次的专业人才以及先进的专业设备，这些机构更容易创作出高水平的创意成果，成为新创企业的孵化器，这种情况对于高校的优势专业与特色专业而言，更是如此。创意企业看重这些科研优势，出于对信息、人才、技术等要素的便利性获取以及对知识溢出效应、正外部性的追求，它们愿意在大学机构附近集聚，以便依托那里的人才力量从事创意活动。当积极效益产生之后，又吸引大批类似或相关企业、创意人才紧随其后，进驻该地区，使之逐步发展为具有一定规模的创意集聚区。

创意人才在高等院校或科研机构周边集聚，还能产生人才累积效应，即大量创意人才在大学毕业时，尽管面临激烈的人才竞争，但受求学期间所形成的人际关系、社会网络、对园区环境比较熟悉等原因的影响而选择优先在园区内企业就职，或者运用自身专业知识直接创业，这种毕业后继续聚集在高等院校、科研院所周边的态势使集聚区不断壮大，其所产生的正外部性是其他地区所不具备、无法复制的。

依托高校、科研院所而形成的创意人才集聚模式，由于过分依赖一种优势产业、一种特殊资源，或者一类特殊群体，使其集群核心比较突出，空间布局比较单一，以至于呈现出一种空间极化现象，体现为单核孤立模式。但这种集聚模式

有其自身优势，体现在：集聚区内的创意人才具有较强的同质性，创意企业在产业范畴、业务范围、经营模式等方面也具有较强的共性，加之地理的邻近性使技术溢出容易造成自身优势丧失。因此，为了保持自身在行业中的领先地位，园区内的人才与企业不得不在激烈的竞争环境中吸纳众家所长，不断创新，竭力超越，最终的结果不仅促进了人才自身的成长以及企业的壮大，同时还提升了整个集聚区的竞争实力，为其持续发展提供了源源不断的内在动力与要素支撑。

### 3.3.3 成本与环境考量下的空间迁移规律

从发展历程看，最早的创意产业集群多源起于大都市的旧城区，例如纽约SOHO（苏荷）区，其前身原是19世纪纽约最集中的工厂与工业集聚区，由于存在大量闲置房屋且租金极为廉价，被一些艺术家看中，继而发展为今天的城市创意新地标。艺术家对市中心破旧厂房、仓库的青睐通常基于两方面考虑：其一，正如本书在第1章所论及的那样，创意产业的产生正是在20世纪90年代以后，传统工业城市面临改造、开始探索新的产业发展模式的时期，彼时，旧城区在工业化时期所产生的旧厂房、旧仓库，严重影响城市形象，因而租金极为低廉，这一点正好满足了艺术家对经济成本控制的要求；其二，这些废弃厂房虽然破旧，但往往位于市中心，地理位置非常便利，正好又迎合了创意人才对城市利便性的需求。在上述考量下，艺术家们开始流向这些区域，并不断吸引相关企业和更多创意人才集聚，最终形成创意产业集聚区。

在我国，创意人才的这种分布规律也十分普遍。仍以上海为例，可以说，上海的创意产业就是在老仓库、老厂房、老弄堂的基础上兴起的。目前，在92家市级创意产业园中，有约2/3（63家）由老厂房改建而来（具体名录见附录4）。这些园区投入小，见效快，既能满足创意人才对环境空间的要求，又与他们的支付能力相匹配，从而成为吸引创意人才、集聚创意产业的理想场所。

然而，伴随园区规模、品牌、声誉的日渐形成，逐利的资本开始强势介入，以往的艺术氛围逐渐被浓郁的商业气息所替代，从而引发地价和租金的大幅上扬。Minton在研究纽卡斯尔市的Ouseburn区域时发现了一个怪圈：艺术家起初聚集在废弃的工厂，渐渐形成规模，并吸引大量的文化创意公司入驻；当大量人员聚集引起房租上涨时，城市管理者开始刻意开发它的商业价值，使该地区又变得平淡无奇。与此类似，在SOHO的全盛时期，这个面积不足纽约1%的区域曾经聚集了全市30%以上的艺术家，然而，受商业化侵蚀，SOHO区的房价与生活成本飙涨，原自由竞争的艺术市场开始形成垄断，原有的宽松的创新氛围遭受破坏，在此压力下，艺术家们被迫迁出，不得不寻求下一个城市衰败区域，重新打造下一个创意人才集聚地。这种现象在世界各国都有出现，图3-10刻画了创意人才的这种空间迁移过程，不难看出，从工业区位的旧厂房、旧仓库到创意人才会聚的艺术中心再到高消费的城市创意商业区域，从工业生产空间到公共文化空间再到文化经济空间，从城市边缘到市中心再到城市另一个边缘，如此循环反复，创意人群就在集聚区功能、城市功能的不断转换中完成一次又一次迁徙。

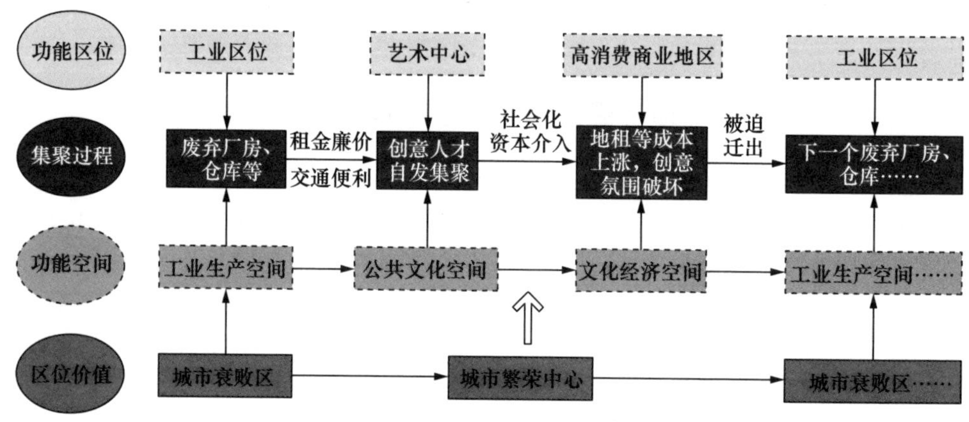


图3-10　创意人才空间迁移规律

虽然我国文化创意产业起步较晚，但这种空间迁移规律目前已有所表现。在上海92家创意园区中，有超过60%的园区（共59家，详见附录4）由企业投资运作，运营方依靠创意地产开发、收取租金来获得收益的地产市场化运营逻辑，使以往的艺术氛围逐渐被浓郁的商业气息所替代。一些园区出现了创意与商业配比本末倒置的现象，导致一些中小型创意企业以及在起步阶段特别需要得到外部支持的创意群体，如艺术设计类创意人才在高租金面前不得不另寻他处，淡化了园区应承担的培育、孵化创意的基本功能，使部分创意园区“创意”内涵渐失。与此同时，高昂的租金使艺术家望而却步，业态的同质化与低端化使园区，尤其是艺术类创意园区陷入日益艰难的处境。公共文化空间被演化为文化经济空间，迫使创意人才慢慢流失，集聚功能退化，这对创意人才的本地化根植与长期固守带来了严重影响①。

### 3.3.4　环绕产业园区的政策引导规律

在创意产业发展过程中，来自各国政府对创意人才、创意企业的政策扶持几乎随处可见。20世纪50年代，为了推动艺术家集聚，营造SOHO园区艺术氛围，

① 在访谈中，一名从事工艺品设计的先生曾在八号桥工作过两年，他最初租下约40平方米的办公室，但最终由于无法接受租金上涨而不得不选择搬离。这种情况在近年来时有发生。

纽约市政府规定：非艺术家不得入驻。作为世界两大戏剧中心之一，伦敦西区更是得到了政府的大力扶持，其采用“一臂之距”（Arms' Length Principle）的文化管理模式，资助区内创意人才从事文化艺术创作，不少剧目已成为园区的经典和象征，园区的声誉极大地增强了园区对创意人才的集聚能力。

基于创意产业园对区域经济发展的深远影响，我国在继北京、上海之后，大量新兴创意园区在政府的主动规划、参与下相继涌现。园区的发展离不开企业的入驻，企业的运行离不开人才要素的投入，自然地，新兴创意园区也就成为广大创意人才的汇集地。此后，伴随园区外部环境、运营管理的日益优化，园区对外吸引力日益增强，越来越多企业与研发机构被吸引入驻，越发对创意专业性人才，如创意策划、经营管理、设计大师等高端人才产生大量需求。在该需求拉力下，创意人才及相关行业劳动力不断涌入，甚至形成专业化人才市场，这种集聚一方面满足了创意企业的用人之需，为集群发展提供要素支撑，另一方面又反过来吸引更多的创意企业向集群地靠拢。这是因为，出于对人才资源获取的便利性以及减少劳动力搜寻成本，创意企业更乐于选择人力资源充沛的园区入驻，由此，创意人才集聚与产业集群两者之间形成一种良性互动，这种“滚雪球式”的集聚效应机制不断吸引更多创意人才汇集于创意产业园区域。图3－11描绘了我国创意产业集群的空间分布态势，将其与前文做比对分析，不难发现，我国创意人才与创意产业集群在空间分布和格局上整体一致。

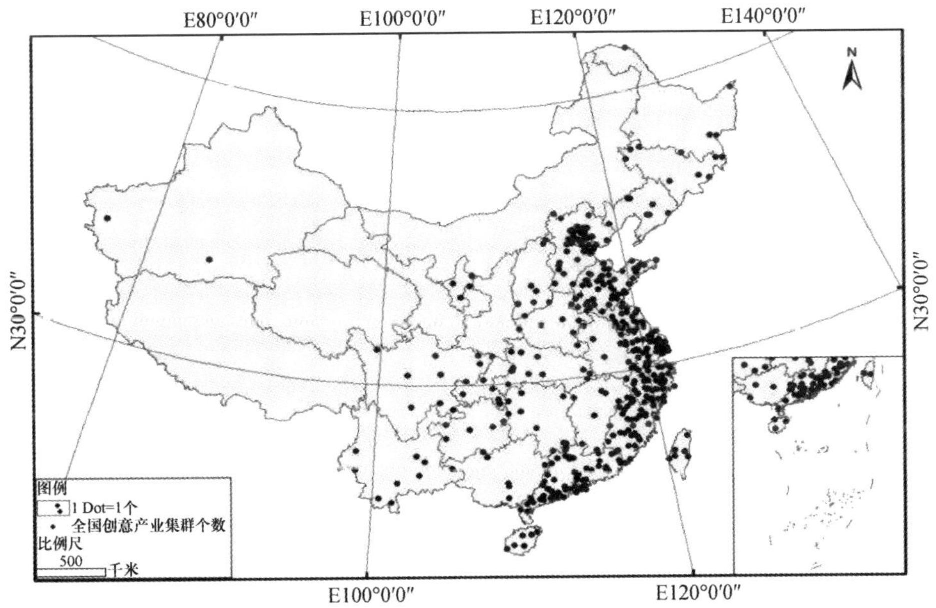


**图3－11 我国创意产业集群2014年空间分布态势（基于园区数量）**

## 3.4 本章小结

本章旨在描述现状，以科学研究、技术服务，文化、体育和娱乐业，以及信息传输、计算机服务和软件业三大行业从业人数作为创意人才规模替代指标，采用图表分析法，对过去十年我国创意从业人员的数量规模变化、行业结构特征展开描述性分析，并运用 GIS 技术对当前空间集聚态势进行图景绘制。与此同时，采用修正的人才空间集聚度指标（规模区位熵）展开省际层面的创意人才集聚比较与原因剖析，指出我国创意人才规模的壮大及空间分布态势与我国创意产业发展状况、日益改善的政策环境以及旺盛的创意产品市场需求紧密相关。本书最后结合实例，进一步揭示了创意人才趋向于中心城市集聚，在城市内部，主要聚集于新兴创意园区、城市衰败区以及高校、科研机构周边，体现为政策导向型、空间迁移型、空间极化型三种类型。在第 4 章，本书将着重回答“创意人才怎样一步一步完成在上述集聚地的集聚”这一问题。

# 4 创意人才空间集聚演化的案例探讨与理论阐述

相较于政府引导下的创意人才集聚，国内对人才自发流动的集聚模式尚未引起足够重视。创意人才在集聚地的集聚，尤其是自发集聚是如何一步一步从无到有，不断生长、演化的？其演化过程与阶段特征如何？内在机理是什么？围绕创意人才与集聚地这一“人地关系”，本章将依循“案例—理论”的归纳法逻辑，在对我国两大自发集聚的成功样本——北京宋庄、深圳大芬村展开案例探讨与评述的基础上，对创意人才的集聚演化与流动特征予以理论阐述。

## 4.1 创意人才集聚演化的案例探讨与评述

目前，产业集聚基本上分为两种形成方式：一为自发形成，二为政府促成。由于自发集聚是一个从无到有、不断生成的过程，有别于政府规划下“筑巢引凤”般对人才的诱导性集聚，因而在发展阶段与演变历程上，自发集聚能提供更多的行为表现与经验借鉴。有鉴于此，本章将以我国两大知名创意人才自发集聚地为例，探讨自发机制下，创意人才集聚的生成演化过程以及创意人才在演化的不同阶段，将具有怎样的流动表现。

### 4.1.1 艺术型园区——北京宋庄案例描述

#### 4.1.1.1 案例入选缘由

北京是我国创意产业起步较早、创意人才集聚程度最强的城市，其文化创意产业产值、创意人才集聚度都稳居全国前列。在众多文化创意产业园区中，宋庄画家村是北京远郊区仅有的一个自发生成的艺术集聚区，也是我国规模最大、知名度最高、具有世界影响力的原创艺术家集聚地。自 1993 年吸引第一批十几名艺术家进驻开始，宋庄目前已发展为集聚世界 20 多个国家、6000 多名从事文学、绘画、雕塑、音乐创作的原创艺术家以及画廊、批评家和经纪人的超大型艺术聚落，在产业链运作上，还形成了前端画材、中端艺术家创作、后端推广交易，再至衍生品授权生产等完善的创意产品一级市场的发展模式，因此，对宋庄案例的探讨将对理解创意人才集聚的形成过程具有典型意义。

4.1.1.2　宋庄形成发展过程

作为远郊原创艺术家集聚地，北京宋庄的形成发展可以分为两个阶段：

（1）自然养成阶段：1993～2002 年。宋庄，原本是北京通州区的一个荒凉、偏僻的郊区小镇，1993 年，来自圆明园画家村——福缘门村的一些核心艺术家，如方力钧、岳敏君、刘炜等选择离开原有集聚地，出于极为偶然的原因，方力钧的一个学生是宋庄人，加之当地低廉的房租，相对安静与隔绝的空间，便吸引这些艺术家迁入宋庄镇，入驻小堡村。方力均是我国当代艺术的先锋，在圈内享有盛誉，他的入驻带动其他艺术家纷纷跟进，继而产生“雪球”效应，逐渐在宋庄形成集聚。

当然，在集聚伊始，初来乍到的艺术家群体不得不面对与当地村民相互磨合、相互适应的问题与困境。直到 2001 年以后，与之毗邻的 798 艺术区也开始发展（见图 4－1），两者间基于“你生产—我销售”的合作模式使双方互惠互利，从而推动宋庄的艺术家集聚得以进入良性循环。此时，颇具前瞻能力的宋庄小堡村，开始瞄准了艺术文化地产，将村里的大型厂房和防空洞，改造成超大体量的艺术工厂，以支持艺术家们入驻，同时修建艺术街区和艺术园区，使区域内艺术氛围更为浓郁，由此，宋庄作为我国最大的画家村开始蜚声海外，地方声誉逐步形成。

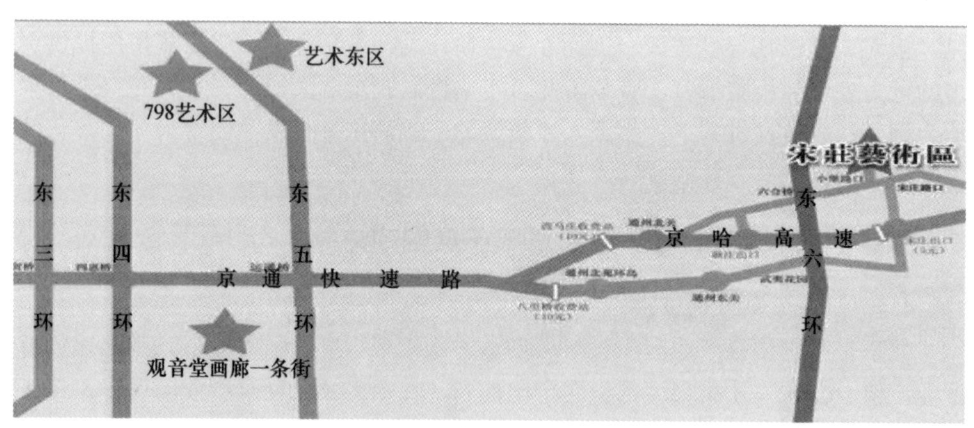


**图 4－1　宋庄区位及其交通网络**

资料来源：http：//image. so. com/.

（2）自觉发展阶段：2003 年至今。自 2003 年以后，政府开始有意识地对宋

庄进行规划和扶持，通过“市场在前、政府助推”的模式将其从画家村的定位逐渐演变为创意产业发展基地。政府加大了对集聚区的规划与开发，迅速制定了创意产业链延伸计划，使集聚区内入驻的艺术家规模和量级都获得了增长，成员构成由原来纯粹的画家开始扩展到雕塑家、摄影家、表演艺术家、音乐人、诗人、作家等多种艺术门类，连上游企业——艺术品材料制造业、字画装裱业、布展等行业也获得空前繁荣，夯实了原有的原创艺术产业链。2006 年 12 月，宋庄集聚区被认定为北京市首批文化创意产业集聚区，2008 年又被国家广电总局认定为国家级动画产业基地，自此，一个自发形成的艺术家聚落开始正式被纳入政府管理的范畴。

相比于第一阶段，自觉发展时期对宋庄艺术集聚区的影响更为深远。2008 年，宋庄成立了艺术促进委员会，此后，又规划出一个新的艺术园区，吸引美国、中国台湾等地的艺术家们纷纷前往兴建工作室和画廊。有了政府的主动扶持，宋庄的外部条件也更为优化，地铁、高速公路、城际道路网络体系日渐完善，区域利便性极大提高（见图 4－1），宋庄也被赋予了打造“文化创意产业基地”的重要使命，形成了创意设计、演艺传媒、国际动画、影视艺术合成、艺术主题商贸、综合展馆等八大产业区，区域功能得以转型，地位得以提升。

艺术集聚区的形成彻底改变了宋庄的命运，政府也借势通过与日俱增的会展营销活动不断宣传、推广宋庄地域形象，从而带动当地旅游、商贸服务业的繁荣发展。目前，宋庄集聚区已建成艺术展馆 30 余家，艺术家工作室 4500 余家，画廊 113 个，年销售额超过 1 亿元，海内外游客年均 50 万人次。2015 年，宋庄集聚区又被定位为国家创意设计与艺术品交易功能区，其未来发展值得期待。

### 4.1.2　商业型园区——深圳大芬村案例分析

#### 4.1.2.1　案例入选依据

1989 年以前，深圳市大芬村还是一个不起眼的小渔村，300 多人口以原始的农耕方式生活在 0.4 平方公里的土地上，人均年收入不足 200 元。然而，香港画家黄江的到来，为这个村镇带来了命运转机。目前，大芬村已成为全球最大的商品油画集散地和国内知名的艺术家集聚区，60 多家大规模油画公司，1200 多家画廊、门店、工作室，万余名从业人员云集于此。从图 4－2 看，近年来，大芬村油画市场销售持续保持良好增长态势，2014 年达 41.5 亿元。

回顾大芬村 20 多年的发展历程，从低端的复制临摹油画起步，历经金融危机的生死挣扎，再到入选深圳市首批 9 家战略性新兴产业基地之一，成功成为复制与创意相结合的综合性油画生产基地，大芬村为我们提供了别具一格的产业升级与转型经验。从产值、行业影响力与知名度来看，国内能与宋庄相提并论的唯有大芬村。

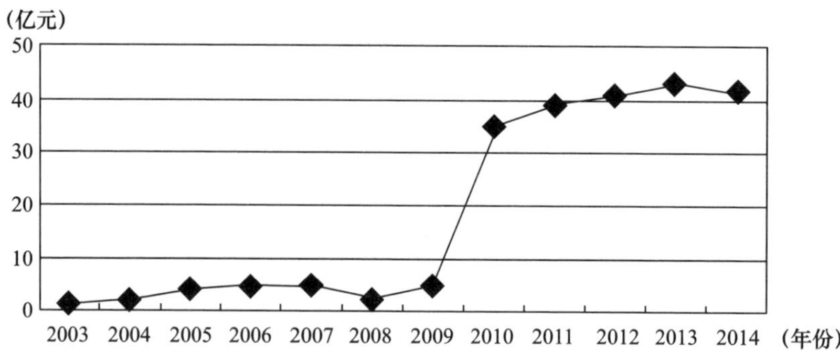


**图4－2　大芬村2003～2014年市场销售额**

资料来源：①蔡一帆、童昕（2014）；②大芬油画村官方网站，http：//www.cndafen.com。

#### 4.1.2.2　大芬村油画集散地形成发展过程

表4－1显示，大芬村油画集聚区历经了形成、发展、成长、转折和重振五个阶段，每一个阶段都曾面临不同的问题，呈现出不同的特点。

**表4－1　深圳大芬村油画集聚地的发展演变**

| 阶段 | 形成阶段<br>1989～1997年 | 发展阶段<br>1998～2003年 | 成长阶段<br>2004～2007年 | 转折—增强阶段<br>2008～2010年 | 重振更新阶段<br>2011年至今 |
|---|---|---|---|---|---|
| 特点 | 单个企业家、少量创意人才入驻 | 销售渠道扩展<br>油画村名气开始打开<br>创意人才规模扩大<br>政府开始介入 | 产业链拓展<br>产业规模扩大<br>知名度提升<br>地域品牌形成 | 市场由出口转内销<br>经营风险加剧 | 原创画家流入，群体开始形成<br>产品销售保持高位运行 |
| 问题 | 客户结构单一<br>画工、画家少 | 行画商品性过强<br>品牌效应不明显<br>城中村乱象 | 产品同质化加剧<br>房租上升，商业气息显现 | 外贸订单锐减<br>2008年产品滞销<br>同业竞争加剧<br>人才流出加剧 | 创意人才流出<br>产业发展后劲不足<br>产业发展空间不足 |
| 对策 | 实行工业化流水线生产<br>创意人才招募 | 规范油画市场<br>进行环境改造<br>积极打造文化品牌 | 打造交易平台<br>改造营运环境<br>完善公共配套设施<br>延伸产业链 | 打破原有运作模式<br>积极向原创转型<br>出台政策，培育、吸引、留住原创人才 | “原创＋临摹”并驾齐驱<br>完善公共政策<br>人才引进<br>发展电商与行业合作 |

（1）形成阶段：由外销临摹油画起步。大芬村毗邻香港，凭借便利的交通、较低的生产成本，香港画商黄江1989年被吸引来此，他聘请一批学生和画工在这里开始生产大批量的临摹油画，且专为美国沃尔玛供货，从而将外销行画产业[①]首次引入大芬村。此后，外销画贸易的不断增长促使黄江和学生们在生产临摹油画之外，开始试图从他处收购画作，从而使当地油画供销体系渐趋完善，大芬油画村的雏形由此形成。在该阶段后期，随着画工、画家人数的日益增多，为实现规模化生产，减少成本，画商们开始多采用吴瑞球发明的流水线模式进行大规模批量生产。

（2）发展阶段：渠道拓展助推“油画村”规模优势。画家群体规模的日渐扩大加剧了行业内竞争，有经营思想的画商们开始不再依靠“生产—收购—供货”这种单一的盈利模式，而是租用临街的房子改作商铺，将油画面向大众进行销售。这种渠道拓展模式相继被同行群起效仿，于是渐成气候，形成规模，最终，油画一街的建成使村内首个专业油画市场得以形成。此时，媒体的宣传报道持续跟进，推波助澜般提升了大芬村的知名度，在此背景下，大芬村作为“油画村”的名气开始形成。由于尚处于形成发展阶段，此时的大芬村在整体空间布局上体现为典型的城中村乱象，市场不够规范，行业处于无序竞争状态，与此同时，油画“销售”而非“创作”的功能区定位、流水线生产使大芬村的油画作品商品性功能过强而艺术性色彩不足，从而导致油画产品的品牌效应尚不明显。

好在问题的突现引起了政府的关注，从1998年开始，大芬村区、镇两级政府开始将油画村纳入文化建设重点项目，并制定总体规划，着手对村内环境予以改造，拆除违规建筑、疏导道路交通，引导油画市场步入规范化发展轨道。政府将大芬村打造成独特的文化产业品牌的种种努力，使其开始以一个完整的品牌形象出现在国内书画界，但其在国内外的声誉依然处于积累阶段。

（3）成长阶段：地域品牌与产业链延伸。2004年是大芬村实现跨越式发展的转折年，具有里程碑意义。首届文博会在深圳举行，大芬油画村有幸作为唯一分会场亮相，从而获得了广泛的关注，知名度迅速提升。在此阶段，大芬村油画产品的同质化竞争已异常激烈，政府通过积极打造交易平台，改造营商环境，完善公共配套设施等手段，引导大芬村克服单一的油画加工形式，朝多元化、更广阔的产业链延伸，继而形成了以油画为主，书画、刺绣、雕塑艺术及其他工艺品经营，画材、美术培训等上下游产业链较为完善的文化创意产业基地。在上述努力下，2004年，大芬村被授予“国家文化产业示范基地”称号，地域品牌与声誉得以宣扬，可以说，借助创意产业植入带动城中村经济发展，大芬村开启了城

① 名画的复制品称为行画。

市单元新旧更替的篇章。然而，在此背景下，大芬村房价也急剧攀升，由之前2000～3000 元/平方米上涨至万元以上，店面转让费高达数万元。

（4）转折—增强阶段：向原创转型。行画盛行时期，大芬村的外贸订单量多到需要大型集装箱运送出口，“占领世界的墙壁”一度成为大芬村的抱负和口号。然而，2008 年的国际金融危机对给严重依赖外销的大芬村致命一击，国外订单骤减，资金链断裂，全国另外三个同类型产业基地的竞争也让大芬村不少油画店铺濒临倒闭，大量人才开始外流，经营风险剧增。数据显示，2012 年，大芬村的油画出口量仅为 2011 年的 30%、2006 年的 14%。惨痛的教训让大芬村看到了过分依赖国际市场、产品过于单一的严重短板，不得不谋划转型升级。为此，原有的“市场订货—画家制作—画商收购—国外销售”的大芬运作模式被打破，油画产品也开始从以装饰画为主的商品画逐步向高附加值的原创作品转型。此时，培育、吸引、留住原创人才对大芬村的生存发展至关重要，政府也为此推出了多项鼓励原创的政策，不仅组织原创画家外出采风，还在保障房分配、积分入户上给予倾斜，为他们在知识产权保护和养老、医疗等方面提供政策支持。以上举措帮助大芬村成功克服了国际金融危机带来的不利影响并“重获新生”。在危机后的 2010 年，大芬村油画产品的市场销售额获得了集聚地成立以来的最大增长，至此，大芬村开始进入“原创＋临摹”并驾齐驱的发展新阶段。

（5）重振更新阶段：原创画家群体形成。历经转折时期的阵痛和努力，“原创＋临摹”并驾齐驱、“国内＋国外市场”两条腿走路的策略使大芬村又得以重振和更新。表 4－2 显示，金融危机前后，大芬村除了在书法国画门店数量上有些许减少外，其他如油画门店、上游配套服务门店等都出现了数量与占比的较大提高和增长。

**表 4－2　金融危机前后大芬村门店数量与结构变化**

| 门店分类 | 油画 | | 油画配套 | | 书法国画 | | 其他 | | 总数 |
|---|---|---|---|---|---|---|---|---|---|
| | 数量 | 比例（%） | 数量 | 比例（%） | 数量 | 比例（%） | 数量 | 比例（%） | |
| 金融危机前 | 445 | 71 | 28 | 4 | 55 | 9 | 15 | 2 | 623 |
| 金融危机后 | 583 | 75 | 73 | 9 | 53↓ | 7↓ | 63 | 8 | 776 |

注：“油画配套”是指画框、画笔、画布、颜料、宣纸、装裱等门店，“其他”分类中涉及工艺、雕刻、刺绣、喷绘、书画培训等门店。

资料来源：李季，范玉刚．中国文化产业园［M］．北京：社会科学文献出版社，2012.

2012 年，大芬油画村成为深圳市首批 9 家战略性新兴产业基地之一，同年，首届全国中青年油画展也在大芬村成功举行，之后，黄江油画艺术广场、大芬卢浮宫等交易平台陆续创建，越来越多的原创画家入驻大芬村，使之成为全球重要的商品油画集散地和知名的创意人才集聚区，并在地理空间上，形成了以大芬村

为核心，辐射港、澳、闽、粤、湘、赣的油画产业圈。

然而，20 多年过去，大芬村的经营业态已然开始固化，经营疲态日显。具体而言，产业发展后劲不足，空间受限，发展模式被复制、被模仿等，使画家、画工等创意人才不断外流。面对这种不利局面，目前，在产业发展上，大芬村正着力打造中端油画产品，通过原创力求提升品牌价值。在销售渠道上，运用“互联网+”思维，积极发展电商，开展行业合作。当然，作为最核心的要素，大芬村也越来越重视人才的引进，并将充分发挥人的作用作为大芬村今后的政策导向。

### 4.1.3 案例述评

北京、深圳都属于我国创意产业高度发展的前沿阵地，宋庄、大芬村艺术集聚区的形成发展，可谓是我国在特定历史时代背景下探索创意产业发展的缩影和印证。北京宋庄、深圳大芬村都属于典型的艺术类创意人才集聚区，均在自发机制下历经 20 多年发展一步一步得以壮大成名。两大案例为我们对创意人才自发集聚的过程、困境、阶段特征的理解提供了感性认知，为后续的理论归纳奠定了事实基础。透过上述案例，本书有如下思考：

4.1.3.1 “偶发事件”引发创意人才集聚

偶然事件是一种人工选择。从名不见经传的小村镇到今日声名显赫的艺术重镇，由最初的画家集聚地开始，到今天的国内外知名的艺术集聚区，宋庄原创艺术集聚区、大芬油画村走出了一条由自发集聚到政府、社会共同关注、不断扶持的发展道路。

历史为何会选择它们？正如 Paul Krugman 所言，人才集聚可由历史中的“偶然事件”引起，接着是继起的累积因果效应。创意人才的自发集聚离不开“偶发事件”，北京宋庄艺术集聚区的形成，在很大程度上就依赖于方力钧等人的偶然迁入；深圳大芬村声名鹊起，同样得益于香港画商黄江的第一次入驻，可见，知名艺术家对创意人才自发集聚区形成的引领作用不容小觑，能引发巨大的磁场效应。事实上，当截取时间断面，会发现历史中的“偶然事件”实际上在不间断地持续左右着上述两大集聚区的演变走势。试想，如若没有 2001 年 798 艺术区的崛起，北京宋庄步入良性循环或许还需要更长时间。原因在于：抛开政策层面，宋庄集聚区的成功之所以得以持续，除了“原创”因素外，同时还取决于市场将其转化为经济价值的需求能力。当创意仅仅局限在艺术形式而较难转化为积极的市场价值时，艺术家可能连最基本的生存需要都难以获得充分满足①。从

① 孔建华曾经述及，不少艺术家在宋庄发展初期，由于艺术品出售难以带来较好的经济收入，为生存需要，不得不做一些短期兼职。

这个角度看，是798艺术区在一定程度上解决了宋庄创意产业链上核心的一个环节——销售，使聚集于宋庄的艺术家们获得足够的销售收入来养活自己，最终使集聚区得以支撑并逐渐获得成功。对宋庄而言，798艺术区的崛起是历史性的“偶发事件”，同时也是极为重要的转折契机，对今天的宋庄而言意义深远。

大芬村集聚区的形成同样印刻了“偶然事件”的作用痕迹。历史“天降大任于大芬村”得益于画商黄江的迁入，这种偶然成为改变大芬村命运的发端。长期以来，起源于简单的临摹油画、过于单一的产品生产销售模式、过分依赖外贸的脆弱市场结构总让大芬村的发展战战兢兢，如履薄冰，直到2008年的国际金融危机——对于大芬村而言属于“偶然事件”，终让创意者们感受到了阵痛，开始真正从自身转型升级的高度引发对原创的深层追求与实践。

宋庄、大芬村就是凭借一次又一次这样的“大事件”拾级而上，不断演化。当然，根据辩证唯物主义观点，历史的偶然实际是一系列事物相互作用的必然结果。北京宋庄、深圳大芬村遭遇的种种“偶然”背后，总有一系列相应的“必然”与之相对应，然而，本书在此不做赘言。

#### 4.1.3.2 创新与转型推动创意人才集聚

自形成初始，北京宋庄就因其对“原创价值”的固守而获得持续发展。深圳大芬村虽然“原创”不足但依然能得以继续生存，其中很大一部分原因是其外销所对应的广大国际市场为其提供了足够的需求空间，这种市场优势一是源于大芬村良好的地理区位，二是基于当时的劳动成本优势，三是得益于当时草根的劳动者为同样来自草根的消费者提供符合本阶级审美认同的产品和服务。

然而，当文化消费变得日益商品化时，消费者对文化商品中所蕴含的符号意义与审美价值也正沿着产业链不断上溯，“对于未来的人们而言，一个重要的评价标准将不是对商品数量或服务效率的简化且单纯的衡量，而是在于符合他们所属群体的独具个性化气质的主观标准”。出于对审美体验与身份认同的日益重视，消费者对油画“唯一性”的关注被置于更重要的位置而得到强调。对深圳大芬村而言，其面临的最大挑战正是原创的缺失。显然，从创意产业价值链看，研发设计居于价值链高端并发挥高附加值作用。对创意产品而言，缺乏原创也就意味着缺乏核心竞争力，意味着可照搬、可复制、可移植的产品即使能苟且残喘一段时日，但终将在同业竞争中销声匿迹，走不长远。

2008年的金融危机，是敦促大芬村觉醒的一个契机，它迫使大芬村不得不谋求产业的转型升级，并呈现出与加工制造业类似的机制与路径——自低附加值环节向高附加值环节攀升。具体表现为：产品上由生产工艺相对简单的临摹行画向复杂的艺术品升级；生产工艺上，借助喷画等技术改进，由标准化批量生产向差别化、柔性化工艺升级，以实现对原垂直一体化生产系统的解构与重组；从产业链分工看，由低端的订单式委托组装（OEA）、委托加工（OEM）向高级的自主设计加工（ODM）、自主品牌生产（OBM）升级。

大芬村油画产业的转型升级源于外部市场需求，因此，从产业链动力机制看，大芬村的转型可被视为消费者驱动产业链创新的典型。而大芬村实现成功转型的秘诀在于对“原创”的追求与实施。当然，由复制临摹到原创，这一转变的背后实质是劳动者对产业链的向上追溯和更深嵌入，是制造向创造的转变，是低端手工业品向文化创意产品的升级，是艺术家身份对传统手工业者的替代。可以说，艺术家对自身身份认同的转换以及对自我价值的重新认知是大芬村实现产业升级的内在动力和关键。

4.1.3.3 政府介入指导创意人才集聚

宋庄、大芬村艺术家集聚地的最初形成均源于自发机制，但从案例看，两者在后续演化进程中，政府的规划与管理、激励和干预始终没有离开过。随着集聚区域不断发展，政府部门扮演着越来越重要的作用，以至于纳入政府管理的范畴成为两大集聚地的最终归宿。

政府在经济发展中的作用与角色，长期以来是学术界争议的焦点，但从上述两个案例看，政府的介入都为集聚地的发展提供了成长契机。因为政府的参与，北京宋庄获得了更科学合理的区域规划、更便捷的交通网络、更优良的政策支持、更完善的配套服务以及更全面的要素与产业支撑；因为政府的引导，深圳大芬村才得以克服全球金融危机、同业激烈竞争所带来的种种挑战。在此重点着墨大芬村。事实上，政府和企业层面很早就注意到了“原创不足”这一致命缺陷，因此，自1998年油画村进入发展阶段以来，政府一直在为大芬村的原创转型升级做出努力。为了引导其走向原创转型的道路，政府通过积极改造营商环境、完善公共配套设施、打造交易平台、举办艺术创意展等活动，不断鼓励画家进行原创，并吸引原创画家入驻。直到现在，政府依然在为吸引、留住原创人才而提供制度保障。由此可见，对于自发机制下的创意人才集聚，政府的参与和介入不容缺失。

当然，大芬村油画产业的转型升级并非让其完全放弃临摹与复制油画业务，从其“商品油画集散地”的功能与定位来判断，“临摹与复制油画”仍将是大芬村未来的重要业务。对于未来的大芬村，政府需要引领艺术家们找到一条将原创油画与临摹复制油画有效结合的路径与机制，凭借原创油画的创新效应、品牌效应带动临摹油画的规模效应，加大原创在整个产品体系中的地位与比重，逐步摆脱对临摹与复制油画的依赖，最终实现以原创油画为主导、临摹与复制油画为依附的更高层级。

4.1.3.4 对两种模式的评价

文化创意产业高度倚重具有特定技能的专项人才，其生产过程离不开人的才华、灵感与创意的投入，但靠模仿与流水线生产起家的大芬村在其初始阶段，其画作的生产主要依靠没有经过专业训练的农民工简单、重复的动作批量完成，这种无差别化的特征使行画更接近于普通消费品而非文化创意产品，完全没有艺术作品所具有的“即时即地、独一无二”的“光晕”（Aura）。因此，无论从技术、人才，还是从生产模式上看，早期的大芬村都不符合文化创意产业本身所要求的特性，因而不具备长远的竞争力。

大芬村这样的“发家”使其在精神气质上与一开始就被地方政府定位为“原创艺术集聚区”的北京宋庄存在鲜明差异。可以说，宋庄更“艺术”、大芬村更“产业”。在此，表4－3对艺术、商业这两种不同类型的文化创意产业园进行了对比分析。当然，这两种模式并非绝对地泾渭分明。事实上，以“原创”自居的宋庄也有接受行画订单的画师，而被烙上“山寨”名声的大芬村同样有拍卖价格高昂的原创作品。与文化创意产品中文化价值与经济价值的对抗一样，创意人才（艺术家们）同样需要在现实生计与艺术理想的矛盾中做出权衡。

**表4－3　艺术型、商业型文化创意产业园对比**

| | 艺术型园区 | 商业型园区 |
|---|---|---|
| 地理区位 | 邻近生产地 | 靠近销售地 |
| 生产方式 | 独立完成，耗时较长 | 依靠模仿与批量复制 |
| 产业链组织 | 创作—展览—下单 | 订单—分包—收购 |
| 产业链分工 | 自主设计加工（ODM）<br>自主品牌生产（OBM） | 委托组装（OEA）<br>委托加工（OEM） |
| 产业链位置 | 高端 | 低端 |
| 劳动者身份认同 | 艺术家 | 画工、画师、画商 |
| 产品特征 | 原创，相对唯一性强 | 成熟，相对稳定 |
| 产品价格 | 昂贵 | 相对低廉 |
| 利润空间 | 大但不稳定 | 低但相对稳定 |

作为国内油画市场高端、低端两种类型的典型代表，宋庄与大芬村因创意人才的自发集聚而有着相似的发端，但却历经了不同的发展轨迹。北京宋庄坚守原创，依然前行，而处于“休整重振期”的深圳大芬村正努力克服当前瓶颈，向“再生”迈进。这两大案例进一步说明，高端创意人才、优秀原创人才作为创意、创新的载体，将在创意集聚地形成发展中起着内核的引领作用。

当然，不能因为两者当前的发展态势就对其集聚模式断然区分伯仲。因为，当纵观国内外出现过的任何一种集聚模式时，其所产生的现实内涵与历史意义远超过其所产生的经济效应。因此，无论对于北京宋庄的原创艺术集聚区，还是深圳大芬村油画集聚区，都是我国创意人才在空间集聚过程中现实与理性选择的结果，也是文化与经济相抗衡的结果。它们的发展演变历程为我国创意人才空间集

聚现象提供了生动范本和典型案例，其示范意义足够获得历史尊重。

## 4.2 创意人才集聚演化过程的理论阐述

一定的劳动空间必然有一定的产业与之相对应。马歇尔曾言：“人才集聚只有与产业集聚、人才环境协调发展，才能产生持续、稳定效应，继而形成‘强路径依赖’，使集聚地获得先行发展优势，否则，人才集聚只能是昙花一现。”上述案例表明，创意人才在宋庄、大芬村地理流动与集聚的过程也即两地文化创意产业集群的演化过程，这为理解和揭示自发机制下创意人才集聚的生成、演化，从而找出创意人才空间集聚的流动特征与内在规律提供了感性认知。以此为基础，结合产业集聚演化周期理论，本书将创意人才集聚的一般演化过程归纳为“萌芽起步—吸引提升—根植与成熟—自增强—衰退或更新”五个阶段，各阶段的表现特征见图4-3。

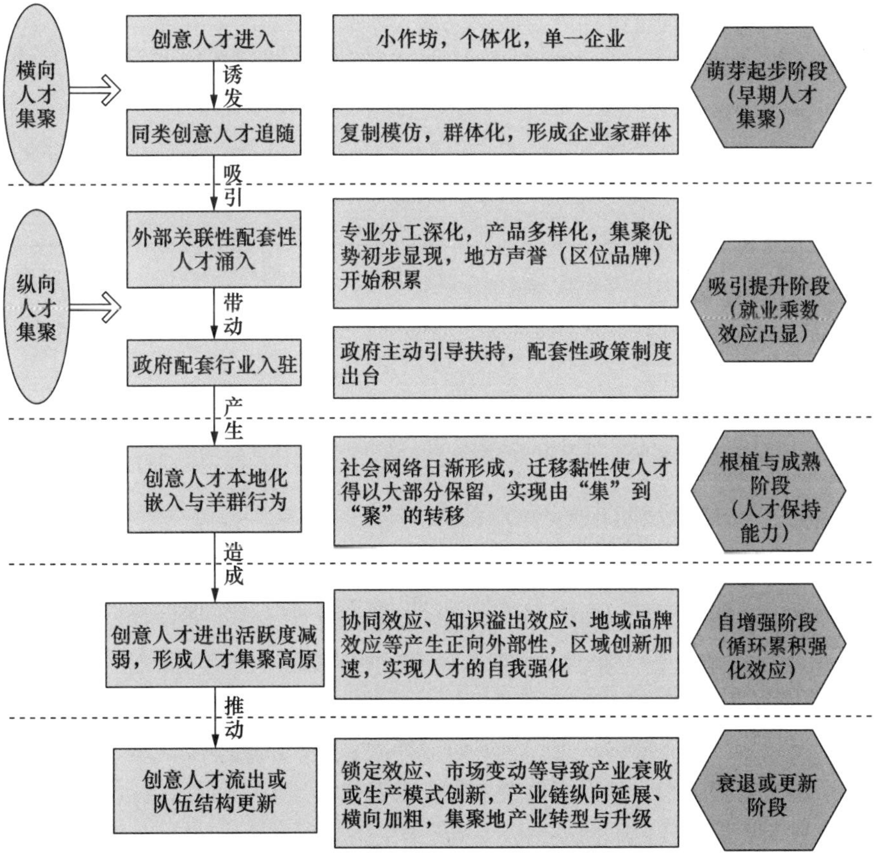

横向人才集聚

创意人才进入 | 小作坊，个体化，单一企业

诱发

同类创意人才追随 | 复制模仿，群体化，形成企业家群体

萌芽起步阶段（早期人才集聚）

吸引

纵向人才集聚

外部关联性配套性人才涌入 | 专业分工深化，产品多样化，集聚优势初步显现，地方声誉（区位品牌）开始积累

带动

政府配套行业入驻 | 政府主动引导扶持，配套性政策制度出台

吸引提升阶段（就业乘数效应凸显）

产生

创意人才本地化嵌入与羊群行为 | 社会网络日渐形成，迁移黏性使人才得以大部分保留，实现由“集”到“聚”的转移

根植与成熟阶段（人才保持能力）

造成

创意人才进出活跃度减弱，形成人才集聚高原 | 协同效应、知识溢出效应、地域品牌效应等产生正向外部性，区域创新加速，实现人才的自我强化

自增强阶段（循环累积强化效应）

推动

创意人才流出或队伍结构更新 | 锁定效应、市场变动等导致产业衰败或生产模式创新，产业链纵向延展、横向加粗，集聚地产业转型与升级

衰退或更新阶段

**图4-3 创意人才自发集聚的生成与演化**

### 4.2.1 萌芽起步阶段——初始人才创业活动

作为一个独立的个体，在集聚发生之前，每一位创意人才都有其自身的占位，彼此相互独立地做着决策。任何一个地理区域都存在潜在的企业家，他们拥有独特的知识技能，善于利用市场机会。由于历史或偶然的原因，某个特定区域因在地理位置、文化资源、土地价格或相关政策等方面具有比较优势，迎合了这类人才的需求，于是激发了本地初始的企业家活动或吸引外来创意人才流入，成为推动产业集群形成的“内部解决方案”。这些要素在特定区域的生成是集聚的历史起点，他们流动性很低，一经生成将变得难以向四周扩散。

于是，这个（些）“第一个吃螃蟹的”开创者凭借自身在行业中的声誉和影响力，或者凭借流入后创业成功而产生的榜样示范作用，诱发同类创意人才的追随行为，创意人才队伍开始扩大，同类企业家群体雏形显现，从而在该区域内完成早期的人才集聚，他们所在的空间聚合区域则发展为未来创意集群最初的“增长极”。可见，诱发性的偶然集聚事件成为推动创意人才集聚形成的最初萌芽，而显著的企业家活动、他们建立新企业的愿望、进入新领域的能力等对新集聚区的生成起决定作用。

因为是创意人才基于成本控制等原因而产生的自发集聚，因此，这一时期的人才流动集中体现为初始人才的创业活动。此时，创意人才微观层面的生存环境、经营环境、配套条件多数不够优越，企业的个体化特征表现突出，不仅规模小，且多数独立经营，生产专业化分工不强，人才之间表现为竞争大于合作，社会关系网络缔结不明显，地理声誉尚处于初始起步阶段，区域人才吸引力弱，外来流入创意人才规模小，人才集聚更多地体现为物理空间上的人口表象汇聚，关系嵌入不深导致集聚地集聚效应尚未形成。由于此阶段主要是吸引企业家创业，因此，内生人才成长成为这一时期产业和人才集聚的关键。

### 4.2.2 吸引提升阶段——外部人才吸引流入

新生企业不断涌现，出生率高且死亡率低。伴随区域内更多创意企业的成功以及部分创意人才知名度的逐步提升，越来越多的创意人才和企业被持续吸引流入该区域，带来知识、信息、技能等资源的日趋集中，集聚开始经历量变到质变，最终推动产业集群的形成。在此阶段，创意人才专业化程度日益增强，彼此间的分工协作开始不断深化，产业链逐步完善，从而引导人才集聚由起步阶段基于外部经济的横向人才集聚模式开始向基于交易成本的纵向人才集聚模式转变，也即由之前吸引同类型人才的集聚向吸引不同类型、不同层次的创意人才集聚转变。由此，人才的专业性更加多样化，产品也日益多样化，创意构思、创意生产、创意营销、创意流

通与消费的创意产业链开始逐步向上下游拓深延展，人才的集聚优势初步显现。

人才群体的规模和质量决定了集群创新系统的运行效率，人才集聚带动了集聚地生产效率的提高，使集聚内的工资水平、就业机会、经营环境、技术信息等整体高于非集聚区，这种优势犹如磁场般吸引更多来自园外的创意人才加入其中，体现为"横向人才集聚加粗、纵向人才集聚延长"的态势。集聚区内企业数量不断增加，规模持续壮大，同时也引发金融、商业等相关配套行业的快速跟进，进而产生就业乘数效应。出于管理的需要，政府在此阶段开始介入，以主动引导、扶持集聚地的发展。于是，集聚地的环境条件更为改善，人才集聚能力得以增强。

### 4.2.3 根植与成熟阶段——人才的地方化嵌入

与其他产业集群的人才始于原生态系统的初始裂变不同，创意产业集聚区的创意人才主要源于区域系统之外。可以说，外部人才流入是推进创意集聚区人才快速集聚的主要原因。人才集聚区犹如"蓄水池"，区域外创意人才慕名前来，使"蓄水池"容量不断扩充。然而，人才集聚是一个由"集"到"聚"的渐进过程，集聚效应的发挥最终取决于人才"蓄水池"的容量而非流量，若集聚区内已有的以及从区外流入的创意人才如同候鸟一般不能实现在集聚区内的本地化嵌入，则必将动摇集聚地持续发展的牢固根基。因此，第三阶段——实现创意人才在集聚区内的根植对人才集聚的长期发展至关重要。

（1）关系嵌入与成长嵌入。伴随专业分工的持续深入，创意人才之间开始在组织内、集聚地内频繁互动，并在长期业务交往中形成相对稳定的合作关系及非正式交流关系，从而在集聚地内缔结出日渐发达、成熟且相对稳定的社会网络。在大芬村内，尽管有超过3/4 的从业者为自由职业者，但画工与画商之间依然表现出硅谷式的自由，即相熟的艺术工作者之间经常有着正式或非正式、定期或不定期的沙龙、聚会、研讨等，凭借这种多主体的创新网络结构，业内知识信息得以交换和流动。可见，社会网络对于以"弹性专精"这种后福特式的分工方式为基础的创意人才而言尤显重要。因为网络体系的构建，能为集聚地内各行为主体之间实现知识共享、信息扩散、经验交流创造条件，继而产生知识溢出效应，特别是当这种交流发生在集聚区内不同层次、不同级别的创意人才以及区内人才与外部流入人才之间时，技能的转移和成员的成长使这种效应更为突出，这种相互学习的作用机制成为创意企业重要的内生发展机制，从而推动了人才的成长嵌入；社会网络的缔结使创意人才的工作被深深地嵌入集群中，形成对集聚地的关系依赖，这种依赖增加了创意人才的迁移黏性，使人才流出的机会成本增加，继而提高了创意企业、集聚地对创意人才的保持能力。

（2）内部流动嵌入。企业内、集聚地内激烈的人才竞争必然引发离职、跳槽等流动行为，成为人才“蓄水池”的漏出变量。根据劳动力市场搜寻理论，人们在工作搜寻过程中，需要付出一定的搜寻成本。然而，在创意人才集聚地内部，大量相似或相关企业聚集于特定空间，助推了专门劳动力市场的形成。工作机会的相对集中，以及对集聚地较高的熟悉度，大大降低了区内创意人才工作搜寻的密度和广度，使信息搜寻成本小，行业转换成本、区域迁移成本都趋近于零。从主观上看，地理的邻近性、发达的社会网络、长期形成的缄默知识（Tacit Knowledge）、良好的品牌声誉等优势同样使创意人才倾向于局限在集聚地内流动而不愿意流出群外，这种“离企不离群”的特征使创意人才由自由流动的要素演变为空间黏滞性要素，最终实现大部分人才在集聚地内的有效保留。

上述关系嵌入、成长嵌入、内部流动嵌入推动了创意人才完成对集聚地的本地化根植，先期迁入者为后期迁入者提供信息和经验支持，较低的迁移风险促进了外部人才基于血缘、乡缘、情缘的流入，引发人才流向集聚地的“羊群”行为，如此循环反复，不断强化、固化人才集聚，实现由“集”到“聚”的转换。

### 4.2.4 自增强阶段——群内流动与成长

经历根植与成熟阶段，集聚区内已拥有了为数众多、相对稳定的创意企业，地方化嵌入使创意人才的社会背景、价值观念逐渐趋同，信任增加，因信息不对称、不完全所产生的策略性行为减少，从而极大地节约了空间交易成本。此外，创意产业链的日益成熟，创业氛围与创新传统的形成使人才集聚地开始进入“循环累积因果”的自增强阶段。

如图4－4所示，分工合作带来的协同效应、信息共享产生的知识溢出效应以及地域品牌效应使集群产生经济的正向外部性，规模报酬递增、外部范围经济

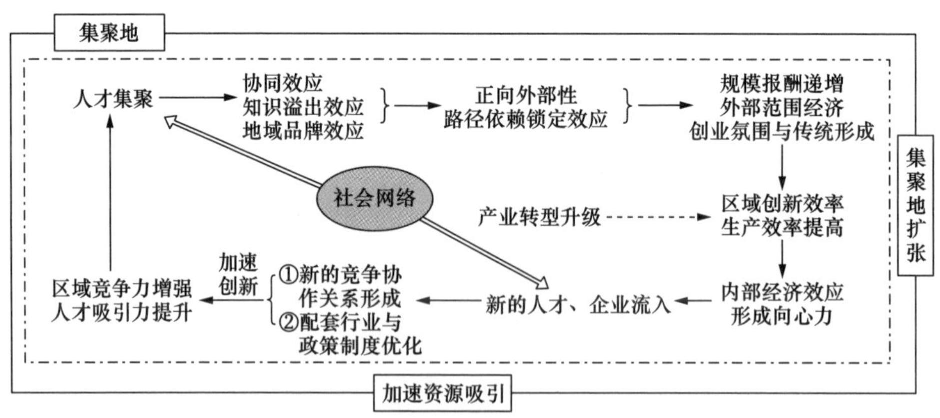


图4－4 创意人才集聚自增强示意图

的优势促进集聚地创新效率、生产效率得到提高，产生人才集聚的示范效应和内部经济性效应。这些效应被转化为人才流向集聚地的主要向心力，引发新的人才和企业流入，一方面形成新的竞争协作关系，另一方面也诱发集聚地生产条件、经营环境、政策制度等更为优化。环境改善使集聚地竞争力提升，人才吸引力增强，最终产生人才集聚的自增强效应。这正如 S. Chatterjee 描述集聚经济时所言："集聚经济成为吸引大量人员涌入某一地区的强大力量，最初的群体于是演变成吸引其他业务和家庭的因素，使一个仅在自然资源某一方面有轻微优势的地区，成为一个拥有多种商业和家庭的集聚中心。"

当然，创意人才集聚地也会伴随自身产业的转型升级而形成新的竞争协作关系，符合产业发展方向的创意人才被吸引集聚，从而缔造出新的创新环境与联系网络。得益于过去在集聚地内人才间、企业间所形成的产业联系等缄默知识，使集聚地具有良好的外部风险抵抗能力和调适能力。因而，成功的产业转型能带来集聚地区域创新效率的提高，进而又产生自增强效应。

### 4.2.5 更新或衰退阶段——人才更新或流出

伴随集聚地的成熟与发展，社会化资本的介入以及经济自身运行规律推高了集聚地内的租金与物价，创意人才的生活成本、创意企业的运营成本上涨，迫使经营效益不佳的创意人才和企业不得不选择离开；此外，"路径依赖"所形成的内部锁定（Lock - in）效应，企业发展路径的集体刚性与能力突破的困境，使集聚地人才成长减慢，人才进出活跃度也开始明显减弱；更不可控的是，科技进步、竞争对手崛起、市场需求改变、政策制度变动等外部环境变化使集聚地未来发展面临巨大危机，如若不做出适时调整和转型，将导致集聚地走向衰败。

大芬村的转型升级为创意人才集聚地应对挑战、成功实现更新提供了有利参考。对我国创意人才而言，积极的环境变化主要源于如下三个方面：

其一，创意所带来的巨大社会经济效益推动文化创意产业成为转变我国经济发展方式的重要力量，其价值和意义在知识背景下得到重视。为了顺应经济的自然演化规律，不少传统产业开始逐渐向创意靠拢，助推创意产业与其他产业实现相互渗透、相互融合，从而帮助集聚地原有创意产业链得到纵向拓展以及横向节点加粗。许多原本立足于传统行业，如文化事业单位的从业人员开始流向文化创意企业领域，这在新闻、出版、娱乐等行业表现明显，从而改变集聚地创意人才的专业结构。

其二，新兴技术层出不穷，推动了诸多新型创意产业的产生，因此，不断有新专业、新技术背景的创意人才开始流入更新阶段的集聚地，为创意人才队伍注入新鲜血液。在案例探讨中，北京宋庄引进三辰集团打造动漫基地、深圳大芬村大力吸引原创画家，都在一定程度上改变了创意人才的队伍结构，使原有艺术集聚区的功能得以更新和完善。

其三，基于市场经济的价格调节机制，之前流出的人才与企业被更具有竞争实力的创意人才与企业所替代，他们的入驻使集聚地内创意人才的结构、社会网络、价值链关系发生相应改变，从而实现自我更新。

综合以上分析，可将创意人才在自发集聚演变的每一阶段所表现出的流动行为简要概括为"初始人才创业活动—外部人才吸引流入—本地嵌入与根植—群内流动与成长—人才更新或流出"五个过程。图4－5对此予以了粗略刻画。

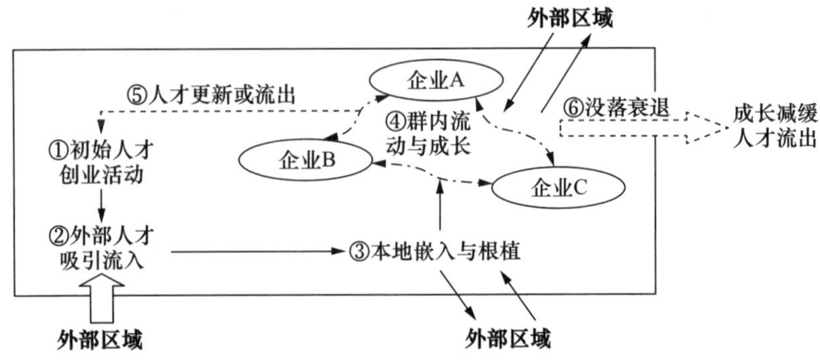


图4－5　创意人才在自发集聚演化阶段的人才流动

当然，上述过程并非遵循一个固定而僵化的模式一成不变。同产业集群发展演化一致，创意人才自发集聚的演化也会经历一个从初级到高级而不断递进的过程，因此，需要结合特定地域的社会、经济、政策制度等条件予以动态考虑。

## 4.3　本章小结

本章着重探讨创意人才集聚演化（Evolution）问题，意在揭示创意人才与集聚地的"人地关系"。依循"案例—理论"的归纳法逻辑，本书剖析了国内两大知名艺术家集聚地——北京宋庄、深圳大芬村的生成与演化过程，并以此为基础，分五个阶段对创意人才的集聚演化过程进行了理论归纳，同时概括出创意人才在演化的每一阶段所表现出的空间流动行为与特征。本章关于创意人才"人地关系"的阐述有利于对创意人才的群体流动特征、演化过程及其规律加以了解和把握。

# 5 创意人才空间集聚行为关系探究

在集聚地内，企业是吸纳人才流动的最基本空间单位，因此，创意人才的空间集聚在微观层面上最终体现为创意人才对不同创意企业的流动选择与企业内保留。当然，人才集聚是多样化的“人”与“人”的聚合，这使创意人才的空间集聚行为同时表现为不同人际关系的形成与深化。为此，本章将基于创意人才“人企关系”、“人际关系”层面，从行为动因、行为表现、人际关系三方面展开对创意人才集聚行为的分析。

## 5.1 创意人才空间流动与集聚的普遍动因

创意人才能引发创新，当大量创意人才集聚于特定空间，展开通力合作时，往往能将特定“点”上的创新上升为“面”的突破，从而使创意人才集聚的总体贡献表现为“加速创新”。如图5－1所示，作为一种深层次的要素空间流动，创意人才的集聚本身就是一个受宏观（区域）、中观（产业集群）、微观（企业与个人）多层次因素影响的问题，来自管理学、社会学、经济学、人口学等不同领域的学者均对此予以了相应的理论阐述（详见本书2.1.2节）。

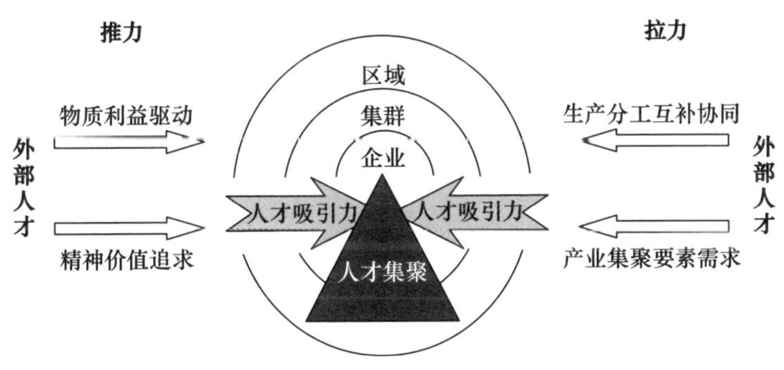


**图5－1 人才集聚多层次影响结构**

创意人才的流动与集聚深受多重动力支配，尽管不同行业、不同类型的人才在流动决策中所关注的重点、重心存在差异，但本书在充分考虑人才异质性特点的基础上，借鉴人口迁移的“推—拉理论”视角并参考牛冲槐、崔静等将人才流动动因分为引致性和驱致性两种类型的相关文献，从“内部驱动”与“外部引力”两个层面探讨创意人才空间流动与集聚的普遍动因。其中，“内部推力”主要源于创意人才对物质利益与精神层面的追求，而产业集聚对要素的依赖、产业链分工对人才互补协同的客观要求则成为人才流动与集聚的“外部拉力”。图5－1、表5－1对此予以了概括说明。

**表5－1　创意人才空间流动的普遍动因**

| 动因 | 分类 | 具体表现 | 影响因素解释归因 |
|---|---|---|---|
| 内部驱动推力 | 基于物质利益的工具理性 | 对薪酬福利、社会保障的追求<br>对工作、生活环境的改善<br>获得更好的城市公共服务与管理…… | 个人因素：性别、年龄、个性、地域等基本特征；<br>环境因素：地理区位、经济发展水平与潜力、城市外部生活环境与企业内部工作环境、城市文化与地位、气候生态等；<br>社会因素：家庭、婚姻、求学等 |
| | 来自精神层面的价值理性 | 同行评议<br>声誉积累与社会地位提高<br>个人成长潜力与发展空间<br>社会人际网络关系拓展…… | |
| 外部客观拉力 | 产业链分工 | 人才异质<br>生产的互补协同 | |
| | 产业集聚 | 要素共生<br>自增强机制 | |

## 5.1.1　基于利益最大化的物质工具理性

市场经济条件下，“利益”对于人才集聚具有导向作用。现实表明，尽管流出地并不一定是机会最差的区域，但通常，人才还是被吸引流向那些要素边际报酬、机会更好的区域。有研究表明：工资增长10%，在其他工作条件不变的条件下，辞职率将减少3%。虽然不少文献业已表明，创意人才在价值取向、行为方式、心理需求等方面具有有别于传统产业人才的特质与属性①，但作为社会系统中的“经济人”个体，依然要受经济发展规律的支配与影响。以最小投入获得最大收益，是一切生产要素发生聚散与重组的原生动力。市场经济中，资源的

① 详见本书2.2.2节对创意人才特质的文献综述。

稀缺性通常在市场机制和政府的调控下出现在不同地区或不同产业间的不均衡配置，这种差异为人才的流动指明了方向。如若能获得比流出地更高的经济收益或更多有利于个人成长的机会与条件，人才流动便有可能发生，并在一定程度上决定着人才流向。因此，基于利益最大化的物质趋利与自利（Self－interest）动机，是驱动创意人才发生空间流动与集聚的最为基本的内在经济动因。当然，驱动力的大小、强弱、时效、结构等特征将与人才的人口学特征（如年龄、性别）、个性特征（喜好挑战或满足现状）、社会因素（如家庭、婚姻）、工作因素（如当前工作满意度与匹配度）等密切相关。

本书根据伊兰伯格和刘易斯的劳动经济学理论，考虑创意人才在空间转移过程中，必然要承担流动成本、流入地较高的安居费用以及背井离乡、脱离原有生存环境和社会关系的心理成本。由于人才流动净收益＝人才流动后收益－人才流动前收益－人才流动成本，因此，只有在流入地的预期收益现值超过上述货币成本和心理成本的总和时，人才流动才会理性发生。也即：净收益的现值是影响人才流动的最终经济决定因素。伊兰伯格的流动净收益现值的计算公式表述如下：

$$S = \sum_{t=1}^{T} \frac{(B_{jt} - B_{ot})}{(1 + r)^{t}} - C \tag{5-1}$$

式中，T 为流动人口在新工作 j 上预期的工作年限；S 为从第 1 年到第 T 年中每年净收益贴现值的总和；$B_{jt}$、$B_{ot}$分别为流动人口在 t 年时从新工作 j、原工作 o 中所获得的效用；r 为贴现率；C 为在流动过程中所产生的效用损失，包括直接成本和心理成本。

该模型指出，人才流动的净收益现值与其在新工作中获得的效用、在新地区停留或生活的时间正相关，与流动成本负相关。具体来看，$B_{jt}$的大小一方面与人才的年龄、教育水平和专业技能有关，另一方面又受流入地工资水平的影响。总体而言，由于年轻人（the Younger）原有工作时限相对较短，对新工作的预期年限较长，因此，他们在新工作中获得的预期收益要大于年老者（the Old）（即 $B_{jty} > B_{jto}$），但从原工作中获得的收益将小于年老者（即 $B_{oty} < B_{oto}$）。对流动成本 C 而言，直接成本主要涉及迁移、终止原有关系、寻找新工作的费用等货币因素，当新工作的预期收益超过货币成本时，非货币成本，即心理成本将成为影响人才流动的关键因素。显然，年老者由于具有更为密切的网络关系，因而其心理成本远比年轻人大，这使后者的流动成本小于前者（$C_y < C_o$），最终使年轻人流动的全部净收益现值大于年老者（$S_y > S_o$）。这在一定程度上解释了创意人才的流动主要以年轻人为主的现象。

如前所述，创意人才具有集中于经济发达的中心城市或大都市的地域指向性特征，就我国而言，有近 1/3 的创意从业人员高度聚集于收入水平位居全国前列的北、上、广、深四大一线城市①，如果单从预期收益看，创意人才将由于流入地与流出地两者间较大的收入水平差（即 $B_{jt}-B_{ot}$）而获得良好的净收益贴现值，然而，不容忽视、必须予以考虑的是，由于不少创意人才空间流动体现为离开现有居住地、在不同城际之间的流动，因此，房租将成为必不可少的一项费用支出。近年来，伴随国内城市房价的持续高企，外来创意人才在流入地的生活成本支出也日益看涨。中国社科院《住房绿皮书——中国住房发展报告（2013～2014）》指出，北京、深圳、南京等一二线城市，其居民的房屋租金占可支配收入的一半或以上，居高不下的生存压力让"逃离北上广"思潮在社会上曾一度盛行。可见，在影响创意人才空间流动与集聚的物质利益因素中，增加对流入地"最大成本支出"的考量已为现实所需。在此，考虑主要消费成本的流动净收益的表达式，即调整后的计算公式表述为：

$$V=\sum_{t=1}^{T}\frac{(B_{jt}-\max C_{jt})-(B_{pt}-\max C_{pt})}{(1+r)^{t}}-C$$

整理后得：

$$V=\sum_{t=1}^{T}\frac{(B_{jt}+B_{pt})+(\max C_{pt}-\max C_{jt})}{(1+r)^{t}}-C \tag{5-2}$$

式中，V表示创意人才自流入到目的地第1年到第T年中获得的总的净收益，由于涉及未来收益，因而对其进行贴现处理。$B_{jt}$为创意人才在t年时从新工作j中获得的收益，主要包括：获得一个薪酬更高的工作和更多的货币收入；享有更加适宜的工作场所和环境；享受其他服务与待遇。$B_{pt}$为创意人才t年时从原工作（Prior）中获得的收益，包括：原工作所获得的工资、奖金等货币收入；各种福利待遇；已有的良好人际关系和工作环境。$\max C_{pt}$、$\max C_{jt}$分别为创意人才t年时在原工作与新工作中最大的成本支出，因此，$(B_{pt}-\max C_{pt})$、$(B_{jt}-\max C_{jt})$可以理解为创意人才t年时分别在原工作与新工作中获得的最大净收益；C为创意人才在流动中所产生的成本，这种流动成本具体划分为：①流动所需的必要费用；②流动引起的心理成本；③由不确定性引起的成本；④因政府行政管理而增加的成本；⑤培训费用。

### 5.1.2 基于声誉、成长、同行评议等精神价值理性

作为一种人力资本，创意人才同其他资本要素一样，也会不断寻求自身增值的机会。尤其在知识经济时代，知识陈旧周期日益缩短，更新换代不断加快，知识老化、创意失效使创意人才价值迅速贬值，为了实现自身价值的保值增值，创

① 详见3.3节。

意人才对知识更新和个人成长有着强烈的内在需求。

在空间流动与集聚行为中，创意人才除了受经济利益驱使外，更在精神层面上表现出价值理性追求，例如，实现自身声誉在业界的积累，获得足够社会尊重的地位感与归属感，完成创业梦想等，都是推动创意人才做出空间选择的更高层次的内在需求与动力，他们希望通过空间流动更好地实现自我价值。

声誉是一个人基于长期业绩、行为和品德的综合体现，其核心是信任，而信任是人际交往的前提。亚当·斯密曾有论述："各地方金匠和宝石匠的工资，不仅比许多需要相同技巧的其他劳动者高，而且比一些需要更大技巧的其他劳动者高。这是因为有贵重的材料托付给他们……像这样重大的信任决不能贸然委托给微不足道的人。"对文化创意产品而言，创意在产品价值中发挥关键作用，企业通常不会冒巨大风险，轻易将研发、构思、设计等高附加值重任贸然托付给一个声誉尚不明朗的"无名之士"，因此，作为交易关系中一种不可或缺的作用机制，声誉在文化创意经济活动中影响显著。

从管理学视角看，创意人才对声誉的追求既体现了 MeClelland 关于高成就的需要，同时也契合了 Maslow 关于尊重与自我实现的需要，这正是创意人才明显区别于传统产业人才的特质所在。从经济学观点看，声誉被视为一种价值性资产，具有同制度一样"减少交易风险、降低交易成本"的作用。根据最早研究声誉激励的学者 Fama 的思想，在现代人才市场竞争中，创意人才的市场价值取决于其过去的经营业绩，即使显性激励合同缺失，他们依然会通过努力工作，改善自身声誉来提高未来收入。此后，KMRW 模型①、代理人市场—声誉模型②均对声誉机制的作用机理展开了正规经济学模型分析，指出声誉是人才出于对长期利益的追求而展开的长期动态重复博弈的结果。良好的职业声誉能提高人才在市场上的议价能力与博弈能力，对提高其未来收入、确保长期利益具有积极作用，因此，声誉成为激励和约束创意人才相关行为的重要因素。

本书借鉴声誉模型思路，将其运用于创意人才基于声誉驱动的空间流动与集聚分析中，得到如下简化模型。

假定创意人才存在 n 个工作阶段，t = 1，2，…，n，每一阶段的产出函数为：

$$F_t = \alpha_t + \beta + \mu_t,\ t = 1,\ 2,\ \cdots,\ n \tag{5-3}$$

式中，$F_t$ 表示创意人才产出水平，$\alpha_t$ 代表创意人才的努力程度，$\beta$ 为创意人才的个人能力（假定与时间无关），$\mu_t$ 为外生随机变量，若 $\beta$、$\mu_t$ 呈正态独立分

① 该模型由"四人帮"克瑞普斯（Kreps）、米尔格罗姆（Milgrom）、罗伯茨（Roberts）及威尔森（Wilson）共同建立。

② 该模型为霍姆斯特罗姆（Holmstrom）对法玛思想的模型化。

布，$E(\beta)=E(\mu)=0$，$cov(\mu_t)=0$，则创意人才的效用函数可简单表示为：

$$U=w_{t-1}-c(\alpha_{t-1})+w_t-c(\alpha_t) \tag{5-4}$$

式中，$w_t$ 为创意人才在 t 期的收益，$c(\alpha_t)$为努力的负效用，设其为严格递增的凸函数，满足 $c'(\alpha_t)=0$。

特定区域内，若委托—代理关系属于一次性（$t=1$），则创意人才不会有任何努力工作的积极性，此时对应 $\alpha_t=0$，$c'(\alpha_t)=0$。$F_t$ 由个人能力 β 及随机变量 $\mu_t$ 决定。然而，当 $t\geqslant 2$，代理关系需要维持两个及更多时期时，创意人才在第一阶段的最优努力 $\alpha_t$ 将大于零。原因在于，在声誉形成的初始时期，创意人才的收益将主要取决并依赖于企业对创意人才所做努力 $\alpha_t$ 的预期。而 $\alpha_t$ 通过对 $F_t$ 的作用继而影响这种预期。在此阶段，企业与创意人才之间的博弈通常体现为：让创意人才担任较低职位或承担较低责任，把对其能力和贡献的考察与测定作为是否长期雇用、内部晋升、薪酬待遇的重要依据。因此，为了确保获得长期收益，在所有 $t-1$ 期之前，创意人才做出的努力 $\alpha_t$ 均会为正，直到他发现，当自身声誉积累到让同样的努力 $\alpha_t$ 在其他区域有可能获得更大的收益 $F_t$ 时，他在 t 期的努力将归于 0。这是因为：基于创意人才与其他参与人重复博弈的特性，在最后阶段（$t=n$ 时期），创意人才一方面无须再考虑原有关系中的声誉问题，另一方面由于承接了 $t-1$ 时期的效用（$w_{t-1}$），即使 t 时期的努力 $\alpha_t$ 为 0，也能让该创意人才的产出 $F_t$ 等于 $\alpha_{t-1}$并大于 0①。由于后一阶段的努力所对应的收益总是建立在前一时期的结果之上，因此，为了确保未来更好的长期收益，创意人才在最后阶段将离开原定区域，流向新的空间，在既有的声誉层面上开启新一轮的声誉积累。

当然，声誉对创意人才的驱动作用还受多方面因素影响。当声誉质量不能准确反映创意人才的实际业绩，或在事业的结束阶段，创意人才对未来收入预期较低时，声誉的作用将有可能减弱。相反，当改变职业（转行）的成本较高时，创意人才对声誉的重视又会增强。

此外，由于同行评议具有帮助创意人才获得前沿信息、提供专业指导、扩展交际网络等正外部性，因而在创意人才声誉的形成与拓展中发挥重要作用。通常，创意具有抽象性、专业性与内容属性，市场消费者对某些文化创意产品，如电影、绘画、雕塑等的价值判断难免会与设计者本身的价值评判出现一定程度甚至很大程度的偏差，从而对创意人才声誉的积累带来不利影响。此时，创意人才将更加看重并依赖来自于同行专家，尤其是精英人物的权威评议。为了更便于获得同行评议所产生的上述正外部性，创意人才将会趋于流向同行专家更为密集的集聚地，并努力使自己嵌入同行网络，使声誉的形成与积累获得更多业界的评判与支持。

---

① 这种现象在现实世界中并不少见，不少艺术家等创意人才在达到声誉高峰后，即使后续付出的努力递减，但还是能凭借声誉力量赢得收益，本书在此只做时间上的分析，不作价值上的判断。

### 5.1.3 基于产业链分工的人才异质与互补协同

#### 5.1.3.1 人才异质的三种共生类型

人才异质互补现象普遍存在于现实生活中，所谓异质人才，是指受过不同类型的教育，提供不同性质劳动的人。创意产业的企业集聚更多地来自于行业间的差异性和互补性，作为知识密集型产业，需要大批从事创意、设计、生产、销售等不同性质、不同专业、不同类型的人才来支撑。在创意人才 CAS 系统中，这些异质类人才除了相互竞争外，还存在相互依存和共生的关系。这种关系具体分为三类：第一类为寄生型，指一方（A）能独立生存，但另一方（B）必须依靠他方（A）才能获得生存和发展，与此同时，一方（A）在给另一方（B）提供帮助时自身也能获得好处，如创意企业与营销中介、创意企业主与初涉职场的新生创意人才之间的关系。第二类为双赢型，这种类型的人才都能独立生存，但当一方彼此获得另一方帮助时，自身能获利更大。根据获利的大小，双赢型关系又可细分为对称互利共生和非对称互利共生两类。例如，媒体与创意企业，来自同一企业不同部门、不同专业的同级别的创意人才之间均可视为这种关系。与双赢型相对应，第三类是指各类人才彼此不能独立生存，需要以对方的存在为前提，否则就只能逐出市场或消亡，此谓共济型（或共栖型），如创意企业与消费者之间的关系就具有这种特征。从人才层面看，共济型关系通常涉及的是那些多工序、多环节等复杂生产任务、需要各异质类人才彼此高度配合才能完成的行业，如航天飞机、卫星等高科技精密行业。

人才异质是导致劳动分工的原因之一，也是劳动分工引发的必然结果①。Smith 将劳动分工划分为社会分工与产业分工两类。前者涉及人们在社会中的不同职业与不同专业，后者则指不同企业在同一生产过程中分别执行不同的任务，它又被细分为企业间的生产专业化分工和企业内的劳动差异化分工。由于创意人才是一类涉及不同行业领域的人才综合体。因此，严格意义上看，创意人才的异质性对上述两种分类均可涉猎，但本书更强调产业分工。

产业链是产业分工的直观反映。由于产业链上每一个环节都离不开不同要素的投入，也由于马克思关于“一定的产业总是坐落在一定的区域空间上”的论断，因此，基于劳动分工的文化创意产业链对异质人才的需求成为创意人才流向特定空间的外部拉力。

---

① 关于劳动分工的原因，马克思尽管认为真正的分工是精神活动与物质活动的分离，但他承认天赋差异将导致自然分工。陈平（2002）也认为，市场规模、资源种类和环境涨落将限制劳动分工。但斯密认为劳动分工起因于“人类天性中互通有无、以物易物、相互交易的倾向”（即交换倾向，这一倾向被誉为人类第二大生物本能），才能和天赋差异是劳动分工的结果而非原因。

5.1.3.2 分工视角下的文化创意产业链演化

目前，关于文化创意产业链仍没有一个统一的界定，尽管完整的过程可以简单地划分为原始创意、创意产品生产、创意产品商品化几个环节，但作为一种开放性产业，文化创意产业链的延展性极强，能不断随创意的出现而得以拓展，以至于被界定为“消费者使用文化创意产品前的所有环节”。表5－2显示了文化创意产业链所经历的从“链状—网状—生态系统”的演化历程。

**表5－2 分工视角下的文化创意产业链演化与实例**

| 类型 | 特征 | 实例 | 产业链环节 |
| --- | --- | --- | --- |
| 链状结构 | 纵向一体化；自给自足；封闭缺陷；适合相对稳定的市场环境 | 音乐<br>Dane 和 Laing（1998） | 音乐载体的制造商、创作者、出版商、零售商和分销商 |
| | | 网络电视（IPTV）<br>刘多和徐贵宝（2005） | 网络、内容服务、应用软件等提供商；设备制造商、网络系统集成商、中间件与数字版权管理提供商、最终用户 |
| | | 广告<br>王克岭和陈微等（2013） | 广告主、广告公司（主导）、广告媒介及广告受众 |
| | | 电影<br>孙洁（2015） | 开发、前期制作、拍摄、后期制作和影院发行、放映、衍生品开发等环节 |
| | | 民族文化旅游<br>王克岭和马春光（2010） | 文化体验、衍生产品、餐饮服务、夜间表演 |
| 网状结构 | 横向一体化；开放式，双向互动；由一个核心中间人管理协调各种资源 | 电视产业<br>王克岭和芮明杰（2010） | 独立的制片公司担任中间人 |
| | | 演艺业<br>王克岭和芮明杰（2010） | 剧场方担任中间人 |
| 产业链生态系统 | 基于共生理论和系统视角，关注资源循环利用，实现可持续发展 | 旅游<br>Gunn（1994） | 吸引、运输、服务、信息和推广 |
| | | 电影<br>Johnson 和 Ollivier（2007） | 内部制作机构：财务、市场、发行主体、内容提供商与授权人、网络运营商、唱片公司、门户网站、游戏制作商和出版商；<br>外围结构：后期制作、发行机构、设备提供商 |
| | | 时尚<br>Weller（2008） | 设计师、媒体、消费品经销商、举办城市 |

在市场环境相对稳定的发展初期，文化创意产业链主要表现为纵向一体化的链状结构，各参与主体在相对封闭的环境中自给自足，以单向流动的方式完成协作。伴随经济全球化浪潮的来袭，产业链上各参与主体开始凭借各自优势，试图参与、嵌入到更大范围（甚至是全球）的文化创意产业价值链中。而且，新兴技术手段的出现，市场需求的增加，以及文化创意产业向传统行业的渗透、融合等，均使文化创意产业的组织边界不断模糊和扩大。在这种日益开放的环境中，文化创意产业的价值体系开始彰显出强大的关联性和辐射力，不断衍生出大量的诸如设计企业、制造商等相关主体，它们围绕核心创意，实现在特定地理空间的集聚，并开启双向交流互动，使文化创意产业链表现为网络结构。

目前，国内大部分有关文化创意产业链的研究涉及的主要为上述两种类型。然而，网络结构不能反映产业链上各环节的资源循环利用，不利于人类社会的可持续发展。在此背景下，基于共生理论的产业生态系统被提出，它将文化创意产业链视为一个生态系统，对各主体之间的合作与制约机制以及资源的循环利用等问题进行考察，现在世界范围内快速推广。

#### 5.1.3.3 文化创意产业链对异质性创意人才的需求拉力

文化创意产业链的演变，一方面拓展了产业分工新的参与主体，使产业边界和参与组织数量得到不断扩充；另一方面也拓宽了既有主体的市场范围，加深了既有主体的社会化嵌入及其在分工体系中的参与程度。

分工受限于市场的大小，而市场的大小同样依赖于分工的水平。文化创意产业链上各参与主体市场范围的扩大加深了产业分工，分工的细化又反过来促进市场的扩大，这种良性演化使链上的参与主体对创意人才产生源源不断的新需求，不仅在人才数量上要求急剧扩张，还对创意人才的专业、技术、地域、类型等层面提出新的要求，这种需求逐渐使集聚地成为“创意人才需求高地”，并形成或加剧了集聚地与非集聚地两者的“人才引力势差”，这种势差自然地内生为一种人才拉力，吸引并推动各类创意人才趋之若鹜、前往会聚，产生强烈的拉动效应。此后，这些异质类创意人才基于劳动分工的互补协同及与其他创意人才间的共生关系，做出“留”或“走”的行为决策，经年累月，逐渐完成由“集”到“聚”的转换，继而产生集聚效应，具体见图 5－2。

文化创意产业链上各参与主体对创意人才的需求拉力是一种客观存在，它随产业链的演化而发生变化。在全球化进程下，分工在智力层面上更为精细，可以判断，基于产业链的劳动分工对人才的拉力将更为强化。

### 5.1.4 基于产业集聚对人才集聚的要素共生

#### 5.1.4.1 产业集聚与人才集聚的相互关系

作为核心要素与先导性条件，产业集聚地的形成首先离不开创意人才在特定地域的流动与集聚，这是推动集聚地形成的必要基础，而且产业专业化分工的集聚水平越高，与之相关的人才集聚水平相应越高，这是因为“人才集聚能够培育产业、企业家能力和有利的商业环境，进而进一步促进人才集聚”。同样，在后续演化中，集聚地基于创业环境改善、地域声誉形成等优势条件导致规模扩张，对创意人才的需求与吸引能力亦大幅增强，由此产生的吸引与拉动作用促使人才源源不断流入集聚地，两者相互作用，如图5－3所示。

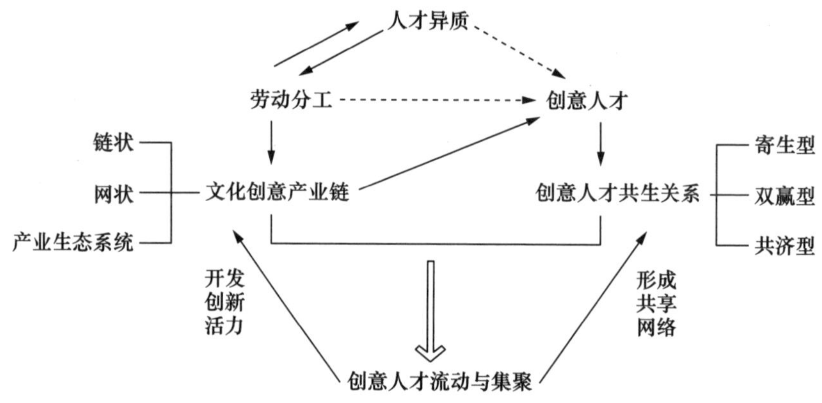


**图5－2　分工视角下文化创意产业链对创意人才的需求拉力**

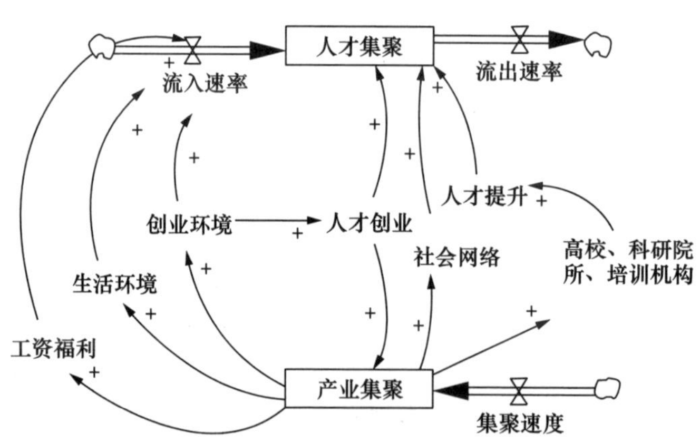


**图5－3　产业集聚对人才集聚的系统动力图示**

资料来源：根据李乃文，李方正．产业集群与人才集群的互动关系初探——基于系统动力学的思想框架［J］．产经评论，2011（9）修改。

由上可见，根据“推—拉理论”，文化创意产业集聚是以对创意人才的强大

外部拉力出现的，产业集聚只有获得人才集聚支撑，人才集聚只有服务于产业集聚要求，才能使人才与集聚地双方实现共同发展。从创意人才来源看，人才的集聚状况同时受制于外部人才流入与内部人才保留两方面，其中，外部创意人才流入是推动文化创意集聚地创新发展的主要动力。因此，文化创意产业集聚对要素的共生需求成为驱动外部创意人才流入集聚地的客观动因之一。

5.1.4.2　产业集聚对人才集聚的阶段性作用力表现

产业集群在不同的发展阶段有着不同的规模和成长性，因此对人才集聚的拉力表现也自然存在阶段性差异。"推—拉理论"是研究人口跨区域迁移原因的重要理论，本书在此将借鉴该理论的"推—拉"视角，围绕产业集聚对人才吸引的阶段性拉力作用展开分析。

Fujita M. 和 Krugman 指出："经济地理学任何有趣的模型要充分反映这样两种力量的较量：推动经济活动聚集在一起的'向心力'和阻止这种集聚或限制聚集规模的'离心力'。"人才的流动与迁移就是迁出地推力与迁入地拉力共同作用的结果，更多的发展机会与成长空间、更好的薪资福利与工作环境等成为吸引外部创意人才流入集聚地的向心力（Pull），而激烈的市场竞争、饱和的市场需求等拥挤效应以及不断上涨的成本支出等成为导致人才流出集聚地的离心力（Push），这两种作用力在同一集聚地并存。因此，文化创意产业集聚地对人才的最终作用大小（Industrial Cluster Cohesion）将由上述两种力量相互抵消后的结果决定。图5－4形象地说明了文化创意产业集聚地在不同的发展阶段对创意人才的作用力表现。

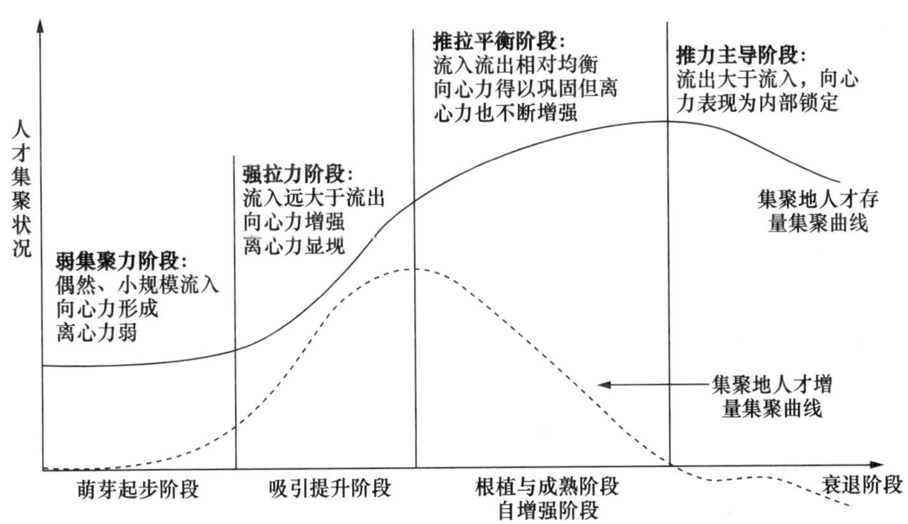


**图5－4　文化创意产业集聚对创意人才的阶段性作用力表现**

从图5-4中不难看出，在萌芽起步阶段，外部人才的流入具有偶然性、小规模性，集聚地对人才的引力作用刚刚起步，离心力尚未显现，因此总体体现为弱集聚力。进入吸引提升阶段，人才流入不断加速，从人才集聚增量曲线与存量曲线不断靠近的趋势可知，集聚地在此时期的人才存量绝大部分来源于外部流入的净增量，人才流入远大于人才流出，使这一阶段的人才引力主要体现为集聚地对人才的强拉力。伴随创意人才在集聚地的逐渐根植和当地化嵌入，集聚地开始进入拥有数量众多的创意企业和人才的相对稳定状态，发达的社会网络、长期形成的缄默知识等集群内部共享的资源使集聚地的向心力得到强化和巩固，内部既有人才不愿流出，人才被得以保留。但进入该阶段后期，伴随竞争加剧、房租上升等不利因素，集聚地离心力不断增强，人才进出活跃度开始减弱，流入的人才有所放缓，人才流出开始显现，总体上表现为流入流出相对平衡状态，出现人才集聚的“高原”现象。此后，过度的路径依赖导致的封闭锁定效应，使成熟人才创造性衰减，企业竞争力减弱；外部环境突变导致企业经营风险增加，死亡率提高；生命周期规律也使集聚地发展进入衰退期，此时的集聚地，对人才的向心力主要依靠内部锁定在勉强维持，新生人才大量流失，人才增量开始递减。面对挑战，集聚地只有实现产业的成功转型与升级，才能重新进入更新与再生阶段。

为了更细致详尽地阐述产业集聚地对人才拉力的作用表现，本书在此引入外部的“非集聚地（区）”用于对比分析，表达式如下：

$$ICC_A = Pull_A - Push_A \qquad ICC_B = Pull_B - Push_B \tag{5-5}$$

$$N_{pull} = Pull_A - Pull_B \qquad N_{push} = Push_A - Push_B \tag{5-6}$$

$$\begin{aligned}\pi &= ICC_A - ICC_B \\ &= (Pull_A - Push_A) - (Pull_B - Push_B) \\ &= (Pull_A - Pull_B) - (Push_A - Push_B) \\ &= N_{Pull} - N_{Push}\end{aligned} \tag{5-7}$$

式（5-5）中的A代表文化创意产业集聚地，B代表非集聚地，$Pull_A$、$Pull_B$分别表示A、B两地对人才的拉力，$Push_A$、$Push_B$表示A、B两地对人才的推力。两地各自的拉力与推力的差额（$Pull_A - Push_A$）、（$Pull_B - Push_B$）即为集聚地A、非集聚地B吸引人才流入的综合动力，分别用$ICC_A$、$ICC_B$表示。

式（5-6）中$N_{pull}$表示A、B两地对人才的拉力差额，可以将其表述为A地对人才的净拉力，而$N_{push}$则代表两地对人才的推力差，称为A地对人才的净推力。两者数值可大于0、等于0或小于0。

式（5-7）中用A、B两地各自的净拉力减去其净推力，所得差额反映集聚地A与非集聚地B在人才集聚力方面的总差异，在此称为集聚地对创意人才的“拉力效应”。产业集聚地在其发展周期的不同阶段对创意人才流动的动力效果

如表5－3所示。

表5－3　文化创意产业集聚地对人才推拉力的动态表现

| 阶段 | 对人才的推拉力表现 |
|---|---|
| 萌芽起步阶段 | $Pull_A \geqslant Pull_B$，$Push_A < Push_B$；$N_{pull} \geqslant 0$，$N_{push} < 0$，$\pi > 0$ |
| 吸引提升阶段 | $Pull_A > Pull_B$，$Push_A < Push_B$；$N_{pull} > 0$，$N_{push} < 0$，$\pi > 0$ |
| 根植与成熟阶段 | 初期：$Pull_A > Pull_B$，$Push_A \geqslant Push_B$；$N_{pull} > 0$，$N_{push} > 0$，$\pi > 0$ |
| 自增强阶段 | 后期：$Pull_A \leqslant Pull_B$，$Push_A \geqslant Push_B$；$N_{pull} < N_{push}$，$\pi < 0$ |
| 衰退阶段 | $Pull_A \leqslant Pull_B$，$Push_A \geqslant Push_B$；$N_{pull} < N_{push}$，$\pi < 0$ |

由表5－3可知，在集聚地进入衰退前，也即在进入自增强阶段后期之前，集聚地对创意人才的拉力效应始终大于零（$\pi > 0$），这充分彰显了：相较于非集聚地，产业集聚地对人才的拉力作用更大。而这种拉动作用主要集中在集聚地发展演化的第一阶段和第二阶段。集聚地在这两个阶段的人才净拉力 $N_{pull} = (Pull_A - Pull_B)$，均大于零（$N_{pull} > 0$），这为集聚地后续的演化发展提供了要素动力支持。

然而，进入自增强阶段，情况开始发生转变并分化为两种不同的表现。在本阶段初期，集聚地对人才的净拉力作用（$N_{pull}$）依然保持第二阶段的优势，但其拉力（$Pull_A$）增速开始有所放缓，从而使净拉力作用（$N_{pull}$）有减弱的趋势；另外，竞争加剧、支出增加等不利因素开始使集聚地的推力作用（$Push_A$）增强，因而净推力作用（$N_{push}$）也相应提高，如此一来，集聚地的净拉力与净推力两者的悬殊日渐拉大，引力效应$\pi$开始逐步减小，但此时还可维持在大于0的区间。进入本阶段后期，随着集聚地对人才吸引力下降，人才流出加剧，集聚地净拉力作用开始小于0，净推力作用则变得越来越大，最终使$\pi$小于0，集聚地积极的拉力效应丧失。进入衰退期后，这种态势依然持续，集聚地对创意人才的吸引力日薄西山，净拉力作用越发疲软，而净推力日益走高，集聚地由此走向衰败。

## 5.2　创意人才企业选择与组织内保留分析

人才是集聚行为的实施主体，每一个人才的就业决策、创业行为直接影响人才集聚。尽管创意人才群体中不乏有一定数量的自我创业者，但从普遍情况看，创意劳动力市场的关系还是更多地体现为雇主（创意企业）与雇员（创意人才）之间的雇用与被雇用、接受劳动与提供劳动的关系。创意人才最终选择流向并聚集于特定空间的企业，是创意企业与创意人才共同博弈的结果。

创意产品时效性短、更新换代快的特质使创意市场竞争相较于传统市场更为残酷而激烈，企业要“适者生存”，必须要拥有持续不断的基因突变能力，而实现基因突变的不二法则在于企业创新。影响企业创新的因素有很多，但对创意企业而言，具有突破常规思维的创意人才是其实现突变的生力军。为此，激励成为创意企业激发员工创新的常用手段①，以此充分满足人才对物质与精神价值的追求。

此外，激烈的人才竞争使创意人才自身也同样面临着“物竞天择”的作用机制，为了获得突变，创意人才需要不断学习与成长。由于企业的知识存量将影响创意人才对自我成长、自我价值实现的内在需要，继而影响创意人才是否继续保留在企业内的决策，因此，在本节关于创意人才与创意企业的“人企关系”分析中，将在了解当代创意企业空间组织特征的基础上，着重探讨企业的激励因素与知识存量对创意人才空间流动（企业选择）与组织内保留的影响。

## 5.2.1 创意企业对人才的阶段性需求

### 5.2.1.1 信息网络背景下创意企业的空间组织

受信息网络技术的影响和推动，企业正被分解成越来越小的单位，这使企业组织形态发生了相应变化。在我国，多数创意企业在规模上较小，它们常以集中分布的态势聚集于特定区域，并从这种地理的邻近性与社会网络中获得良好的外部性。创意企业外部性的获得源于集聚地内企业间交易成本的下降，从而为创意企业围绕创意产业链上的某一环节，只集中于自身最擅长、最有价值的业务创造了机会和条件。如此，创意企业能以更低的成本从CAS系统中的其他主体身上获得其他能力，使自身在创意生产、创意研发、创意销售或创意管理的某一环节上日益专业化。

上述变化也使创意企业网络化、扁平化、虚拟化②的趋势越来越明显。表5-4对传统企业与创意企业的特征进行了比较，从中不难看出，创意企业无论在组织形态、结构还是在生产流程、要素运行等方面，均表现出不同于传统企业的特点，这些特点有利于推动企业创新的产生。

**表5-4 创意企业与传统企业的特征比较**

| 比较项目 | 传统企业 | 创意企业 |
|---|---|---|
| 组织结构 | 金字塔式 | 扁平化 |

① 组织激励有可能给员工创新带来阻碍，具体分析将在6.3.2节中展开。

② 本书关注空间集聚，因此，创意企业的网络化、扁平化趋势相对虚拟化而言更为重要。

续表

| 比较项目 | 传统企业 | 创意企业 |
|---|---|---|
| 组织形态 | 固定结构 | 项目导向 |
| 生产/工作流程 | 接力棒式分段 | 交互式合作 |
| 控制手段 | 行政命令 | 契约/合作精神 |
| 要素运行 | 物质流 | 信息流 |
| 企业间关系 | 相互竞争 | 合作共赢 |

资料来源：根据芮明杰，吴光飙等．新经济·新企业·新管理［M］．上海：上海人民出版社，2002整理．

当前的企业存在三种类型的网络：企业内部网络（Intra - firm Network）、企业间网络（Inter - firm Network）和企业外部网络（Extra - firm Network），这些网络在现实中都具有明显的地理空间属性，创意企业在 CAS 系统中的网络关系可归为企业间网络，与地方城市创新系统所构成的网络可被视为企业外部网络。

企业的人才集聚包括人才获取、人才治理、人才保留三个不可分割的组成部分，其中，人才获取是实现集聚的前提；人才治理旨在对人才资源予以优化配置和有效利用，以获得积极的集聚效应；人才保留则是通过对人才资源最优配置的维持使积极的集聚效应得以稳定保留。创意企业在特定空间的集群分布、所表现出的不同于传统企业的种种特征以及上述三种企业网络关系的表现，都对创意人才获取、组织内保留、人才治理工作产生影响。例如，在人才获取的渠道上，创意企业可以利用员工或自身各类正式与非正式网络关系；在人才素质要求上，更强调创意人才的合作意识与契约精神，更注重创意人才的业务能力与技术水平；在人才管理方面，人才与企业间在信息沟通反馈上更为迅速，渠道更为通畅。当然，创意企业项目导向式的组织形态将使创意人才与企业间的关系较为松散，从而使人才的流入流出更为便利，机会成本更小。

#### 5.2.1.2 创意企业基于生命周期的人才需求

创意企业的发展离不开大量创意人才的支持，企业在其发展周期的不同阶段，将对创意人才的类型与层次产生不同需求。在初创阶段，创意企业的成功在很大程度上取决于初创团队、创意产品质量与特色、实验研发条件以及资本支持。因此，具有独创思维能力和开拓进取精神的创意人才成为重要影响因素，他们多为高校研发人员（学生）、企业在职/离职研发人员、公共研发机构员工等。企业进入成长阶段，需要将创意产品成功推向市场，此时对能够将技术与市场需求紧密结合的技术型销售人才产生大量需求。此后，在创意企业的发展阶段，企业对自身保持稳定有序运转提出了要求，其重心也开始由此前的创新链转向产业链，于是，对人才的需求也开始过渡到以创意营销、创意管理类为主。进入成熟阶段后，内外压力使创意企业不得不面临战略调整更新，此时对战略管理人才以及其他各类创新人才的需求成为企业战略更新成功的关键因素。

### 5.2.2 创意人才基于组织激励的流动博弈

#### 5.2.2.1 激励与创意的关系

人才的获取和保留归根结底都是通过人才激励达到的，使每位员工始终处于良好的激励环境中，是人才集聚所追求的理想状态。图5－5表明，人才激励模式构成了企业人才引进和人才保留的主体，是企业人才集聚模式的核心。

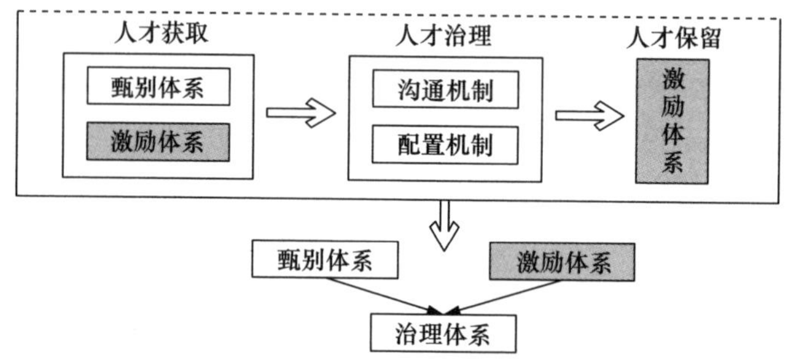


**图5－5　组织激励在企业人才集聚中的地位**

资料来源：根据孙健，徐辉等．国有、民营、外资企业人才集聚模式比较研究［J］．软科学，2007（3）：139改编。

人才流动的根本原因在于收益差异。如前所述，工具理性与价值理性是推动创意人才空间流动与集聚的内在动因。在经济利益驱使下，创意人才通常会流向产出率、要素边际收益较高地区的企业，选择薪酬福利、工作环境、企业文化等条件更好的组织。而对企业而言，人才流动是把双刃剑，一方面，有助于企业实现人才的有效更新替代，增强企业创造力、对外适应能力与竞争实力；另一方面，过于频繁的流动又会造成人力资本损失，对企业工作绩效、人员交流模式、人力成本控制等带来不利影响。因此，为了吸引高质量创意人才、实现人才的适度流动，同时又为了留住这些优秀人才、使人才队伍维持相对稳定，企业通常会采用激励的手段对创意人才进行有效管理。其中，功利性激励与象征性激励是其常用的两种方式，前者体现为物质报酬激励，后者更多地表现为提高创意人才地位、给予更多成长机会等精神层面。这两种激励对创意人才创意的激发作用如图5－6所示。

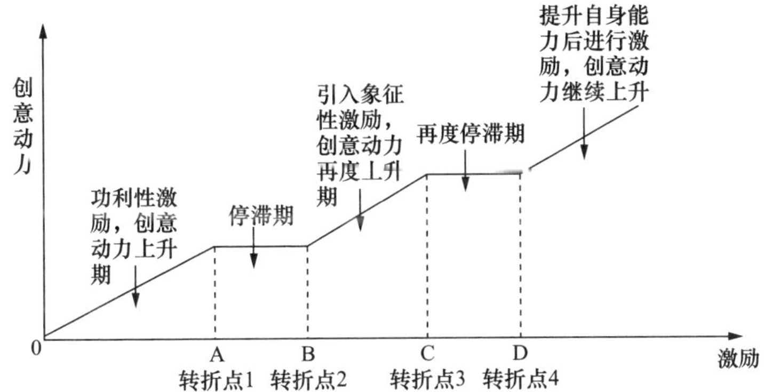


**图5－6 组织激励与创意人才创意激发的关系**

资料来源：李元元，曾兴雯等．基于创意人才需求偏好的激励模型研究［J］．科技进步与对策，2011（6）．

图5－6显示，功利性激励主要用于创意人才流入企业初期，此时，物质激励能推动创意人才的创意动力进入上升通道，但长此以往，创意人才对精神层面的需求开始使这种方式对人才的创意动力和效果日渐衰弱并进入第一个停滞期（转折点1）。这时，需要企业引入象征性激励手段，辅以功利性激励，才能再度激发创意人才的创意动力。然而，这种创意动力终将在人才自身能力的限制下再度陷入停滞期，即图中转折点3。此时，唯有通过学习、技能提升，实现创意人才自身能力的突破，才有可能在组织激励下成功走过转折点4，实现企业在一个更高水平、更高层面上展开创意激励，经历这一阶段后，创意人才的创意能力通常能获得质的突破。综上，企业激发创意人才的创意动力遵循的是这样一条路径："功利性激励—象征性与功利性激励相结合—创意人才能力提升"，组织激励与创意人才的创意动力这一关系不断循环，推动创意人才和创意企业获得积极发展。

企业的发展依赖于人才的成长。基于激励与创意之间的非线性关系，创意企业一方面需要对创意人才的创新成果与能力成长给予一定的时间周期，同时还需密切关注对创意人才学习能力提升的条件创造、氛围营造与机会支持。

5.2.2.2 模型构建与博弈分析

在A、B两地外部环境相似、创意人才履行合同的假定条件下，组织激励机制的建设与否及实施状况将成为影响创意人才行为选择的重要因素。现假设A、B两地有两个创意组织：A地组织1和B地组织2，某创意人才现为A地组织1的员工，对企业忠诚，假设B地组织2注重对员工进行激励建设。基于上述假定，本书将运用纳什均衡方法，对创意人才不同空间的企业选择问题展开分析，其中，创意人才的战略选择表述为：是选择A地组织1还是B地组织2，创意企业的战略选择则是：注重激励机制建设还是不注重激励机制建设。构建模型如图5-7所示。

| | | 创意人才 | |
|---|---|---|---|
| | | A地组织1 | B地组织2 |
| 组织 | 实施激励机制 | R-C　　E | -C　　$E-C_1$ |
| | 不实施激励机制 | R　　$E-E_1$ | $-C_2$　　$E-C_1$ |

**图5-7　组织激励与创意人才企业选择博弈模型**

其中，R（Revenue）表示创意人才在A地组织1工作时为企业创造的收益；C（Cost）表示A地组织1为激励创意人才所付出的成本；E（Earnings）代表创意人才的工作收益；$E_1$表示A地组织1因缺乏激励机制而使创意人才少获得的收益；$C_1$为创意人才在选择B地组织2过程中所付出的流动成本，满足$C_1<E_1$；$C_2$表示A地组织1失去该创意人才后，由于岗位缺失、重新招聘等工作而可能引起的种种成本，这种成本比组织为激励创意人才所付出的成本（C）要大，因而满足$C_2>C$。

此外，设A地组织1实施激励机制的概率为p（$0\leqslant p\leqslant 1$），不实施激励机制的概率为（1-p）；创意人才选择A地组织1的概率为$q(0\leqslant q\leqslant 1)$，选择B地组织2的概率为（1-q）。现运用混合战略纳什均衡展开问题分析。

（1）关于A地组织1的决策行为。在给定创意人才选择A地组织1的概率为q的情况下，A地组织1实施激励机制和不实施激励机制的收益分别为：

$$U_{实施}=(R-C)q+(-C)(1-q)=Rq-C \quad (5-8)$$

$$U_{不实施}=Rq+(-C_2)(1-q)=Rq-C_2+C_2q \quad (5-9)$$

令$U_{实施}=U_{不实施}$，得出均衡概率：

$$q^*=(C_2-C)/C_2 \quad (5-10)$$

当创意人才选择A地组织1的概率$q<q^*$时，则：$U_{实施}-U_{不实施}=[C_2(1-q)-C]>0$，即$U_{实施}>U_{不实施}$，这种情况下，A地组织1将选择实施激励机制；反之，当$q>q^*$时，$U_{实施}<U_{不实施}$，A地组织1将选择不实施激励机制。

（2）创意人才的决策行为。同理，在给定A地组织1实施激励机制的概率为p的条件下，创意人才选择A地组织1和B地组织2的收益分别为：

$$U_A=Ep+(E-E_1)(1-p)=E-E_1+E_1p \quad (5-11)$$

$$U_B=(E-C_1)p+(E-C_1)(1-p)=E-C_1 \quad (5-12)$$

令$U_A=U_B$，得出均衡概率：

$$p^* = (E_1 - C_1)/E_1 \tag{5-13}$$

当 A 地组织 1 实施激励机制的概率 $p > p^*$ 时，创意人才的收益为：$U_A - U_B = [E_1(p-1) + C_1] > 0$，即 $U_A > U_B$，创意人才将选择 A 地组织 1；反之，当 $p < p^*$ 时，创意人才选择 B 地组织 2。

综上，企业组织与创意人才的混合战略均衡为：

$$[(C_2 - C)/C_2, (E_1 - C_1)/E_1] \tag{5-14}$$

这一结果与现实情况大致相符。从组织角度看，由于创意人才是高级生产要素，创意产品价值在很大程度上取决于他们的创意创新成果。资源（人才）的稀缺性、劳动力搜寻成本、员工队伍不稳定等诱发的不利影响导致 A 地组织 1 失去创意人才所产生的损失远比实施激励机制付出的成本大（即 $C_2 > C$），因而 A 地组织 1 将会选择通过对创意人才的激励以留住人才。从创意人才角度看，当 A 地组织 1 忽略对创意人才创意动力的激励，使创意人才的工作热情及努力无法获得相应的回报或者机会成本损失太大时，创意人才将会选择流向实施激励机制的 B 地组织 2。由此可见，不论对组织，还是对创意人才而言，在履行相关契约的条件下，激励是实现两者战略均衡的一致选择。因此，为了实现对创意人才的充分利用，有效激发其创意动力，创意企业应当通过物质报酬等功利性激励以及各种象征性激励手段，对创意人才进行优化管理。当然，由于组织激励对创意动力的激发将受到创意人才自身能力的限制，因此，组织在实施激励策略的同时还要密切注意对创意人才学习能力的提升。

### 5.2.3 创意人才考虑企业知识存量的保留分析

如前所述，声誉扩展、地位提升、个人成长是推动创意人才产生空间流动的源于精神层面的内部动力。作为知识型群体，创意人才对新知识、新技能的获取存在外部要求与内在动力。创意人才作为一类知识型人才，表 5-5 列出了知识型人才对组织激励最看重的因素，其中，“个体成长”、“成就需要”成为位居前两位的因素。由此可知，创新对组织而言，是一种基因突变，对创意人才而言，其自身也同样面临着“物竞天择”的作用机制。为了获得突变，创意人才需要不断学习与成长，因此，当创意人才流入企业后，在贡献自己已有创意、知识和技能的同时，也在通过与集聚地内、企业内其他人员的合作交流中获得知识增量和技能更新。创意人才选择集聚的原因之一在于更有效地实现成长，而创意人才的知识增量又与企业、集聚地的知识存量及更新能力直接相关，因此，创意企业、集聚地的知识存量将成为创意人才是否继续留任的重要影响因素。

表5-5 知识型（创意型）人才最看重的激励因素

| 研究者 | 激励因素 |
|---|---|
| Tampoe | 个体成长、工作自由、业务成就、金钱财富 |
| Ronen | 法国：培训、技能、挑战；德国：进步、认同、培训 |
| Kendall、Robinson | 成就、认同感 |
| Izumi Kubo | 自主性、个人自由、灵活的领导、成就需要、个人成长 |
| Herzberg | 成就、认可、资质、个人成长机会、工作挑战 |
| 张望军、彭剑锋 | 工资报酬与奖励、个人成长与发展、有挑战性的工作、公司前途 |
| 杨春华 | 个人成长与发展、报酬、有挑战性和成就感的工作、公平 |
| 陈井安、景光仪 | 业务成就、工作环境、薪酬福利、个人成长 |
| 杨从杰等 | 公司前景、企业文化、工作挑战、能力发挥、工作成就 |
| 程文、张国梁 | 独立自主、自我价值、成就渴望与能力提升 |
| 管宝云、赵全超 | 工资报酬与奖励、晋升机会、个人成长机会、工作的挑战与价值 |
| 张术霞等 | 薪酬福利、能力发挥、公司前景、工作保障、领导素质 |

资料来源：根据孔德议，张向前．组织承诺与知识型人才激励研究［J］．商业研究，2013（1）整理。

现就企业知识存量对创意人才空间流动的影响展开分析。

假设知识可以被度量，K(A，t)表示企业A在t时所拥有的知识量，ΔK(A，Δt)代表企业A在［t，t+Δt］时间段内的知识增量，其计算公式为：

$$\Delta K(A, \Delta t) = K_1(A, \Delta t) + K_2(A, \Delta t) - K_3(A, \Delta t) \tag{5-15}$$

式中，$K_1(A, \Delta t)$表示企业A在［t，t+Δt］时间段内所创造出来的知识量，$K_2(A, \Delta t)$代表企业A在同时段内所学到的知识量，$K_3(A, \Delta t)$表示企业A在该时期废弃或遗忘的知识量。不难得出，企业A在t+Δt时的知识存量由企业A在t时所拥有的知识量K(A，t)加上其在Δt时新增的知识量ΔK(A，Δt)，表达式为：

$$K(A, t+\Delta t) = K(A, t) + \Delta K(A, \Delta t) \tag{5-16}$$

企业A在时段［t，t+Δt］时的平均知识增长率可表示为：

$$\bar{K}(A, \Delta t) = \frac{\Delta K(A, \Delta t)}{\Delta t} \tag{5-17}$$

若一名创意人才在t时刻进入企业A，那么，对其而言，在［t，t+Δt］时，他可从企业中学到的最大知识量为企业A在［t，t+Δt］时拥有的知识存量K(A，t)+ΔK(A，Δt)。设该名创意人才的知识学习能力为α，则αΔt代表他在t+Δt时点所学到的新知识。由于企业知识存量逐渐被该创意人才所获取，因此，对该创意人才而言，在 $t+\Delta t$ 时点，企业 A 新的知识存量变为：

$$K_n = K(A,\ t) + \Delta K(A,\ \Delta t) - \alpha\Delta t \tag{5-18}$$

将式（5－17）代入式（5－18）得：

$$K_n = K(A,\ t) + \bar{K}(A,\ \Delta t)\Delta t - \alpha\Delta t \tag{5-19}$$

简化后，得：

$$K_n = K(A,\ t) + [\bar{K}(A,\ \Delta t) - \alpha]\Delta t \tag{5-20}$$

从式（5－20）可以看出，当 $\bar{K}$（A，Δt）大于 α，也即企业的平均知识增长率大于个人的学习能力 α 时，企业新知识存量 $K_n$ 将表现为增函数，意味着随着时间 t 的推移，企业 A 新的知识存量不断变大，可供创意人才学习和带给他的新增知识量也不断变大；反之，当 $\bar{K}$(A，Δt）小于 α 时，意味着企业的平均知识增长率小于个人的学习能力，此时，企业新知识存量体现为减函数，说明随着时间的推移，企业无法创造出更多的新增知识，这样，创意人才从企业 A 中获得的新增知识量将越来越少，学习与成长空间同样也将越来越小，最终可能导致其知识学习趋于停滞。在这种情况下，创意人才可能基于知识更新的内在要求而产生流出意愿，企业也将面临人才保留失败的风险。

上述分析方法同样可用于对集聚地的分析。当集聚地知识存量无法满足创意人才的知识增长需求时，创意人才可能出于这一原因而选择流出。由上述分析可知，创意企业、集聚地的知识存量对创意人才的知识增量产生直接影响，从而影响其空间流动。当企业、集聚地的知识平均增长率低于创意人才个体的学习能力时，创意人才的流动意愿将与其在组织内工作的时间呈正相关，即创意人才在组织内工作的时间越长，若个人获取新知识的空间与机会越小，则流出意愿更强。此时，对创意人才个体而言，流入一个新企业往往意味着能从新单位中获得比原单位更多的新知识，从而产生知识增量，获得学习突跃效应。可见，创意企业在人才保留中，除了采用各种激励手段外，还需要通过员工的集体学习、与集群内企业的互动交流等手段，提升自身知识更新能力以及对新知识的创造与获取能力。企业只有更加迅速地发展，才能满足创意人才知识学习的要求，契合创意人才自我成长的内在需要，最终实现企业创新与员工成长的和谐共振。

## 5.3　创意人才人际竞合关系分析

创意人才的集聚不是漫无目的的，只有那些具备功能互补（互补性）和合作基础（同质性）的主体才能产生聚集。他们在集聚中既存在竞争，又相互依存，形成相应的竞争与合作关系。本节将首先针对弱连接、强连接在创意人才空间流动中的作用展开分析，然后基于创意生态学视角，对创意人才间的竞合关系做出阐述。由于在特定集聚地，频繁地流入流出使创意人才间的关系处于不断发展变化中，如何实现人际关系的相对稳定与均衡？本节将借鉴生态学中的 Logistic 增长模型和 Lotka – Volterra 模型，对创意人才共生关系的稳定性进行求证，以此进一步揭示创意人才的行为表现。

### 5.3.1 强连接、弱连接在创意人才空间流动中的作用

如本书第 4.2 节所述，创意人才会基于血缘、亲缘、情缘、乡缘等社会关系而完成在某一特定空间的流动与集聚，这种与自身关系最密切且十分稳定的亲人、朋友、同事、同学之间的关系被称为强连接现象。与此相对应，则是一种相对松散的、肤浅的社会关系，如在派对上结识、能够互惠互利的人，Granovetter 将其称为弱连接。强连接和弱连接在成员关系密切度、成员特征、系统特征、信息流动等方面均有不同的表现，两者对比如表 5 –6 所示。

**表 5 –6 人际强连接与弱连接关系对比**

| | 强连接 | 弱连接 |
|---|---|---|
| 关系密切度 | 牢固 | 疏离、肤浅 |
| 成员特征 | 态度相似、高互动频率 | 不常见面甚至不甚熟识 |
| 系统特征 | 封闭；<br>排斥系统外的人，限制系统内的人 | 开放，外界沟通的桥梁；<br>反应速度快，成本更低 |
| 信息流动 | 信息冗余，在封闭的社交系统中重复 | 不同的信息在不同的圈子中流传 |
| 创新思维 | 思维同质，不利于其他观点的融合 | 多样、少熟识的连接，思路拓宽 |

传统理论认为，基于亲朋好友关系的强连接由于成员间的关系彼此较为牢固，因而在影响人们信息传递、职业选择过程中将发挥重要作用。但 Granovetter 研究发现，与人们事业是否成功关系最密切的在于弱连接，而非强连接。这是因为：处于强连接关系中的成员大都具有相似的态度及较高的互动频率，容易形成一个封闭的社会交往系统，使类似信息不停地在系统中得以重复，而且，强连接对外部成员较为排斥，对内部成员存在一定限制，这种封闭性不仅不利于系统内成员工作路径的拓宽，还会因无法实现其他观点、信息的流入与融合而造成内部成员的思维同质和僵化，不利于关系网络的创新。而弱连接则发挥了与此相反的作用。系统中不同的社会成员虽然不常见面甚至不甚熟识，但通过弱连接可以得到不同的信息，这些信息可能成员本身不熟悉但却十分真实有用，而且获取成本

较低，这种更加多样、更少熟识的连接拓宽了与外界沟通的渠道，因此，通过这些相对松散、微弱的联系，成员的工作路径可以得到拓宽，创新有机会得以产生。

基于上述分析，在创意人才空间流动中，弱连接相当于敲门砖，其与社交生活的结合正是艺术与文化经济最明显的特征。正是出于对这种敲门砖作用的追求，不少创意人才被吸引流向创意产业精英人物工作与生活的所在城市，因为这些精英阶层被视为“风尚看门人”，在创意相关领域内具有极强的话语权，因此，邻近他们能获得掌握风尚前沿或行业未来发展趋势的种种益处，提升创意人才获得成功的概率。在“北漂”一族中，部分创意人才的涌入是因对某些文化创意知名人物的追随而引起。同样，在本书案例探讨中，宋庄与大芬村创意人才集聚地的形成也与方力钧、黄江等知名画家的示范带动作用不无关系。

与强连接、弱连接理论类似的是，Florid 用“社会资本”（Social Capital）和“疏离型关系”对创意人才的空间区位选择进行了分析。他认为，疏离型关系在影响创意人才城市流动中发挥重要作用，那些社会资本高的地方，往往具有典型的封闭特征，而且，无法证明社会资本在促进区域经济增长和信息传递上具有正向支持作用。相反，两者呈现出负相关。

Granovetter、Florid 分别运用弱连接和疏离型关系两个概念阐明了松散型关系在创意人才空间流动选择（或工作谋求）中所发挥的重要作用。然而，我国是一个重人情的社会，赵祥宇和姜宇以及周均旭等不少学者认为，不仅是弱连接，还包括强连接在内的社会网络关系或各种正式与非正式关系在创意人才的流动选择中发挥了同样重要的作用。本书将在第 7 章对此展开实证分析。

### 5.3.2 生态学视角下的创意人才竞合关系分析

#### 5.3.2.1 创意人才的三种共生关系

2009 年，Howkins 将创意与生态相结合，率先提出了“创意生态”理论，本节将从创意生态学视角对创意人才间的竞合关系展开分析。

创意产业集群的创意生态系统（Creative Industry Cluster Innovation Eco - system，CIES）与自然生态系统有着深刻的相似之处，表 5 -7 对两者进行了简要对比分析。从中可知，创意人才群体被类比为生态系统中的创新种群，他们依托创新网络，凭借创新协同，通过信息流动与创新成果流动实现创意升级。

根据创意生态学理论，不同种群的差异，也即不同创意人才之间或异种种群之间总是存在对抗性或互利性的相互关系。这种关系通常包括中性、积极（正相互）和消极作用（负相互）三类，其中，积极的正相互关系又包括偏利共生、原始协作和互利共生三种（见表 5 -8），这与本书 5.1.3 中所提及的寄生型、双赢型和共济型完全相对应。

**表 5－7　自然生态系统与创意产业集群创意生态系统（CIES）比较**

| 自然生态系统要素 | 释义 | CIES 要素 | 释义 |
|---|---|---|---|
| 生物个体 | 具有生长、发育、繁殖功能的有机个体 | 创新个体 | 独立的个体创新单位 |
| 种群 | 一定时空内，同一物种的个体集合体 | 创新种群 | 一定地域内，具有相同资源能力和创新特征的创新个体集合 |
| 食物链 | 生产者所固定的物质、能量通过一系列取食与被取食的关系而形成的网络关系 | 创新网络 | 创新资源和创新成果在集群内各参与创新的行为主体之间传递、扩散而形成的网络关系 |
| 协同进化 | 各物种为适应环境，通过相互作用、相互适应共同进化 | 创新协同 | 各创新组织既竞争又合作，彼此协同发展 |
| 新陈代谢 | 生物体吸取养分和排出废物的过程 | 创意升级 | 创新主体获取新知识，淘汰或改进旧的创新成果，进行首次和持续创新的过程 |
| 繁殖 | 繁育后代 | 创生 | 新的创新主体出现 |
| 物质流动 | 物质在生态系统中的流转 | 创新成果流动 | 创新成果在创新生态系统中的流动 |
| 信息流动 | 各物种间的联系 | 信息流动 | 集群内创新主体间公共信息的共享 |

资料来源：根据付永萍．基于生态学的创意产业集群创新机制研究［D］．东华大学博士学位论文，2013。

**表 5－8　创意人才正相互关系类型（表现）**

| 种间关系 | 受益（＋）/损害（－） | | 创意人才关系 | |
|---|---|---|---|---|
| | 物种 1 | 物种 2 | | |
| 互利共生 | + | + | 正相互（共生） | 依存共生（寄生） |
| 原始协作 | + | + | | 独立共生（双赢） |
| 偏利共生 | + | 0 | | 非完全独立共生（共济） |

5.3.2.2　生态位对创意人才竞合关系的解释

除了共生关系，创意人才彼此之间的竞争也随处可见，对于竞争关系，可用竞争排除原理的重要根据——生态位概念予以解释。

（1）生态位与生态位维度。生态位（Ecological Niche）原指个体或种群在多维生态环境中的时空位置以及与其他相关种群的功能关系。由此及彼，将概念运用于创意人才集聚研究中，可将创意人才生态位定义为：创意人才在集聚地环境中所处的时空位置与作用。用数学公式简要表述为：

$N = f(X_i)$

式中，N 表示创意人才的生态位值，$X_i$ 为生态因子，即影响和决定创意人才具体生态位的各种因子。生态因子的个数用“生态位维度”（Niche Dimensions）予以表示。对于创意人才而言，其生态位维度通常受创意个体自身维度、资源维度、时间维度和空间维度影响，具体见表 5－9。

**表 5－9　影响创意人才生态位维度的生态因子**

| 维度 | 具体因子 | 作用（特征） |
| --- | --- | --- |
| 个体自身维度 | • 创意人才知识水平、专业技能、创意能力、个性特征等显性特质<br>• 创意人才创新精神、价值取向、工作态度等隐性特征 | 体现创意人才个体的生存与适应能力，是人才胜任力的综合体现 |
| 资源维度 | • 企业厂房、设备、办公条件等有形资源<br>• 组织文化、品牌商标、技术专利、人力资源状况等无形资源 | 资源的数量与配置同时影响生态位维度 |
| 时间维度 | • 企业生命周期<br>• 创意人才职业生涯演化周期 | • 创意企业整体竞争力偏弱<br>• 在职业生涯起步、成长、成熟阶段，生态位扩增，在退出阶段，生态位开始萎缩，并最终消失 |
| 空间维度 | • 经济发展水平、政策制度等宏观环境<br>• 产业园区中观环境<br>• 创意企业微观环境 | 反映创意人才所处的系统环境状况 |

（2）生态位宽度。生态位维度影响创意人才利用各种资源的能力和水平，在生态学中，将一个物种所能利用的各种资源的总和称为生态位宽度（Niche Breadth）。若某物种实际利用的资源总量在整个资源谱中只占一小部分，则该物种倾向于特化（Specialization）物种，其生态位较窄；反之，则倾向于泛化（Generalization）物种，生态位较宽。Levins 的生态位宽度计算公式为：

$$B_i = -\sum_{j}^{r} P_{ij}\lg P_{ij},\quad 其中,P_{ij} = \frac{n_{ij}}{N_i},\quad N_i = \sum_{j=1}^{r} n_{ij}$$

式中，$B_i$ 为物种 i 的生态位宽度；$P_{ij}$ 表示物种 i 对第 j 个资源的利用在它全部资源利用中的频度；$n_{ij}$ 为物种 i 在资源 j 上的优势度（即重要值比例）；r 表示资源等级，上述方程具有值域［0，logr］。

由上可见，生态位宽度能反映创意人才在特定时间内所能利用的资源大小或多少，其测量公式被林剑表述为：

$$B_i = \frac{\lg \sum N_{ij} - (1/\sum N_{ij})(\sum N_{ij} \lg \sum N_{ij})}{\lg r}$$

式中，$N_{ij}$指创意个体 i 利用资源 j 的数量；r 同样表示资源等级，但满足 $0 < r < 1$，当 r 越接近 0 时，意味着资源没有被得到利用；反之，越接近 1 则表示所有资源都得以充分利用，由此，可根据 $B_i$ 值的大小对创意人才资源的利用情况做出判断。由于 $0 < B_i < 1$，因此，$B_i$ 越趋近于 1，说明生态位宽度越趋于最大，创意人才对集聚地内资源的利用也将达到极值①。可以想见，该类创意人才在专业知识、技能水平、工作经验等方面，都将宽泛于其他创意人才，从而在资源的掌控范围和程度上也相对较强。现实中，那些创新能力强，又懂经营管理的复合型创意人才可以归为这类泛化物种。相反，当 $B_i$ 值越趋近于 0 时，较窄的生态位宽度说明该创意人才对资源的利用能力较低，如那些高度依赖于自身专业技术的研发人员或设计人员，其知识结构与工作技能基本上限制于自身专业领域，生态位较窄，可谓专化物种。

#### 5.3.2.3 基于生态位重叠的创意人才竞合关系分析

生态位宽度能较好地反映创意人才的个体素质及对资源的利用能力。然而，在同一生态系统中，难免会出现两个或更多生态位宽度相似，又在同一空间发生资源共享或相互竞争的物种，此谓生态位重叠（Niche Overlap）。生态位重叠反映了两个物种对某一资源的共同利用程度，因此与物种竞争紧密相连，它既能在优胜劣汰机制上强化物种之间的竞争（通常，重叠度越高，竞争越激烈），同时又能促进整个系统的新陈代谢，为加快系统升级及其优化创造条件。

同样，生态位重叠现象也会存在于创意人才集聚地 CAS 系统中，在同一企业内，不同创意人才之间、创意人才与其他异种人力资源之间均会出现这种现象。图 5－8 对此予以了图示。

在图 5－8 中，横轴表示创意资源轴，沿正的方向表明创意资源梯度增加，纵坐标表示创意人才对创意资源掌握的数量。图 5－8（a）显示的是内含的创意人才生态位重叠模型，曲线 A、B 分别代表创意个体 A、B 的生态位曲线，其生态位宽度对应为 $Ba_1Ba_2$ 和 $Bb_1Bb_2$。如图所示，创意人才 B 的生态位曲线被创意人才 A 完全包围，此时，A、B 两人之间会出现两种关系。第一种情况表现为竞争与冲突，创意个体 A 将完全占有创意个体 B 的资源，如技能高超的创意人才

① 在现实实践中，创意人才对系统内资源的利用程度同时还受到资源利用效率的影响。那些生态位较窄的创意人才可能凭借一己之长，最大限度地实现物尽其用，而那些生态位宽度相对较大的泛化人才，虽然占据了较多资源，但对资源的利用效率可能反而没有那么高和深入。

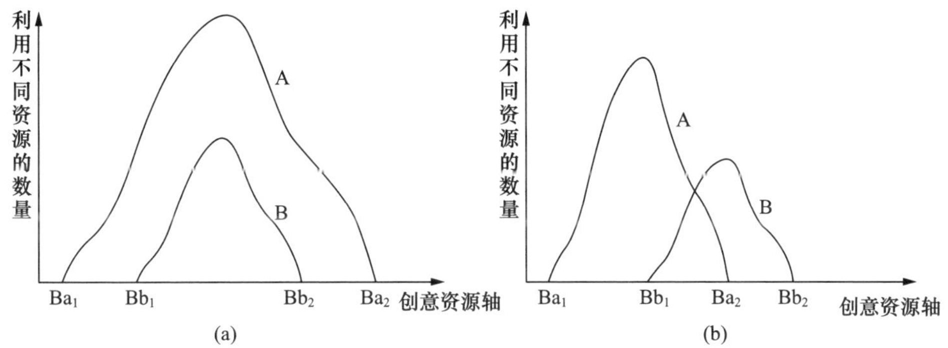


**图5-8 创意人才生态位重叠**

挤兑能力较弱的创意人才，导致被挤兑者不得不流出所在企业（离企）甚至完全流出集聚地（离群）。第二种情况较为乐观，两者之间存在共生关系，由于创意个体B对自身所占资源具有较高的利用效率，创意人才A愿意将两人共同占有的这一部分资源完全让渡给B，以此提高自身对余下资源的利用效率，这样，A、B两人的关系体现为合作与共生，借此，在创意个体A的帮助下，个体B的生态位宽度将获得扩张；而人才A由于资源利用效率的改善与提高同样拓展了自身的生态位宽度。现实中，经验丰富的创意人才与初涉职场的新加入者在生态位宽度上就表现为这种内涵式的重叠，组织内通常盛行的“老手带新手”的方式使创意个体之间形成一种资源共享的互惠互利关系。

与内含的创意人才生态位重叠不同的是，图5-8（b）显示的是相交的创意人才生态位重叠。不难看出，创意人才A、B在生态位宽度$Bb_1Ba_2$处存在部分相交，除此之外，两人还分别独自占据了一部分不产生竞争的资源，A为$Ba_1Bb_1$，B为$Ba_2Bb_2$。与图5-8（a）的情况类似，此时A、B之间也会呈现出两种关系。第一种情况，A、B双方围绕共有的部分$Bb_1Ba_2$展开争夺，最后的结果通常是具有竞争优势的一方占有这部分资源（既有可能是A，也有可能是B），由于被侵占的一方还有一部分资源可以继续利用，因此，这种情况的竞争激烈程度会弱于包含的创意人才生态位重叠的情况。从关系上看，为共同资源展开争夺，A、B关系体现为竞争与冲突，但所谓“抛弃恩怨，求同存异”，A、B两人也不排除在其他方面采取合作。第二种情况，体现为两者之间的共生关系。创意人才A和创意人才B为了提高资源的利用效率，有可能除了围绕两者共同部分$Bb_1Ba_2$展开合作外，还将各自独立占有的资源拿出来用于资源互补与合作共享，如此一来，使双方生态位宽度都能得到进一步拓宽，带来“1+1>2”的效应。

由于人才异质与资源的稀缺性难以克服，因此，创意人才生态位的重叠是难以避免的客观现象。创意人才对共同占有资源的处理方式在很大程度上决定他们的内部关系和行为表现。本书认为，创意人才的不同类型将对其共同占有资源的处理方式产生影响。

对于横向创意人才而言，由于相互竞争较为激烈，因此，在相交的生态位重叠（图5－8（b））关系处理中，将围绕共同占有的资源展开殊死争夺。而对于内含的生态位重叠（图5－8（a））现象，则取决于生态位较宽的创意人才所采取的处理方式与态度。如若生态位较宽者不愿意放弃共同占有的那部分资源，则两者关系依然表现为竞争；反之则体现为合作。对于纵向创意人才而言，出于生产互补协作的需要，当面临内含的生态位重叠（图5－8（a））时，生态位较宽者往往愿意放弃共同占有的资源而推进彼此的相互合作，此时的关系更多地体现为合作。但对于相交的生态位重叠（图5－8（b）），由于相交部分可能并不影响彼此合作或者可以在非相交部分展开合作，因此，创意人才间可能将围绕共同占有的资源而展开竞争。表5－10对此予以概括。

**表5－10　不同类型的创意人才对生态位重叠的处理**

| | 横向创意人才 | 纵向创意人才 |
|---|---|---|
| 内含的生态位重叠 | 取决于生态位宽者的态度 | 更多地体现为合作 |
| 相交的生态位重叠 | 取决于竞争优势一方的态度，更多地体现为竞争 | 取决于竞争优势一方的态度，更多地体现为合作 |

### 5.3.3　创意人才共生关系的稳定均衡

在创意企业或CAS系统内，人才频繁更迭，不仅易于产生客户缔约风险和商业秘密外泄的风险，还会导致剩余员工由于身边同事的离去而士气下降或被迫去完成流失员工所留下的“额外”工作。可见，生态系统需要维持一定的稳定性，在创意人才频繁地流入、流出这种动态发展过程中，创意人才生态系统同样需要保持健康稳定的有序状态。关于稳定性的研究是各种动力系统研究的首要问题，其要求是：当稳定性受到外界扰动后，虽然其原平衡状态被打破，但在扰动消失后，仍然能恢复到原来的平衡状态，或者趋于另一平衡状态继续运作。

现假设有甲、乙两类创意人才，他们独自在一个市场中生存时的数量演变遵循Logistic规律。设$n_{甲}(t)$、$n_{乙}(t)$分别为甲、乙两种人才的数量，随时间t发生变化；$r_{甲}$、$r_{乙}$为两种人才的平均增长率；$N_{甲}$、$N_{乙}$为他们的最大容量[①]。则两

---

① 种群生态学认为，生态系统中的种群最初的生长速度较快，当种群增长到某一阈值时，速度开始减缓，直到最后停止增长。

类人才的 Logistic 增长模型为：

$$\frac{dn_{甲}}{dt}=r_{甲}n_{甲}\left(1-\frac{n_{甲}}{N_{甲}}\right) \tag{5-21}$$

$$\frac{dn_{乙}}{dt}=r_{乙}n_{乙}\left(1-\frac{n_{乙}}{N_{乙}}\right) \tag{5-22}$$

式中，$n_{甲}/N_{甲}$、$n_{乙}/N_{乙}$ 分别代表在 $N_{甲}$、$N_{乙}$ 的最大容量范围内，每单位甲、每单位乙所占用消耗的用于供养自身的资源的比例（设总资源为 1）。而（$1-n_{甲}/N_{甲}$）、（$1-n_{乙}/N_{乙}$）则分别表示甲、乙两类人才由于对资源的占用消耗而导致的对其自身增长的滞碍作用。

5.3.3.1 双赢型创意人才集聚的稳定条件

若甲乙双方为独立共生型关系，也即两者均能独立生存，且彼此还能给对方的发展带来好处，于是，甲、乙两类人才聚集的演变规律变为：

$$\frac{dn_{甲}}{dt}=r_{甲}n_{甲}\left(1-\frac{n_{甲}}{N_{甲}}+\varphi_1\frac{n_{乙}}{N_{乙}}\right) \tag{5-23}$$

$$\frac{dn_{乙}}{dt}=r_{乙}n_{乙}\left(1-\frac{n_{乙}}{N_{乙}}+\varphi_2\frac{n_{甲}}{N_{甲}}\right) \tag{5-24}$$

式中，$\varphi_1$ 表示每单位乙提供出来、用于供养甲的资源是每单位甲在供给甲的资源中所消耗的量的倍数。同理，$\varphi_2$ 代表每单位甲提供出来、用于供养乙的资源是每单位乙在供给乙的资源数量中所消耗的量的倍数。将两式联立，得到两者的 Lotka – Volterra 模型为：

$$\begin{cases}\dfrac{dn_{甲}}{dt}=r_{甲}n_{甲}\left(1-\dfrac{n_{甲}}{N_{甲}}+\varphi_1\dfrac{n_{乙}}{N_{乙}}\right)\\[2ex]\dfrac{dn_{乙}}{dt}=r_{乙}n_{乙}\left(1-\dfrac{n_{乙}}{N_{乙}}+\varphi_2\dfrac{n_{甲}}{N_{甲}}\right)\end{cases} \tag{5-25}$$

根据稳定性原理，得出其平衡点与稳定性分析如表 5 – 11 所示。

**表 5 – 11 双赢型创意人才集聚的平衡点与稳定性**

| 平衡点 | $E_1$（$N_{甲}$，0） | $E_2$（0，$N_{乙}$） | $E_3\left[\frac{N_{甲}(1+\varphi_1)}{1-\varphi_1\varphi_2},\frac{N_{乙}(1+\varphi_2)}{1-\varphi_1\varphi_2}\right]$ | $E_4$（0，0） |
|---|---|---|---|---|
| p | $r_{乙}(1+\varphi_2)-r_{甲}$ | $r_{甲}(1+\varphi_1)-r_{乙}$ | $-\left[\frac{r_{甲}(1+\varphi_1)}{1-\varphi_1\varphi_2}+\frac{r_{乙}(1+\varphi_2)}{1-\varphi_1\varphi_2}\right]$ | $r_{甲}+r_{乙}$ |
| q | $-r_{甲}r_{乙}(1+\varphi_2)$ | $-r_{甲}r_{乙}(1+\varphi_1)$ | $\frac{r_{甲}r_{乙}(1+\varphi_1)(1+\varphi_2)}{(1-\varphi_1\varphi_2)^2}$ | $r_{甲}r_{乙}$ |
| 稳定条件 | 不稳定 | 不稳定 | $\varphi_1\varphi_2<1$ | 不稳定 |

从表 5 - 11 中不难看出，甲、乙两类创意人才集聚的稳定条件为均衡点 $E_3$（$\varphi_1\varphi_2<1$）。当 $\varphi_1<1$、$\varphi_2<1$ 时，满足 $\varphi_1\varphi_2<1$。而 $\varphi_1<1$ 意味着乙在给甲提供帮助的过程中能获得相应的利益，但自己获利更大。同理，当 $\varphi_2<1$ 时，意味着甲在给乙提供帮助的过程中也能获利，而且自身获利更大。这就说明，甲乙双方不存在一方独大的情况，双方聚合在一起彼此都能为对方带来好处，而且还能让自身获得更大益处，也即通过“达人”实现“达己”。因此，为达到稳定平衡点 $E_3$，甲乙双方的集聚行为更多地呈现为合作博弈，虽然两者都会对对方有所节制，但更多的是合作互利。

当然，对于双赢型的人才聚集，其他的可能性并非完全不存在，表 5 - 11 显示，平衡点 $E_1(N_{甲}, 0)$，意味着甲方“全胜”乙方，甲类人才逐渐趋向其最大规模 $N_{甲}$。而平衡点 $E_2$（0，$N_{乙}$）则代表乙方“全胜”甲方，乙类人才逐渐趋于其最大规模 $N_{乙}$。$E_4$（0，0）说明甲乙双方火力全拼，两败俱伤，两类人才彻底离开集聚地。这三种情况的可能性并非完全没有，但都处于不稳定状态，由上述分析可知，双赢型创意人才集聚实现稳定状态的条件是双方展开合作，实现均衡点 $E_3$。

5.3.3.2 寄生型创意人才集聚的稳定条件

创意人才是一类包含创造性工作、技术支持、经营管理、市场销售等工作的人才综合体，在这一群体当中，某些工作年限较短、经验不足、竞争能力较弱的人才在其进入初期尚无法独立生存，需依附其他较高级的人才，从而形成对他人的寄生或依赖关系。运用前文同样的方法和思路，可得这类人才集聚的稳定条件。

设甲为能够独立生存的人才类型，它能为乙提供依赖，但同时也能从乙的存在中获得便利和好处，在同时考虑甲类人才自身滞碍作用 $n_{甲}/N_{甲}$ 的基础上，可将甲类人才的 Logistic 增长模型表述为：

$$\frac{dn_{甲}}{dt}=r_{甲}\,n_{甲}\left(1-\frac{n_{甲}}{N_{甲}}+\varphi_1\frac{n_{乙}}{N_{乙}}\right) \tag{5-26}$$

乙类人才离开甲的存在就会灭亡，只有依赖甲才能获得发展，因此，在乙单独存在时，其随时间的演变表述为：$\frac{dn_{乙}}{dt}=-r_{乙}\,n_{乙}$。由于甲的存在能为乙提供生存资源，对其增长有促进作用，因此，在考虑乙自身滞碍作用（$n_{乙}/N_{乙}$）的基础上，集聚中的乙的 Logistic 增长模型为：

$$\frac{dn_{乙}}{dt}=r_{乙}\,n_{乙}\left(-1+\varphi_2\frac{n_{甲}}{N_{甲}}-\frac{n_{乙}}{N_{乙}}\right) \tag{5-27}$$

将两式联立，得到寄生型创意人才的 Lotka - Volterra 模型如式（5 - 28）所示，表 5 - 12 为其平衡点与稳定性分析。

$$\begin{cases}\dfrac{dn_{甲}}{dt}=r_{甲}\ n_{甲}\left(1-\dfrac{n_{甲}}{N_{甲}}+\varphi_1\dfrac{n_{乙}}{N_{乙}}\right)\\ \dfrac{dn_{乙}}{dt}=r_{乙}\ n_{乙}\left(-1+\varphi_2\dfrac{n_{甲}}{N_{甲}}-\dfrac{n_{乙}}{N_{乙}}\right)\end{cases} \tag{5-28}$$

**表 5-12 寄生型创意人才集聚的平衡点与稳定性**

| 平衡点 | $E_1$ $(N_{甲},0)$ | $E_2\left[\dfrac{N_{甲}(1-\varphi_1)}{1-\varphi_1\varphi_2},\dfrac{N_{乙}(\varphi_2-1)}{1-\varphi_1\varphi_2}\right]$ | $E_4$ $(0,0)$ |
|---|---|---|---|
| p | $r_{乙}(\varphi_2-1)-r_{甲}$ | $-\left[\dfrac{r_{甲}(1-\varphi_1)}{1-\varphi_1\varphi_2}+\dfrac{r_{乙}(\varphi_2-1)}{1-\varphi_1\varphi_2}\right]$ | $r_{甲}+r_{乙}$ |
| q | $-r_{甲}r_{乙}(\varphi_2-1)$ | $\dfrac{r_{甲}r_{乙}(1-\varphi_1)(\varphi_2-1)}{(1-\varphi_1\varphi_2)^2}$ | $r_{甲}r_{乙}$ |
| 稳定条件 | $\varphi_2<1$ | $\varphi_1<1$，$\varphi_2>1$ | 不稳定 |

表 5-12 显示，寄生型创意人才集聚有两个平衡点 $E_1$ 和 $E_2$。在 $E_1$ 处，其稳定状态为 $(N_{甲},0)$，也即甲类人才聚集将趋向最大规模 $N_{甲}$，而乙类人才将趋于 0。这是因为，当 $\varphi_2<1$ 时，意味着甲提供给乙的资源不足以让乙维持生存，在生存压力迫使下，乙类人才将被迫离开集聚地。而甲类人才得以继续规模扩张，直至接近最大规模。

同理，在 $E_2$ 处，稳定条件为 $\varphi_1<1$，$\varphi_2>1$。$\varphi_2>1$ 说明甲提供给乙的资源能维持乙的生存，从而推动乙类人才流入集聚地，实现规模增长。而 $\varphi_1<1$ 则说明乙提供给甲的资源不足以维持甲的生存需求，从而对甲形成了限制，不利于其人才规模的过度增长。如此一来，“此消彼长”使甲乙双方逐渐趋向稳定平衡点 $E_2$，实现双方共存。这种稳定关系有利于创意人才集聚地在人才队伍结构上更富有层次性和多样化。

当然，系统的稳定并非指静止不变，类似于生物体自身的应激性作用①，创意人才同样具有适应外部环境变化的能力，因而能及时对自身行为做出相应调适，最终推动整个人才关系系统朝更高水平动态演进。

---

① 应激性是生物体对环境适应的一种动态反应过程，主导这一过程的复杂机制称为“内在模式”。“内在模式”的内容详见本书 1.3 节。

## 5.4 本章小结

在第 4 章探讨创意人才集聚演化的“人地关系”后，本章针对创意人才的集聚行为，从“人企关系”、“人际关系”两方面展开深入分析。

从行为动因上看，创意人才的空间流动受内外驱动力因素驱使，本章借鉴人口迁移的“推—拉理论”视角，用“考虑最大消费支出的伊兰伯格流动净收益模型”以及简化的声誉模型对创意人才物质与精神的内部驱动力展开分析，同时基于产业链、产业集聚视角，探讨创意产业链演变、创意产业集群在不同的发展阶段对创意人才流动所产生的外部拉力。

从行为表现上看，企业是承载创意人才的基本空间单位，因此，创意人才的空间集聚主要体现为创意人才对不同企业的选择与组织内保留。本章运用混合战略纳什均衡方法，分析了创意人才基于组织激励的行为策略，发现对创意人才而言，激励是其与组织实现战略均衡的一致选择，这一结果很好地映衬了本章关于创意人才内部物质利益驱动的分析。创意人才有强烈的自我成长需要，因此，企业的知识存量、更新速度对创意人才的组织内保留将产生重要影响。

创意人才的流动受其人际关系的强连接和弱连接影响，在创意生态视角下，创意人才间的关系主要体现为共济、双赢、寄生三种类型。本章运用生态位重叠理论、Logistic 增长模型以及 Lotka – Volterra 模型，对创意人才之间的竞合关系及稳定性条件进行了探讨分析，用以证实创意人才集聚地人际关系的均衡。

# 6 创意人才空间集聚效应探讨

创意人才以类集聚，并非体现为简单的人口物理汇聚和功能叠加，而是在集聚中通过不断的人际、人企、人地互动，产生“1+1>2”的正面效应。本章将沿“创意人才—创意企业—集聚地”三个尺度，从学习成长效应、创新效应、区域（环境）效应三个方面展开对创意人才空间集聚效应的分析。如前所述，本书只着重于探讨创意人才集聚的正面效应，而对其负面效应不做阐述。

## 6.1 创意人才集聚效应生成的总体逻辑概括

创意人才集聚效应的生成是一个由量变到质变的过程，是人才集聚现象的高级阶段。本书基于创意人才 CAS 系统中的四个通用特征和三个主导机制，对创意人才集聚效应产生的总体逻辑概括为如下 5 个关键步骤，见图 6-1。

### 6.1.1 完成初始集聚

在起始阶段，创意人才在物质利益、个人声誉和成长追求等内部驱动力，产业集聚、产业链运作对创意人才需求产生的外部拉力的共同作用下，选择流向某一特定区域。各类创意人才依据人才类型、自身的生态位宽度形成相互竞争或彼此合作的关系，他们共属同一组织（企业）或以团队合作、项目合作等方式共同聚集在特定地理空间（CAS 系统），地理的邻近性、基于产业链的分工合作、各类正式与非正式网络关系使之在特定的区域环境下形成一个有机的共生系统。

### 6.1.2 信息共享形成

创意人才在 CAS 系统中，遵循一定的“标识”和“内在模式”，依托已缔结的社会网络，利用地理邻近、认知邻近、组织邻近、社会关系邻近等邻近性优势，在集体学习中，通过自身的主动适应能力和学习能力，不断与“构造模块”（创意团队）内外的其他创意个体、组织和环境之间展开知识信息、物质与能量

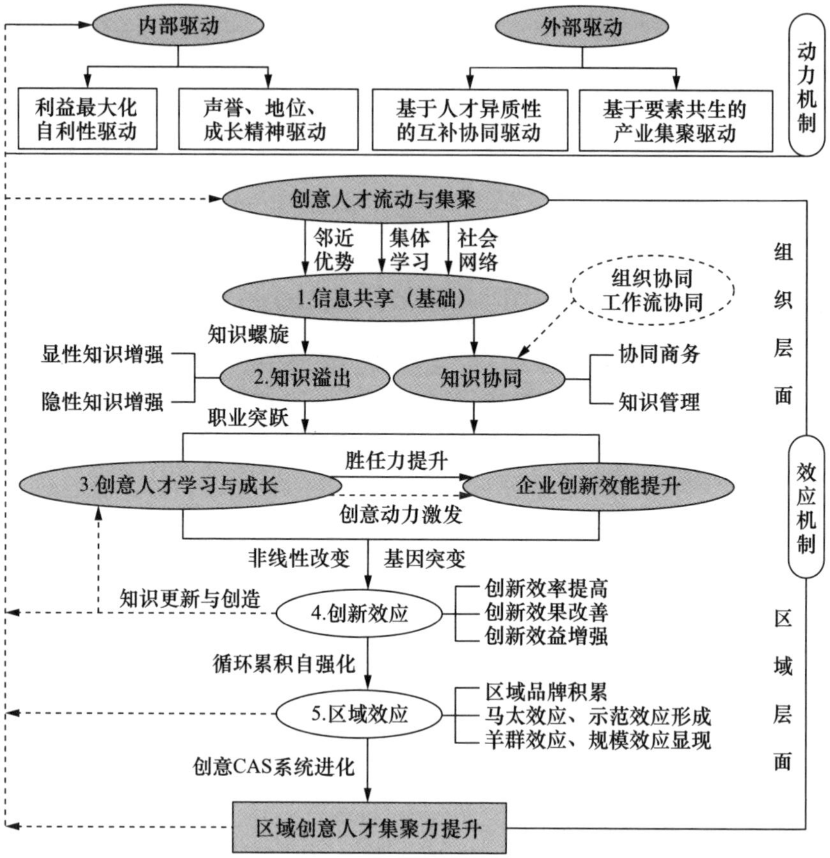

内部驱动
外部驱动
利益最大化自利性驱动
声誉、地位、成长精神驱动
基于人才异质性的互补协同驱动
基于要素共生的产业集聚驱动
动力机制
创意人才流动与集聚
邻近优势
集体学习
社会网络
组织层面
1.信息共享（基础）
组织协同工作流协同
知识螺旋
显性知识增强
隐性知识增强
2.知识溢出
知识协同
协同商务
知识管理
职业突跃
胜任力提升
3.创意人才学习与成长
企业创新效能提升
创意动力激发
效应机制
CAS中『流』的乘数效应与循环效应
非线性改变
基因突变
知识更新与创造
4.创新效应
创新效率提高
创新效果改善
创新效益增强
区域层面
循环累积自强化
5.区域效应
区域品牌积累
马太效应、示范效应形成
羊群效应、规模效应显现
创意CAS系统进化
区域创意人才集聚力提升

图6－1　创意人才集聚效应产生的内在逻辑

的交互，由此，信息共享的渠道与通道被打开。

### 6.1.3　知识溢出、知识协同产生

虽然大部分知识就本质而言具有难以传递的隐晦性，但邻近性优势一方面为创意人才面对面交流创造了条件，另一方面又因为克服了时间和空间的障碍、带来信息成本的节约，从而使成员间的信息交流进一步加剧。此外，开放、多元、便利的各类社会网络、知识网络不仅为创意人才集聚提供了社会基础，同时也为创意企业和人才间的互动交流提供了平台。于是，利用上述优势条件，创意人才通过在组织或集聚地内与其他创意人才面对面的直接交流，凭借社会网络中的信任关系以及共享区域社会文化等方式，使隐性知识不断显性化，并通过知识的螺旋过程产生溢出效应。

与此同时，创意企业也在通过知识信息共享、业务交互、构建合作社区、商务交易等协同商务形式，与系统内重要合作伙伴共享知识信息，并利用前沿技术不断提高自身跨企业合作的能力，实现产品和市场的共同开发。知识信息的密集流动使创意企业由之前的组织协同、工作流协同演化为利用协同思想对知识进行管理，推动知识管理的协同化。

### 6.1.4 创意人才与组织非线性改变

创意人才 CAS 系统具有非线性特征，人才知识信息的增加、工作经验的积累、企业知识协同的优化在“流”所具有的乘数效应和循环效应的作用下被得以扩大，使创意人才、创意企业乃至整个系统发生一种非线性改变。具体表现为：创意人才专业技能、学习能力增强，生态位扩宽，创新成果涌现，职称/职位得以提升，创意人才由系统中较低层次的简单个体成长为相对较高一级的成员。其对企业的影响，则体现为组织创新能力的不断提高。

得益于创意人才的这种学习成长与企业的知识协同，创意企业的创新效能也得到相应增强，知识更新速度加快，知识创造能力得以提高。如第 5 章所述，组织激励对创意人才创意动力的激发受限于人才的自我能力，创意人才也会因为企业知识存量的不足而产生流出意愿，因此，当创意企业获得创新效应后，因为知识增量（非知识存量）能满足人才学习成长的需要并使人才能力获得提升，于是，创意人才新的创意动力在更高水平上得到激发，从而又进一步推动创意企业产生新的创新效应。这种良性循环极大地提高了企业的人才吸引力，继而引发人才的流动效应、结构效应和联动效应。所谓流动效应，是指流入企业的人才净流量增加，人才质量、人才层次得以提高；结构效应意味着创意企业在人才的专业结构、学历结构、职称等级结构、产业结构等方面得到优化；而联动效应则指在上述两类效应的综合作用下，创意企业的合作项目、团队数量上升，创新成效得以改善。

创意人才主体与创意企业的上述非线性改变如同生物系统中的基因突变，带来集聚地 CAS 系统人力资本整体质量的优化提升，从而带来创新效率提高、创新效果改善、创新效益增强。正如马克思所言：协作劳动不仅提高了个人生产力，而且创造了一种集体生产力。

### 6.1.5 区域效应形成

如宋庄与大芬村案例所揭示的那样，集聚地创新能力的提升使之成为创意人才的吸纳高地与承载之地。此时，伴随集聚地环境条件的系统性改善，创意人才在地理上的集中所产生的规模报酬递增、区域品牌声誉、高于行业平均的薪酬水平等优势强化了人才集聚与集聚地之间的正反馈关系，此时，地理集中犹如一个磁场，把高级人才和其他关键要素吸引进来。流入集聚地（园区）的人才规模不断扩张，规模效应、羊群效应在集聚地循环累积自强化机制下表现日益明显，这一态势在一定时期内保持动态良性循环，继而产生更大的人才聚集效应。

## 6.2 创意人才集聚的学习成长效应分析

所谓学习成长效应，是指人才在流动与集聚中，自身在知识技能、创新能力、工作岗位胜任力等方面所获得的显著的成长变化。库克曾对人才流动的必要性予以了论证，并指出：人才的创造力存在一个最佳期，当处于创造力衰退期时，换岗、退岗，或流动到新的组织都能重新激发人才的新的创造力。疲顿原理也表明：员工在同一岗位工作4～5年后，都将逐渐丧失对工作的激情和进取心，只有通过轮岗甚至企业流动，才能重新激发员工的工作热情。由此可见，创意人才合适的空间流动能对创意人才的成长产生积极影响。本书认为，这种效应的产生主要得益于两个方面：一是人才流动引发的基于职业认知的正反馈作用；二是在于知识溢出效应的发挥。

### 6.2.1 基于职业发展的正反馈与突跃效应

#### 6.2.1.1 职业自我概念的正反馈效应

每一工作个体，都会对自己和职业之间的关系做出认知与定性，此谓“职业自我概念”（Career Self－concept）。在个人职业发展生涯中，职业自我概念对个体的工作定向与选择有重要影响。创意人才通过空间流动，从一个企业进入另一个企业，从一个工作岗位变换到另一个工作岗位，环境的变化能给创意人才带来三种积极影响：一是新工作岗位的岗前培训能拓展创意人才的职业技能和行业规范；二是在新工作中所获得的新知识能增加其知识存量，新建立的人际关系能拓展其社会资源；三是新工作能诱发创意人才对原有职业认知的触动与挑战，不自觉地将自身在新企业、新岗位上创造的效能与之前做比较，从而使个体对自身的优劣势、创新能力、个人潜力以及适合的工作类型等做出更全面的判断。上述三种影响能极大地强化创意人才对职业的自我认知，推动职业自我概念更清晰化、准确化。

职业自我概念的提升一方面帮助创意人才不断找到更适合自己的工作岗位，提高人才—岗位匹配度，优化人才资源配置；另一方面使创意人才的工作目标更为明确，并在目标的激励下，不断激发自身努力水平和潜能，最终推动创意人才

自我价值的实现和能力提升，获得成长，产生正反馈效应。

6.2.1.2 累积交点与突跃效应

通常，个体一生的职业发展可分为成长（0～14岁）、探索（15～24岁）、创立（25～44岁）、保持（45～64岁）和脱离（65岁）五个阶段。张诗信以[20，46）的年龄区间和社会地位作为衡量指标，对不同类型员工的职业命运进行刻画，发现创意人才，尤其是知名创意人士有着跟常人不一样的职业命运。在如图6－2所示的5种不同职业发展轨迹中，1号命运线被描述为：在大致35岁之前获得令同龄人无法企及的地位，此后继续进入上升通道，直到因身体老化而停止工作。科学家、知名艺术家等群体的职业发展历程可大致归为此类。

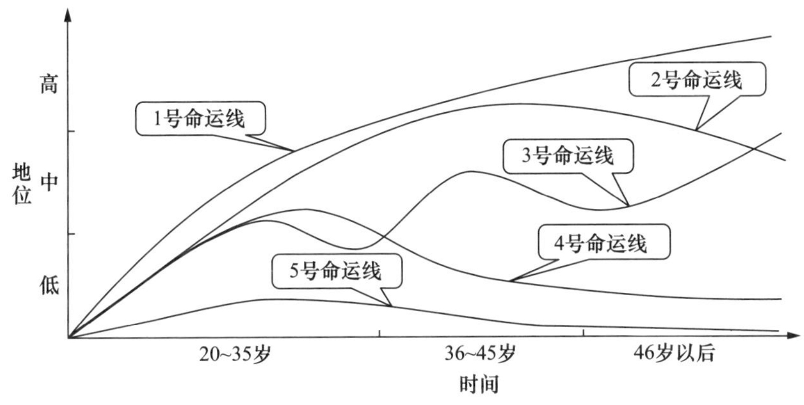


**图6－2 不同员工的职业命运曲线**

资料来源：张诗信．员工成长曲线——职业命运解析与自我管理秘籍［M］．北京：世界图书出版公司，2013.

创意人才社会地位持续上升的发展态势从侧面凸显了创意人才的学习成长效应。在职业生涯发展的每一时期，人才个体在后一阶段的工作岗位中，总会对前一阶段所掌握的知识技能、信息资源加以整合和优化利用。本书在5.1节的内容分析中指出，声誉、社会地位追求等是推动创意人才实施空间流动的精神推力，因此，基于前一时期所有经验知识、行业声誉和社会资源的积累，创意人才在后续工作中容易获得更好的表现和业绩，特别是，当某一个岗位或领域是创意人才之前多种专业知识的交汇时，更能推动创意人才在学习成长上发生“突跃”，此为“累积交点效应”。

如图6－3所示，$K_1$、$K_2$分别代表创意人才在A地企业工作时两种不同的知识技能曲线，交点a即为累积交点，创意人才若能在此处谋得岗位，人尽其才，则产生成长上的突跃，$D_1$ 成为其新的个人成长曲线。此后，若创意人才产生流动意愿，设 B 为其流动决策点，那么，当创意人才流动至 B 地企业后，随着职业自我概念的提升以及新的累积交点效应的发挥，其个人成长性变得更好，成长曲线由 $D_1$ 演化为 $D_2$，或者，由于不适应环境而变得更差，成长曲线如 $D_3$ 所示，三条曲线的截距——bc 代表正的成长效应，cd 为负的成长效应。这样的情况持续不断地进行，可判断出创意人才总的职业发展轨迹将表现为如图 6－2 中 1 号命运线那样不断上升的趋势。

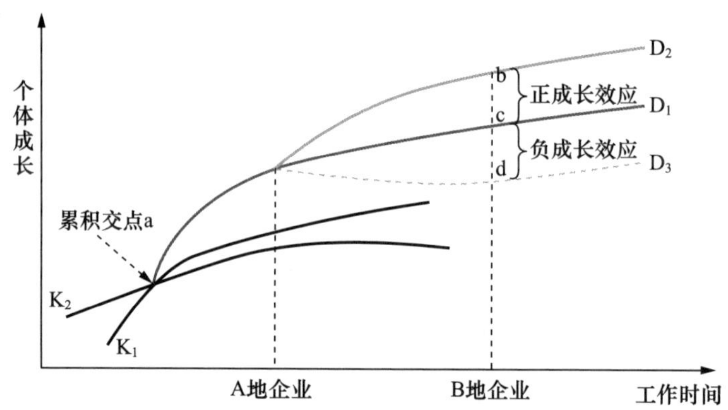


**图 6－3　突跃效应与员工流动成长**

## 6.2.2　知识螺旋与溢出效应

### 6.2.2.1　创意人才集聚下的知识螺旋过程

知识是各种经验与理性认知的总和，可分为显性知识（Explicit Knowledge）和隐性知识（Tacit Knowledge）或可编码知识（Coded Knowledge）和意会知识（Tacit Knowledge）两种类型。上述两类知识可相互转化。SECI 模型指出，经历社会化（Socialization）、外化（Externalization）、组合化（Combination）和内化（Internalization）四个阶段，显性知识与隐性知识在相互转化中能实现知识的创造与传递，以此为基础，表 6－1 概括了创意人才集聚条件下知识螺旋的过程。

**表 6－1　创意人才集聚下的 SECI 发展阶段**

| 转化阶段 | 转换内容 | 主要方式 | 主要动力 | 作用与意义 |
|---|---|---|---|---|
| 内化 | 显性知识—隐性知识 | 培训、干中学、试验—失误—学习等实践活动 | 激励机制 | 理论到实践，增加隐性知识的过程 |

续表

| 转化阶段 | 转换内容 | 主要方式 | 主要动力 | 作用与意义 |
| --- | --- | --- | --- | --- |
| 社会化 | 隐性知识—隐性知识 | 网络与工作团队、师徒或导师传带、个体间面对面互相学习、观察、模仿 | 集体学习 | 隐性知识的扩散，是实现知识创新的基础 |
| 外化 | 隐性知识—显性知识 | 借以图像、语言、模型等方式来表达 | 外界激发、自身思考产生“顿悟” | 实践到理论，是知识溢出效应产生的阶段，常伴随创新效应 |
| 组合化 | 显性知识—显性知识 | 知识被加工、整合，形成论文、发明、专利等系统化知识 | 对创新效应与知识溢出效应的追求 | 显性知识系统化的过程，知识的传播与流动速度加快 |

为了凸显人才集聚所产生的知识溢出效应和创新效应，本书将内化阶段置于社会化阶段之前展开分析。

（1）内化阶段。在创意人才流入集聚地后，为了获得良好表现，创意个体往往在自我激励机制下，通过公司培训、边干边学、与其他团队成员交流等实践活动，将自身已有理论用于指导实践，在工作中不断获得经验积累和直觉锻炼，这一过程一方面能实现创意人才对已有显性知识的运用与转化，另一方面也能使自身的隐性知识得以增加，因而，“内化”是整个知识循环过程的基础，在知识螺旋过程中起着支撑作用。

（2）社会化阶段。伴随创意个体在创意组织、集聚地环境的逐步嵌入与根植，创意人才与创意人才之间开始出现彼此互相学习对方隐性知识的现象。其中，第一条途径是兴趣相近的员工组成非正式网络或组建工作团队，各自通过网络和团队交流意会知识，获得他人经验。通常，除正式群体外，组织中还会存在不少基于自身兴趣爱好、专业特长而自发组成的非正式群体，也即“实践社团”（Community of Practice），他们通过不间断的非正式网络联系（Informal Networks）实现隐性知识的传递。第二条途径是通过“传、帮、带”等类似于师徒传授的方式，与专家或师傅一起工作和互动。这种基于亲身经历和实际参与的过程能改变创意人才的心智模式和思维决策模式，使之获得诀窍，心智变得清晰、明朗且日渐灵活，这是创意人才实现知识创新的基础。

（3）外化阶段。随着隐性知识的日渐积累和不断丰富，创意人才终有机会在自我思考或外界激发的条件下，以“顿悟”的方式将隐性知识转化为明确的、清晰的显性知识。显然，这种将隐性知识“溢出”为显性知识、从实践上升至理论的外化过程不断推动知识溢出效应（Knowledge Spillover Effect）的产生。只是，由于创意人才个体存在“顿悟”方面的差异，使同样的隐性知识溢出为显性知识具有很大的随机性与不确定性，并由此带来显性知识的多样性，继而产生创新效应。因此，就理论而言，创新效应与知识溢出效应往往相伴而生。

（4）组合化。上述由创意人才“顿悟”而诱发的知识外化，其产生的显性知识往往比较零散，自然缺乏一定的逻辑性和系统性。此后，在组合化阶段，创意人才开始对这些显性知识进行系统加工和深化整理，将其进一步转化为发明、专利、著作、论文等形式，从而使这些编码化的知识融入群体的知识系统，推动各种新产品、新工艺、新理念出现，也使知识溢出效应和创新效应能得到量化测度。

上述过程以螺旋的方式不断推进，使创意人才集聚地的知识总体存量不断增加，创新能力不断增强。

由上可见，知识螺旋过程既是一个知识创造的过程，也是创意人才聚集效应产生的过程，而且，人才集聚规模越大，知识螺旋的广度和深度也就越大，这有效解释了现实中，创意人才聚集度越高的地区，往往创新表现也相应越强。

#### 6.2.2.2 创意人才集聚地知识溢出效应的发挥

创意人才集聚地知识溢出效应的产生主要得益于以下三个因素：

（1）邻近性优势。研究显示，大学研发的知识溢出效应仅产生在300公里范围内，超过5~8公里的社区范围，知识产出效率将降低一半。上述研究表明，知识溢出在空间范围上是受限的，邻近交流和空间上的集中对隐性知识的传播至关重要。这是因为：显性知识与隐性知识的特性使两者在知识传播与扩散途径上存在差异。前者主要通过大众媒介，且传播成本与距离关系不大，但隐性知识，特别是黏滞性隐性知识（Sticky Tacit Knowledge），只有基于人际互动才能实现解码、转移和共享。

由创意人才的空间集聚所产生的邻近性优势，能密切人才与人才之间的关系，为其经常性互访、面对面沟通或通过现代交际传媒进行交流创造条件，同时，也因克服了时空障碍，降低了知识的流动成本与获取成本，因此，在经常性的非正式交流中，系统内的隐性知识被逐渐转化为显性知识并得以传播，成为创意人才共有的常识。与此同时，创意人才在相互交流中还将激发大量新的未编码知识，这些知识又历经新一轮的编码化，进入不断的循环累积，从而使人才流入地的区域知识库得以扩展，人力资本得以积累。

此外，从知识类型上看，由于纵向互补知识能强化知识链上下游的相互依存关系，该相互依存度将决定创意人才集聚的规模与稳定性，因此，集聚地内隐性知识的互补性越强，越需要空间的邻近性①。

---

① 对于横向互补知识，其产生的集聚效应则体现为促进知识主体声誉、地位等吸引力的提升以及推动知识外溢的形成。

(2) 社会网络。与“邻近性”观点不同的是，有学者认为，地理位置的邻近并非创意组织集聚的关键，而在于以创意企业为主体节点、基于价值共创的社会网络关系的构建。对于区域创新活动，重要的不是人才和知识在区域的聚集，而在于为这些资源的交流与交互提供保障的社会网络。

文化创意产业“后福特式”的生产方式使CAS系统内的创意人才被松散地组织起来，大量创意人才通过关系嵌入、成长嵌入、内部流动嵌入交织形成“内聚性网络”，这种相互关系突破了以往严密的组织科层单位，反之以松散灵活的项目和合同合作方式在区域内形成既有弹性又富有效率的网状组织结构。因此，在系统内，创意人才基于信任、合作等良好的社会基础所缔结的稳定、可靠、互惠的社会网络，能减少知识信息传递的中间环节，扫除相关的流动障碍，使知识信息在人群中的流动速度加快，人才间相互交流的结果使“行业的秘密不再成为秘密，而似乎是公开了，孩子们（创意人才）不知不觉地也学到了许多秘密”。例如，创意人才借助非正式网络，通过与顾客、销售商、高校、科研院所的交往，快速而有效地获得那些不易从正式渠道获取的隐性知识，最终使那些市场信息、技术信息、需求信息等从“小众范围”逐渐变为“业内皆知”的共享知识。由此可见，作为隐性知识转移的主要渠道，社会网络促进了系统内知识的溢出与扩散，成为提高资源配置效率的一种重要组织形式。此时，以行业协会、社会人脉等为主要内容的社会网络自然成为创意人才、创意组织发展的最重要资源。

(3) 集体学习。创意人才集聚地知识溢出效应的产生还得益于创意人才在组织内、园区内所进行的集体学习，这种学习源于创意人才的知识创造，其中尤以隐性知识为创意个体和组织学习的基础。这是因为：一方面，黏滞性隐性知识存在内部转化困难，只有通过集体学习，开发组织的学习能力，才能实现对知识的理解和交流；另一方面，创意组织增量知识的获得必须严格依赖于已有的知识存量，这种“路径依赖”使对隐性知识的学习成为必然。

在CAS系统内，集体学习的基本/关键单位在于群体和团队，其运行的机理是：分散在创意个体中的知识借由集体智慧的思考得到有效整合，不仅推动知识信息的传播与扩散，还表现为对知识的创新、对原有技术的改进、对新生产方法和新消费方式的创造。此外，通过知识要素的重新组合与创新，创意人才的集体学习还具有促进“知识衍生”的巨大功能，这为创意人才、创意组织知识存量的增加提供了源源不断的动力。同时，创意人才在聚集过程中，既存在合作，也产生竞争。在竞争中失败的群体通常会总结经验教训，以隐性知识溢出的方式不断提高自身人力资本水平；而得胜群体为了继续维持竞争优势，也会持续激励自己，不断提升知识创新能力，这种态势最终的结果无疑推动了整个集群内人力资本的提升和优化，使集群的知识信息保持一种动态、持续更新的状态。

由上可见，集体学习充当着知识传递与信息共享的有效平台，促进了创意人才的知识深化与拓宽，推动新知识、新发明的产生与传播，使集聚地获得竞争优势，这种优势又进一步促进创意人才的集体学习得以持续并实现长期化、终身化、制度化。

### 6.2.3 创意人才胜任力与能力成长演变

#### 6.2.3.1 创意人才胜任力模型

空间集聚使创意人才获得学习成长，这种效应将最终体现为人才胜任力的提升。胜任力（Competence）是用以识别导致员工绩效优异与绩效平庸显著差异的影响因素，是指“那些将取得突出业绩的个体与普通者区分开来的个人特质”，如行为动机、工作态度、价值观等。通常选用胜任力模型（Competence Model）以综合反映人才的能力要素体系。

在众多胜任力模型中，由斯宾塞等提出的“素质冰山模型”被得到广泛认知和使用，该模型认为：知识、技能只是对任职者的基本要求，属“冰山以上”部分，作为基准性素质，它不能将优异者与普通者进行有效区分；而真正能区分高绩效者与一般绩效者的关键因素在于任职者的价值观、自我认知、品质、动机等“冰山以下”部分，它们不易被观察与测量，也难以后天习得与改变，属鉴别性素质。

目前，胜任力理论在全球范围内得到了广泛运用，不少学者也针对创意人才的胜任力问题展开了研究，表 6－2 以时间为序列对此进行了归纳整理。

**表 6－2 创意人才胜任力构成相关研究**

| 提出者 | 胜任力构成 |
| --- | --- |
| Florida（2002） | 由综合能力、自信和风险承受能力、丰富的经验、吃苦耐劳的精神组成 |
| Wright（2005） | 分认知能力、信息处理能力、人际关系能力、学习能力四部分 |
| 李津（2007） | 包括门槛类（工作相关知识）、区辨类（创意人才核心能力）和转化类（个体动力源泉）三大胜任力，其中，后两类为产生高绩效的条件和动力 |
| 向勇（2009） | 分专业胜任力和基础胜任力两个层面，包括品德素质、经营管理、创意特质、社会影响力和成就欲望五个维度 |
| 黄芳（2010） | 提出创意人才竞争力公式：C＝（S＋L）×A，其中，S 代表专业（Specialty），L 代表素养（Literacy），A 代表能力（Ability） |
| 张燕等（2010） | 包括知识技能、能力、精神意识、性格和工作业绩五个方面 |
| 林剑（2012） | 根据人力资源素质的五阶段理论，认为创意人才胜任力主要集中体现在第二到第四阶段 |

续表

| 提出者 | 胜任力构成 |
|---|---|
| 李军锋、周宁等（2012） | 个体元胜任力由创造力、学习能力、反省能力、情绪能力、沟通能力、解决问题能力、概念能力7个维度构成 |
| 胡黎明、赵瑞霞（2015） | 针对创意人才的元胜任力问题确定了包括创意精神、创意知识、创意技能三个维度和16个因子在内的模型 |

尽管学者们研究侧重点、划分维度有所不同，但都无一例外地强调了创意人才作为“人才”类别所要具备的完成岗位职责和工作任务的基本素质，如专业知识和通用技能；同时，创意人才作为创新类人才，理应具备开展创新活动的关键素质，因此，创意人才的学习能力、创新能力等核心因素都被得以强调。本书综合上述文献，借鉴冰山模型，初步构建了创意人才胜任力理论模型，如图6－4所示。

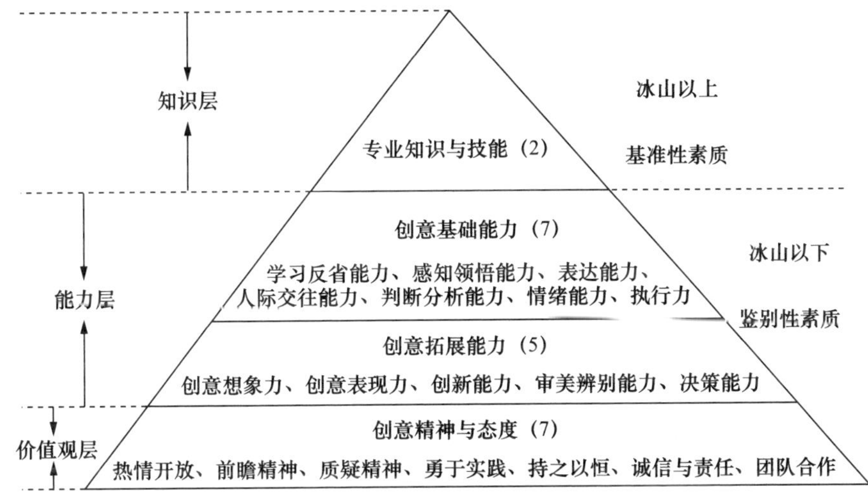


**图6－4 创意人才胜任力冰山模型**

在图6－4中，冰山以上部分为专业知识与技能因子，属知识层，反映创意人才的基准性素质；冰山以下隐藏的大部分是人才头脑中的意会知识，包括创意基础能力、创意拓展能力及创意精神与态度三个因子，此为创意人才鉴别性素质，其中，创意基础能力包括学习反省、感知领悟、表达等7个要素，创意拓展能力包含创意想象力、创意表现力、创新能力等5个要素，这两个因子共属创意人才的能力层，属于区辨类素质。创意精神与态度为创意人才的价值观层，主要涉及创意主体的热情开放、前瞻精神、团队合作等7大要素，这与李津文献中的转化类素质相对应①。

实际上，受创意行业多样化特征的影响以及数据获取或调研对象的局限，学界/业界对创意人才胜任力模型的构建与评价标准尚未达成一致。本书认为：其一，创意组织边界的日益模糊化、外部环境的瞬息多变，使对创意人才的要求也时刻处于发展变化中，因此，对创意人才胜任力模型的构建将是一个动态的、持续改进的过程；其二，创意的生产多数为团队合作，团队的组织与质量将在一定程度上影响人才素质与绩效的表现，因此，在未来有关创意人才评价指标体系的设计中，增加对团队因素的考评能使评价体系更为完善。

#### 6.2.3.2 创意人才能力成长曲线

本书在5.2节中针对组织激励与创意人才创意激发的关系进行了分析，通常，创意企业将依据类似于创意人才胜任力评价等相关模型（工具）对创意人才的实际能力及其给组织带来的预期绩效进行预估和考察，从而确定对创意人才实施何种物质激励与精神激励组合。

企业对创意人才的物质激励通常以薪酬福利为直观指标，这能满足创意人才对物质利益的内在需求，而精神激励则表现在赋予创意人才更高职位、更多权限、更多个人发展机会与上升通道等个人职业成长上，以此满足创意人才自我价值实现的意愿。显然，创意人才在知识技能、创新能力等多方面的学习成长将为其带来薪酬的增加以及职位的改善。当然，创意人才对组织激励也有着自身的选择偏好，整体而言，那些刚入行、工作经验尚浅的年轻创意人才可能更倾向于对物质利益的追求，而那些年龄较长、工作资历较深的资深创意人才可能对个人的职业成长、自我价值实现更为看重，从而形成与年轻创意人才不同的激励组合选择偏好。基于上述分析，本书借鉴序数效用论的消费者均衡模型，构建了如图6-5所示的创意人才能力成长曲线。

图6-5的分析满足以下假设：

（1）组织激励对创意人才创新的影响不考虑人才自身的情感作用。

（2）创意人才对物质激励与精神激励的组合偏好具有完全替代性，当选择更多的物质激励时，意味着要放弃一部分对精神激励的追求。

（3）创意人才的这种偏好具有可传递性，即当 $A>B$，$B>C$ 时，能推导出 $A>C$。

① 本书对创意人才胜任力的探讨是服务于对创意人才学习成长效应的分析，旨在说明：人才集聚推动创意人才成长是如何通过胜任力的素质能力结构来予以展现，因此，本书在此只止于理论模型的构建，在后续实证分析中，未对其进行实证检验与修正。

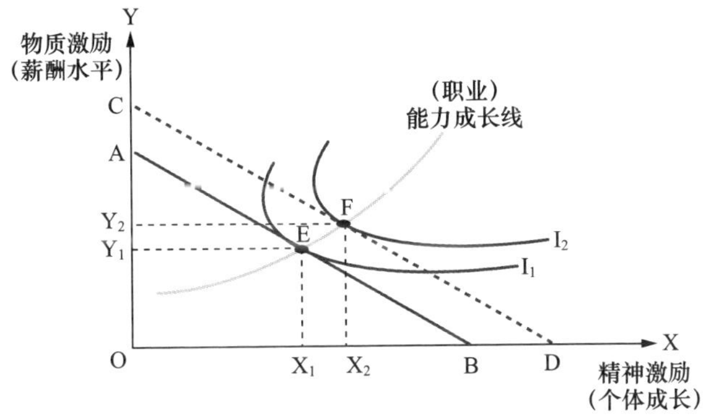


图6－5　创意人才能力成长演变分析

（4）类似于同一坐标平面上有无数条无差异曲线一样，创意人才的偏好具有非饱和性，总会趋向于更多、更高层次的激励。

在图6－5中，X轴代表创意组织的精神激励，对创意人才而言则意味着自身在地位、声誉等方面的成长；Y轴表示组织的物质激励，从侧面反映创意人才的薪酬水平。AB、CD代表创意人才的能力约束线，反映的是在给定的创意人才能力和组织激励条件下，创意人才所能得到的两种激励的最大组合。I为无差异曲线，表示带给创意人才相同满足感的所有激励组合所形成的点的轨迹，其中，$I_2>I_1$，说明$I_2$带给创意人才的满足感（可以理解为效用水平）大于$I_1$。

创意人才对激励组合偏好的非饱和性使其总会竭尽全力攀上离原点越远的无差异曲线，但受其自身能力约束线的限制，最终的均衡组合只能由无差异曲线与能力约束线的切点决定。在图6－5中，E、F分别表示创意人才的两种均衡激励组合，也可以理解为创意人才在自身能力约束下，与组织实现均衡时的职业发展状态。例如，在E点，意味着创意人才在自身当前的能力条件下，正处于薪酬为$Y_1$、个人成长为$X_1$的发展水平和层次。当创意人才在集聚中获得积极的学习成长效应后，其创新能力增强，能力约束线向右平移，与新的无差异曲线相切于点F，薪酬水平由$Y_1$增加至$Y_2$，个体成长状态由$X_1$改善至$X_2$，这样的演变持续不断进行，将获得无数个类似于E、F的均衡点，每一个均衡点都分别对应创意人才的一种能力水平和状态，因此，当把所有均衡点连接成线后，即得到一条反映创意人才能力发展变化的整体趋势线，它能反映一个创意人才的能力成长演变态势。可以推断，伴随创意人才沿着自身能力曲线的向上推进，其工作胜任力也必将得到增强。

综上分析，人才集聚能推动创意人才的学习与成长，继而推动创意人才产生基因突变，生态位扩张，从而实现在企业内部的成长流动或外部空间转移；反过来，由于人才集聚具有上述优势，因此，为了更有效地实现成长，创意人才将选择集聚。

## 6.3 创意人才集聚的创新效应分析

创意人才作为一类知识型群体，其通过人才自身的学习成长效应最终推动企业形成持续的创新能力。这种因集聚而引致的创新效应在企业内部表现得极为普遍。人才流动为组织和个人带来积极影响的部分原因在于：新流入者能为企业带来创新性思维，并对老员工产生激励。因此，在探讨人才集聚对个人的学习成长效应后，本节将围绕“创意人才集聚推动企业创新”而展开分析，这对组织形成持续的创新能力、反过来又促进创意人才个体成长具有重要意义。

### 6.3.1 创新效应形成的解释

#### 6.3.1.1 基于创意人才流动与组织绩效的传统理论解释

核心人力资本的积累决定工作绩效。沿用卡兹组织寿命曲线的观点，在创意企业发展初期，伴随各类创意人才人际关系拓展和信息共享水平的提高，创意企业以创新作为主要表现形式的组织绩效将不断达到最大，此后将因思维定式、彼此过于熟知等原因，产生人才认识的趋同化，致使企业进入老化状态，此时，创意人才的空间流动能为创意企业注入新的活力，从而使组织绩效获得显著提高。此外，从目标一致论看，当创意人才个体目标与群体目标发生冲突时，人才个体能力的发挥将受到限制，此时，通过一定的员工流动可以帮助组织选出与组织目标最为一致的群体，继而提高组织绩效。可见，员工流动将导致低绩效员工流失，这对创意人才而言同样如此。

#### 6.3.1.2 基于创新效应与知识溢出效应的关联分析

知识的存量与积累是组织实现创新的基础。从知识层面看，创意人才集聚实则是显、隐性知识在个体、团队、组织及组织间的流动与转化过程，因此，由集聚而导致的创新效应也就成为知识溢出的联动效应。对创意人才集聚所产生的创新效应的分析可以从人才个体、创意组织、集聚环境三个层面予以阐述。

从个体层面看，创意企业由多个具有创业意识、创新精神和创造能力的单一个体组成，它们基于自身目标和价值取向“黏合”成各种模块，并沿着多维度、多节点的创意网络，在不同层级的模块之间通过“流”的传递，实现物质能量、知识信息的交换，继而产生知识溢出效应。知识溢出是隐性知识的显性化，对这类知识的汲取与掌握能有效弥补创意个体在知识经验、专业技能等方面的缺陷或

不足，使人才知识存量增加，当创意人才将这些知识付诸实践时，无疑有效提升创意组织的创新能力。此外，创意人才基于团队的工作还常常因为“集思广益”的头脑风暴行为而产生相当可观的智力资本，从而导致新的洞察力和创新的产生。

对创意个体而言，掌握这些独特的隐性知识意味着获得一种重要资源和竞争优势，使之与其他具有相同教育背景的创意人才相比，能产生个人能力上的巨大差异，这种差异将导致对溢出知识的理解与掌握上的不尽相同，从而在组织内产生各种各样的创新表现。因此，从这一角度看，人才聚集不仅有利于组织创新效应的形成，而且还能帮助其大大降低创新风险。

6.3.1.3 人才集聚与知识协同

从创意组织层面看，知识协同（Knowledge Collaboration）是企业通过整合组织内外的各种知识资源，使自身在学习、利用、创造知识方面产生整体效益大于各独立部分总和的效应。知识协同被视为知识管理的一种创新，它强调主体间的联系与合作，能帮助扫除知识管理过程中人际因素、组织环境因素等多个障碍，因而推动创意企业将协同思想引入知识管理，使协同的演化从组织协同、工作流协同发展到知识协同。

作为知识的载体，人才聚集的过程本身就是知识协同的重要组成部分，因此，人才集聚与知识协同是两个相伴而生、具有密切关联的共生体。在本书中，创意企业的知识协同是在创意 CAS 系统中，创意企业为促进人才聚集效应的产生与提升，对系统内知识的流动、传播、共享等活动进行相应的协同整合，最终创造出知识价值的过程。这一过程可被分为外在协同与内在协同两种类型（见图 6－6）。其中，知识的外在协同是指创意人才选择流动到创意企业后，带来新的知识源，通过弥补企业存在的某部分知识缺口或知识链上的某个薄弱环节，从而推动创意企业形成新的知识库，外在协同体现为创意企业知识存量的增加；内在

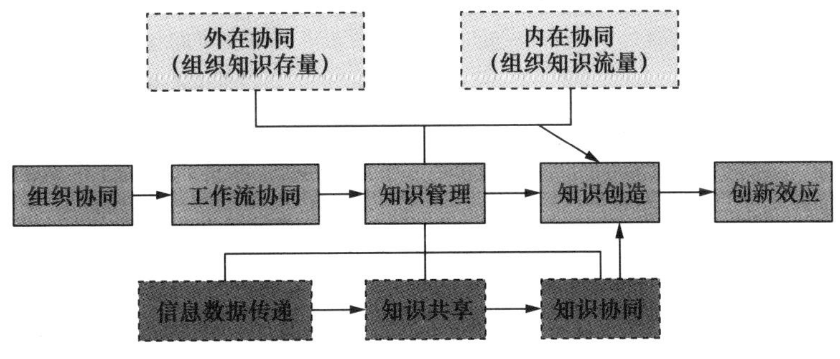


**图 6－6 CAS 系统中创意企业的协同演化与创新效应的形成**

协同是指创意人才个体流入创意企业后，根据企业的目标与要求，从已有知识库中提取所需知识，重新建立新的知识链，并通过对链条上各个环节的协同，产生各种人才聚集效应的过程，这种协同主要体现为创意企业知识流量的增加。

作为一种重要的价值创造模式，知识协同的实现路径主要依赖协同商务，即企业利用技术手段，与重要合作伙伴共享知识信息，实现产品和市场的共同开发，其中，信息共享是实现跨企业合作的基础与前提。在创意集聚地 CAS 系统中，知识协同体现为多数创意人才、创意企业以信息共享、业务协作、合作创新为主题，通过各类实践活动、学习社区、兴趣社区、目的社区等进行知识的协同和交互，最终产生创新效应。

#### 6.3.1.4 创意企业自身属性与创新的契合

创意企业自身的多个特点非常有利于人才集聚创新效应的形成。由表 6－3 可知，组织内创意人才的流动性偏好正扮演着推动人才集聚的内部动力，创意人才的稀缺性及其在组织内的核心要素地位使创意企业对其求贤若渴，成为引发人才集聚的外部需求拉力。通常，事业部制和职能制的组织结构，在知识共享方面作用有限。而创意企业的扁平化结构能加快知识信息在组织内部的传递与共享速度，其柔性化生产方式使之能较快地对外部环境做出迅速适应，企业成员间、企业间形成的网络化结构有助于加速推进集聚效应在系统内的传播与扩散，而以团队为基础的生产合作方式也使人才的集体学习和成长效应得以有效实现。

**表 6－3 创意企业组织特征与人才集聚效应的形成**

| 创意企业组织特征 | | 创意人才集聚 |
|---|---|---|
| 组织内创意人才的流动偏好 | | 创意人才集聚的内部动力 |
| 创意人才的稀缺性、重要性 | | 创意人才集聚的外部需求动力 |
| 创意组织的柔性化管理 | ⇨ | 对外部环境变化迅速做出反应 |
| 创意组织的扁平化结构 | | 知识信息流动与共享速度加快 |
| 创意组织的网络化 | | 加速创意人才集聚效应的扩散 |
| 创意组织基于团队的生产方式 | | 促进集体学习与人才成长效应形成 |

#### 6.3.1.5 集聚地的知识/学习网络

当代企业的创新已不再是一种孤立行为，其创新的每一步都离不开外部知识源的支持。从集聚环境看，创意人才集聚地满足知识发送者、接收者和传输系统三要素同时具备的条件，因而成为知识更乐于流动与循环的地域。来自不同背景、不同领域的创意人才被组合在共同学习、交流和协作的网络之中，不仅推动

创意成果的产生，而且，“人才密度大”这一特点提高了创意企业的学习效率，缩短了信息反馈的周期，从而使创意组织能够以低成本、高效率的方式获得各种信息，推动创新。

### 6.3.2 创新效应形成的障碍

知识共享是实现创新效应的基础和前提。作为一种关键资源，知识需要在系统内、组织内企业网络中得到有效管理，然而现实中，总存在一些难以克服的不利因素对知识共享与创新产生影响，概括起来，主要涉及如下障碍。

6.3.2.1 影响共享意愿的信任障碍

创新活动与社会人际关系密切相关，因而，知识共享、创新的发生深受创意人才共享意愿、组织激励、集聚环境和个人能力等因素的影响，它们造成的障碍如图 6－7 所示。

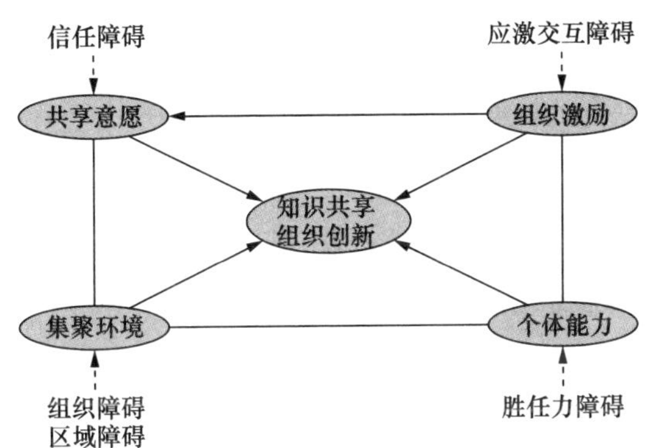


**图 6－7 知识共享影响因素与障碍**

从经济交易理论看，知识共享只有在收益大于成本时才会发生。当组织通过物质与精神激励手段确保创意人才获得足够收益时，才能提高创意人才对知识共享的意愿。反之，在创意人才认为自己获得的共享知识价值较小且在没有其他补偿的情况下，将从主观意愿上拒绝与他人共享已有知识，从而导致双方知识交流中断。这种知识的价值性与知识共享的非契约性将导致知识共享过程中不可避免地出现囚徒困境和逆向选择。

从社会交易理论看，知识共享需要人才间、人才与组织间良好的信任机制和心理契约（Psychological Contract）支撑，人际关系中的感激与信任是推动传播者主动将知识传播出去的基础，而信息接收方也通常会自觉地给予回报，但由于隐性知识的交换难以定量核实，使得这种基于人际信任的知识交易既无法给出一个明确的价格，也难以确定回报性质。因此，任何心理契约的违背（Psychological Contract Violation）都将成为隐性知识转移的障碍。

综上，若要提升创意人才对知识的共享意愿，创意企业需要积极改善共享环境，优化共享激励，通过正式网络和非正式网络的缔结与巩固，在人才与人才之间、人才与企业之间构建良好的信任，以确保知识（特别是隐性知识）转移与共享通道的畅通，保证知识流动得以顺利推进。

6.3.2.2 影响共享能力的胜任力障碍

作为一种人力资本，创意人才的价值主要体现在人的知识经验、专业技能、创意态度等方面，这些特征与人才的胜任力直接相关，既有冰上的基准性素质，也涉及冰下的鉴别性素质。

知识有其生命发展周期性，在“知识孵化与产生—知识转移与共享—知识吸收与利用—知识变异与进化”这一演化历程中，每一阶段都离不开人对知识的理解与吸收。而且，对创意企业而言，虽然结构化的显性知识是其核心能力的重要组成部分，但需要隐性知识才能将其现实化。

显然，人才的胜任力将极大地影响人才对知识的吸收能力。在创意人才胜任力能力结构中，表达能力与吸收能力是影响创意人才实现知识共享的两大主要能力。知识提供者要将高度个体化且非系统化的隐性知识传播出去，首先需要具备一定的认知能力和表达能力，而且，这种能力与隐性知识的共享能力成正比，即提供方对隐性知识的表达能力越强，知识共享效果就越好。另外，对于知识接收方而言，其知识共享的过程就是自身对提供方所提供的隐性知识进行学习与模仿的过程，同时也是对知识加以组合与重构的过程。因此，知识接收者既有的知识存量、结构、背景等都将影响其对隐性知识的理解和吸收，从而在较大程度上决定知识共享的效果。

创意企业作为创新型组织，所需要的是能够理解、吸收、运用新知识；对组织创新和组织绩效带来积极影响的创意人才，是能够胜任团队合作、知识创造能力强的员工。然而，“怎样吸引并留住既符合组织要求，胜任力又很强的创意人才?”已成为制约很多创意组织人才集聚效应难以发挥的一个症结。

6.3.2.3 影响组织激励的应激交互障碍

关于组织激励与创新之间的关系，学界具有两种截然不同的观点：多数认为激励能加强员工的自我肯定并激发其内在动机，从而对促进员工的创造力、推动创新具有积极意义。然而，近年来的研究结果显示，组织激励与创新的关系并不显著，甚至对员工创新带来阻碍，其中关键的原因可能在于情感。

作为人类最基本的心理因素之一，情感能对个体的认知、动机与行为产生直接影响。组织激励是一种激发员工创新的外部奖励手段，可被视为发生在工作场所的“环境事件”。根据应激交互作用理论，员工将对这一“事件”产生情感反应，通常会做出“挑战”或“威胁”两类评价，继而引发积极或消极的情感反应，对个体后续的行为态度和应对策略产生影响。

具体看，“组织激励”、“员工对激励做出的挑战评价”与“积极情感”三者之间有着天然的联系，那些类似于“创新成功能获得物质奖励”的激励措施容易被员工评价为“挑战性”，从而诱发员工的积极情感，完成创新任务，推动创新效应的形成；然而，“若创新失败，不仅意味着物质奖励全无，还可能让自身名誉或财务受损”的激励手段有可能被员工评价为“威胁”，从而令其产生紧张、懈怠、沮丧等消极情感反应。

由上可见，组织激励既能诱发员工的积极情感，也可能让其产生消极情绪，从而对组织创新效应的形成带来促进或阻碍的双重影响/二元效应。基于上述考虑，组织在人才队伍建设中，要充分重视高能力、高情商团队的建设。

6.3.2.4　影响集聚环境的组织与区域障碍

耗散结构理论认为：非平衡是有序之源，系统要实现动态有序，需要一个远离平衡的耗散结构，而组织冲突为组织系统的非平衡提供了动力，它驱使系统进入高度有序，成为组织保持动态平衡的有效条件。基于这一角度，可以认为，适度的冲突有其积极意义。

组织内冲突。随着创意企业人才规模的扩大，同质、同类型人才的边际效用开始递减，加之创意工作的相互依赖①、创意人才间价值观不一致、对有限资源的争夺以及沟通障碍等多种原因，潜伏在人的个性中的侵略意识开始显现，破坏性冲突开始产生。这种冲突虽具有一定的积极意义，但同时也会因其破坏性而引起创意人才群体内行为和群体间关系发生变化，使企业人际关系渐趋复杂，管理成本上升，继而影响群体与组织的创新表现，降低组织的绩效水平。

集群环境障碍。在创意人才集聚地，创意组织与创意人才共享同一发展环境和生存空间，若集聚地环境不佳、管理不善、配套不全、创新活力不够、内聚性社会网络体系不发达，则将对系统内所有创意组织创新效应的形成带来不利影响。

综合上述四点分析可知：创意人才集聚效应的提升可建立在个体—组织—区域三个层次上（见图6－8），为克服上述种种障碍，需要分别从人才培养与管理、组织优化整合、企业文化建设以及区域环境改善等方面入手加以改进。

① 创意组织各部门、各人才间相互依赖程度越大、独立性越差，则冲突的机会就越多。

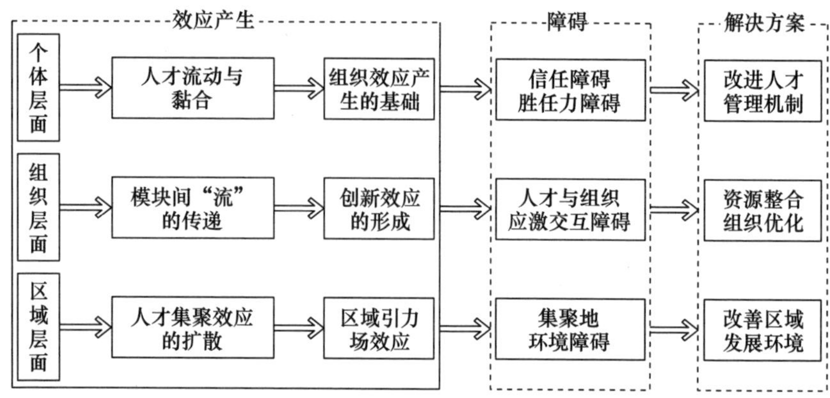


**图 6－8　创意人才集聚组织创新效应、障碍与提升**

# 6.4　创意人才集聚的区域效应分析

如第 2 章所述，创意人才集聚在促进区域经济发展方面作用显著。从人才角度看，创意人才在区域层面上的集聚效应主要体现在“推动集聚地对外人才吸引力与集聚力提升”上，这种效应可进一步表述为：创意人才通过在特定地域的流动、集聚，促进该集聚地区位品牌形成、规模效应显现。伴随集聚地环境改善，该地在区域创新能力、生产效率方面不断提高，从而使集聚地对外部人才吸引力进一步提升，带来更大的人才集聚效应。

人才集聚力是一种特殊的人才竞争力，反映一个区域在一定时空范围内，依据自身各种条件会聚人才的能力。与人才竞争力概念相比，集聚力更能凸显区域对特定资源的定向牵引与精确配置，因而更能成为影响人才流动行为的维度。具体看，创意人才集聚所产生的区域效应——人才集聚力提升效应主要与人才的学习成长效应、羊群效应、马太效应等相关。

## 6.4.1　区位品牌效应

创意产业与集聚地之间具有一定的共生关系，如巴黎的时装、伦敦的歌剧、好莱坞的电影一样，许多文化创意产品总和一定的地理区位联系在一起，使产品所在地成为产品的信誉保证，此为“地理声誉”或“区位品牌”。

创意人才以一定的空间作为载体，他们在集聚区域内通过相互学习和交流，实现知识技能在个体间的互补、替代和积累，从而大力推动集聚地知识存量、知识吸收能力以及人力资本存量的优化和升级，使区域创新能力在规模上无限扩张。这种学习成长效应使集聚地外在影响力得以扩大，有助于在区域内培育并产生具有竞争优势的品牌，并逐渐使集聚地附带上某种“符号价值”，从而产生相应的品牌效应。如以动漫业见长的杭州，借助多年“国际动漫节”这一品牌活动，吸引大量动漫人才会聚于此，推动了杭州动漫文化品牌的日渐形成与深化。又如上海莫干山50号，目前已成为“上海时尚地标”品牌，而邻近东华大学的天山路时尚产业园，则树立了以服装设计为特色的区域品牌形象。

由上可见，创意人才在特定区域的良好集聚意味着人才本身所具有的知识技能植根于产业集群，并在经受住时间考验的基础上，促进产业集群形成可持续的创新优势，并给集聚地带来良好声誉，推动地域资产（Territorial Assets）提升。正因如此，不少城市都在努力打造区域特有品牌，以重塑区域形象，提升对高级人才的吸引力。

### 6.4.2 规模效应

人才聚集是一种规模经济现象，集聚效应的产生是以一定的规模为条件的，没有一定的人才聚集规模一定不会产生规模效应，反之，集聚区域的高回报率又强化了集聚化发展趋势。Scott 的这一观点与 Lucas 在 1988 年所指出的劳动力空间集聚能产生“强外部性人力资本”的观点完全一致，这种作用可通过羊群效应和马太效应得以体现。

#### 6.4.2.1 羊群效应

创意人才集聚地羊群效应的产生，得益于地方性劳动力市场形成所带来的人才交易的规模化。人才集聚通常表现为各类异质性创意人才在劳动分工基础上高度聚集于群内相关企业和配套性企业，大量人才在特定区域的流动与会聚，刺激了当地劳务市场与人才市场的形成与发展。在影响人才交易成本的种种因素中，基于劳动力搜寻的信息成本占据很大比重，其大小通常与时间距离负相关。因此，通过地理空间的邻近性，尽可能减少信息的不对称与不完善，以降低信息成本，是企业减少人才交易成本的主要途径。而地方专业人才市场的出现使集聚地成为“人才蓄水池”，不仅可以极大地减少用人组织的人才搜索成本，还能基于人才竞争机制，让企业获得更优质、更专业的人才资源。上述两大优势推动创意企业愿意跟随创意人才来到他们聚集的区域，企业对创意人才不断增加的需求使流入集聚地的各类创意人才数量大幅增加，并经由人力市场得以配置、完成集聚。由上可见，地方劳动市场的发育导致人才交易成本的降低，进而推动创意人才在空间上的集中，此为羊群效应产生的机理之一。

另外，创意人才集聚的羊群效应还受助于集聚地内相关企业或员工的成功示范。知识溢出、集聚地内创意人才之间的信任和相互依存关系都使群内企业（或员工）能够以低成本、高效率的方式获得知识信息，成本的节约带来企业（或员工）的超常效率和竞争优势，从而衍生出一个个创意团队或成员的"传奇与神话"，这些成功企业或人员的示范作用对那些自我实现意愿强烈的创意人才而言作用极为显著，他们纷纷将其作为效仿和学习的对象与标杆，从而引发流向集聚地的"羊群行为"。

#### 6.4.2.2 马太效应

"强者越强、弱者越弱"是对马太效应（Matthew Effect）的简要描述。创意人才集聚能使集聚地产生基于专业化分工合作的规模报酬递增，这种经济的正外部性进一步强化人才集聚与集聚地之间的正反馈作用。因此，在"强者愈强，弱者愈弱"的马太效应下，一个地区聚集的创意人才越多，越能吸引更多的创意人才流入，使之成为创意人才集聚高地，进而进一步推动区域创意人才的集聚。

创意人才集聚地马太效应的形成主要源于"路径依赖"和"累积因果"的自强化作用机制。如本书4.2节所阐述的那样，初始区域凭借自身在某些方面的相对优势完成初期的人才集聚，后在诸多有利因素（如当地政策、本地化嵌入等）的影响下产生人才聚集效应，使集聚地获得优先发展。环境改善，知名度提升，创业创新氛围形成，政策制度优化……更加优越的条件促进了集聚地内部人才及企业的内生成长，同时也增强了对外部人才或企业的吸引力，从而拉动更多创意人才流向集聚地，形成一个增强回路，一轮一轮循环，优势持续积累，最终使人才集聚规模如滚雪球般越滚越大，规模效应得以彰显。

上述经济性效应的产生既推动了创意人才的个体成长，提升了创意集聚区内企业的创新能力和创新效率，同时也带来了集聚地品牌的形成与人才流动规模的良性扩张，上述效应极大地提高了集聚地对外部人才的吸引力与集聚力，使集聚地最终成为推动区域经济发展的"增长极"。

需要指出的是，人才聚集效应是一个从量变到质变的演化过程，其具体表现将随经济环境、地理区位、企业组织、政策制度等因素的不同而有所差异，因此，为了实现良好的经济性集聚效应，需要在环境、政策、服务管理等层面做出积极改善和深度优化，以契合创意人才成长需求，实现创意人才的适度集聚。

## 6.5 本章小结

本章着重围绕创意人才集聚的正面效应而展开。首先基于CAS的四个通用特征和三个主导机制，分五个步骤对创意人才集聚效应产生的总体逻辑加以概括。而后从学习成长效应、创新效应、区域效应三个层面展开具体分析。

（1）创意人才集聚通过职业突跃效应、知识螺旋与溢出效应促进创意人才的学习成长，继而提升创意人才的胜任力。本章基于文献，构建了创意人才胜任力冰山模型，并从邻近性优势、社会网络、集体学习三方面对学习效应产生的原因进行了理论分析。

（2）创意人才胜任力的提升契合创意企业松散、扁平化的组织特征以及集聚地知识网络的作用，在知识协同机制下，创意企业的创新能力得到极大改善，但人才间、人才与组织间的信任障碍，创意人才个体的胜任力障碍，人才与组织激励之间存在的应激交互障碍以及组织与环境障碍成为影响创新效应形成的不利因素。

（3）创意人才的学习成长效应、创新效应助推集聚地人才集聚能力的提升，从而带来良好的区域效应。区域效应主要表现为区位品牌积累和规模效应两个方面，其中，规模效应主要通过信息成本优势、羊群效应、马太效应得以实现。在上述三类效应中，本章重点探讨创意人才的学习成长效应。

# 7 创意人才空间集聚的实证分析

基于前文的理论探讨，本章将着重于实证分析："集聚行为"层面，以上海创意园区为样本，通过对园区内创意人才的问卷调查，对其社会特征、集聚行为关系加以了解和把握；"集聚效应"层面，以上海为城市尺度，对其创意人才的集聚效应展开数据分析，以了解、诊断各项集聚效应的具体表现和内在联系；"集聚评价"层面，本书将基于 24 个创新城市的相关数据，从创意人才集聚规模、集聚强度、集聚均衡度三个维度，探讨人才集聚的空间演化对整个文化创意产业投入—产出效率的影响，旨在为创意人才集聚行为做出综合实证。

## 7.1 针对创意人才"集聚行为"的实证

为了实地、深入了解创意人才的集聚行为，本书拟通过问卷调查的形式获得第一手资料，并运用基本描述性分析、交叉分析等基础分析手段，对上海创意人才的群体特征、集聚行为、效应评价展开调查分析。

### 7.1.1 问卷设计、实施与基本情况

#### 7.1.1.1 问卷设计

依循图 7-1 的设计思路，根据创意人才在园区的集聚行为表现及对集聚效应的自我评价，将问卷分为三个部分，第一部分针对创意人才的基本信息共设 15 个问题，其中，1~5 题涉及性别、年龄、地域来源等基本人口学特征，6~15 题在于了解创意人才的工作年限、职位、职称、收入、开支等基本工作、生活信息，旨在对创意人才的群体特征做出了解和实际认知。第二部分重点围绕创意人才的具体集聚行为而展开，相关研究变量是在对第 2 章人员流动相关文献进行综合整理的基础上而加以设计，具体如表 7-1 所示。问卷的第三部分针对受访者对人才集聚所产生的个人效应和园区效应做出自我评价。问题设计的相关理论基础源于本书第 6 章。由于本书着重关注对创意人才的研究，因此在"个人效应评价"的问题设置上有所偏重，具体研究变量如表 7-2 所示。

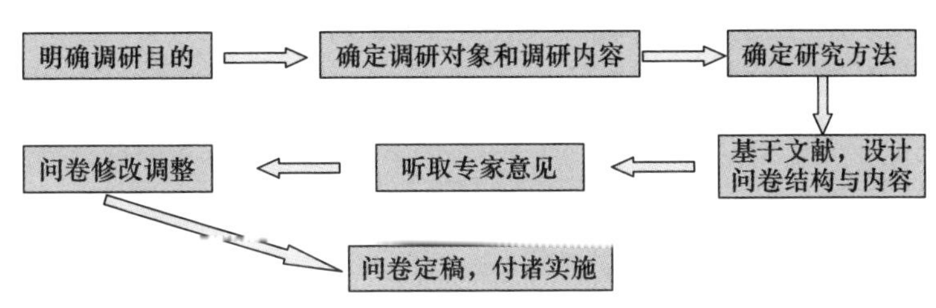


图 7-1 问卷设计思路与流程

表 7-1 “集聚行为表现与评价”研究变量表

| 变量 | 编号 | 测量问项 | 备注 |
|---|---|---|---|
| 影响因素 | Q16 | 来当地工作的原因（可多选） | 反映人才流动动因 |
| | Q29 | 离开园区可能的原因（可多选） | 虚拟题 |
| 集聚行为表现 | Q17 | 来此工作通过何种渠道获得 | 反映人才与组织的关系 |
| | Q18 | 加入行业协会、专业组织的数量 | 反映人才与组织、人才与其他人才间的关系 |
| | Q19 | 在园区内发展朋友圈/工作群的个数 | |
| 集聚行为评价 | Q20：A1～A4 | 园区内创新氛围与人际关系 | |
| | Q20：A5～A6 | 创意人才社会网络缔结状况 | |
| | Q20：A7～A9 | 创意人才信息共享与知识溢出水平 | |

表 7-2 “集聚效应表现与评价”研究变量表

| 变量 | 编号 | 测量问项 |
|---|---|---|
| 个体效应表现 | Q21 | 带动收入增加的幅度 |
| | Q22 | 促进创意人才职务升迁的程度 |
| 个体效应表现性评价 | Q23 | 个体效应总的评价 |
| | Q24 | 人才在学习成长方面的评价 |
| | Q25 | 人才在创新成果方面的评价 |
| 园区效应评价 | Q26 | 园区效应的总评价 |

如附录 4 所示，目前上海 92 个创意产业园区的来源主要有依老厂房改建、围绕高校文教区、政府新兴规划三类，为扩大受访对象的异质性，本书综合考虑地理区域、园区类型、园区产业特色、政府参与性等指标的不同，选定环东华时尚产业区、田子坊、西郊鑫桥、环同济设计创意集聚区作为调研样本园区，上述园区的基本情况详见表 7-3。

表7-3 调研园区基本情况

| | 环同济设计创意集聚区 | 环东华时尚产业区 | 田子坊 | 西郊鑫桥 |
|---|---|---|---|---|
| 所属行政区 | 杨浦区 | 长宁区 | 黄埔区 | 闵行区 |
| 是否在内环区 | 是 | 否 | 是 | 否 |
| 是否是文教区 | 是 | 是 | 是 | 否 |
| 是否老工业建筑改造 | 否 | 否 | 是 | 是 |
| 是否政府参与 | 是 | 是 | 否 | 否 |
| 是否以互联网等高新技术产业为主导产业 | 否 | 是 | 否 | 否 |
| 主要产业 | 设计创意服务 | 影视制作<br>游戏软件<br>动漫制作 | 艺术设计、广告咨询、建筑设计、服装设计、家具设计 | 视觉艺术<br>工艺美术<br>室内设计 |

7.1.1.2 问卷发放与实施

问卷的发放采用纸质填写与线上填写相结合的方式，线上渠道主要通过微博、微信以及论坛等平台而展开，而且，通过技术与问题的设置将网络的受访对象限定于在创意园区工作的创意人才。经过为期一个星期的实地走访和网络发放，问卷回收情况如下：实地调研中，环东华时尚产业园区、田子坊、西郊鑫桥各获问卷45份，网络渠道各5份；环同济设计创意集聚区实地发放40份，网络渠道15份。由于是一对一填写，因此，实地调研共发放问卷175份，回收与有效问卷均为175份。网络渠道获得问卷30份，其中有效问卷20份，因此，线上、线下两项合计有效问卷195份，有效率为95.12%。

7.1.1.3 问卷分析思路与方法

在获得一手资料的基础上，首先运用SPSS 22对问卷进行信度和效度检测；然后，通过简单的频率、交叉等统计分析，了解上海创意人才的群体特征、集聚表现及各项效应评价，同时运用频率分析，从人才年龄、类型、技术职称、岗位/职务四个因变量展开对创意人才流动影响因素的深入分析，以了解和揭示不同影响因素对不同创意人才的影响。

7.1.1.4 问卷的信度与效度分析

此次问卷的信度分析如表7-4所示。从Cronbach's系数α均大于0.8的情况来看，说明本问卷各题项之间具有较高的内在一致性，适合进行相关软件分析。

问卷的效度分析主要包括内容效度、准则效度和结构效度三种类型，本书主要展开内容效度分析。内容效度的目的在于检测问卷所设计的题项能否代表所要测量的主题内容。本书的问卷设计严格依循"集聚行为—集聚效应"的分析框

表 7－4 调查问卷研究变量信度（克朗巴哈系数）分析

| 研究变量 | α 系数 | 测量项目数 |
| --- | --- | --- |
| 集聚行为表现与评价 | 0.875 | 13（Q16～Q20） |
| 集聚行为评价 | 0.927 | 9（Q20） |
| 创新氛围与人际关系 | 0.858 | 4（Q20：A1～A4） |
| 社会网络关系 | 0.812 | 2（Q20：A5～A6） |
| 信息共享与知识溢出 | 0.826 | 3（Q20：A7～A9） |
| 个体效应评价 | 0.917 | 14（Q23～Q25） |
| 个体效应总评价 | 0.874 | 5（Q23） |
| 个体学习成长效应评价 | 0.864 | 5（Q24） |
| 个体创新成果效应评价 | 0.825 | 4（Q25） |
| 园区效应评价 | 0.864 | 5（Q26） |

架，第一部分基于个人基本信息，第二部分针对创意人才具体的集聚行为而设置问题，第三部分围绕创意人才集聚对个人与园区带来的经济性效应设计题项，所设选题均有文献或理论支撑，与此同时，在问卷设计过程中获取了专家相关意见，并在此基础上进行了修改调整和完善，因此具有较高的内容效度。

### 7.1.2 创意人才群体特征的描述性分析

表 7－5 显示了受访者的基本个人情况及其工作与生活信息。从中可知，在被调查者中，男女比例为 20∶19，既有从事创意研发设计的人才（39%）、创意管理者（11%），也有 26% 的创意生产人员和 20% 的营销人员，还有少量创意中介或经纪人（4%），从职务、职称来看，从高层管理人员到基层办事员、从高级职称到无职称，各个级别均有所涉猎，这较好地确保了受访对象的异质性，有助于对上海创意人才队伍的群体特征、发展概况做出合理分析。

表 7－5 受访者基本信息情况统计表

| 问项 | 选项 | 比例（%） | 问项 | 选项 | 比例（%） |
| --- | --- | --- | --- | --- | --- |
| 性别 | 男 | 52.18 | 年龄 | <20 岁 | 1.03 |
| | 女 | 48.72 | | 21～30 岁 | 73.33 |
| 地域来源 | 上海 | 32.31 | | 31～40 岁 | 22.05 |
| | 江、浙、皖 | 36.41 | | 41～50 岁 | 3.08 |
| | 长三角地区以外 | 32.31 | | >51 岁 | 0.51 |

续表

| 问项 | 选项 | 比例（%） | 问项 | 选项 | 比例（%） |
|---|---|---|---|---|---|
| 学历 | 高中及以下 | 6.67 | 最后学历毕业院校 | 985高校 | 10.26 |
| | 大专 | 22.05 | | 211院校 | 30.26 |
| | 大学本科 | 44.1 | | 一般本科院校 | 33.33 |
| | 硕士及以上 | 27.18 | | 大专及以下学校 | 26.15 |
| 工作年限 | <1年 | 15.9 | 跳槽次数 | 0次 | 9.23 |
| | 1~3年 | 41.54 | | 1次 | 34.36 |
| | 4~6年 | 25.64 | | 2次 | 31.28 |
| | 7~10年 | 9.74 | | 3次 | 21.54 |
| | >10年 | 7.18 | | 4次 | 3.59 |
| 工作性质 | 创意研发设计 | 38.97 | 职称/技术等级 | 高级职称 | 5.64 |
| | 创意产品生产制作 | 26.15 | | 中级职称 | 20.51 |
| | 创意产品营销 | 19.49 | | 初级职称 | 12.31 |
| | 创意管理 | 11.28 | | 暂无职称 | 35.38 |
| | 中介或经纪人 | 4.1 | | 其他 | 6.15 |
| 近两年税后月收入与近一年的月均开支 | ≤4000元 | 13.85（51.79） | 职务/岗位 | 高层管理人员 | 5.13 |
| | 4001~6000元 | 31.79（32.31） | | 中层管理人员 | 12.31 |
| | 6001~9000元 | 26.67（8.72） | | 基层管理人员 | 38.97 |
| | 9001~15000元 | 17.95（5.64） | | 技术人员 | 31.28 |
| | ≥15000元 | 9.74（1.54） | | 技师 | 2.56 |
| 企业性质 | 国有/集体 | 17.95 | | 其他 | 9.74 |
| | 三资 | 3.08 | | | |
| | 民营/私有 | 78.97 | | | |

#### 7.1.2.1 人口统计学特征

基于表7-5数据，上海创意人才队伍以年轻化、高学历、外地流入为主要特征。就年龄构成而言，主要以21~30岁年龄段人数居多，比例远超2/3，他们构成创意人才队伍的主体。从受教育程度来看，创意人才队伍的学历水平总体很高，大学、硕博士比重高达71.3%，其中，还有40.5%的人才毕业于全国“985”、“211”知名院校，他们成为创意人才队伍的中坚力量。从地缘结构来看，有2/3的受访者来自外地，其中，36%来自长三角地区，32%从长三角区域外远道而来，这些受过良好教育的外来创意人员为上海文化创意产业的发展注入了生机和活力。

#### 7.1.2.2 工作与生活特征

（1）资深创意人才匮乏。与年轻化特征相对应，在上海创意人才队伍中，

工作年限不满4年的人数占57%，而从业超过10年以上的创意人才仅占7%，说明多数创意从业人员进入该领域的时间不长，资历尚浅、专业经验还不够丰富，从而使人才队伍整体表现出资深创意人才匮乏。

对此，本书认为需要一分为二地加以看待。一方面，我国文化创意产业发展历时只不过十来年，目前仍处于成长阶段，这从客观上对创意人才的工作年限造成了约束。而且，根据库克曲线，员工在企业组织中创造力较强的时期大约为4年，文化创意产业的创新发展离不开年轻创意人才的新思维、新理念和新方法，因此，较短的工作年限未必成为不利因素。但是，从专业技能、工作经验、社会资源等方面来看，工作年限又极大地限制了创意人才的学习成长，使之不能较快地获得突跃效应和创新效应对自身的促进作用。

（2）具有较强的流动性偏好。这一特征在此次问卷中得到了体现。在工作年限不长的背景下，有56%的受访者曾自工作以后跳槽2次以上，1/4的人才频繁跳槽超过3次。基于问卷Q7、Q8问题的综合分析，我们发现，上海创意人才的工作流动有少量表现为园区内流动，这种“离企不离群”的比重接近10%。当然，这与创意人才所在企业的性质不无关系。数据显示，有79%的创意人才是集中在民营/私人企业就业，这些企业在处理诸如人事关系、档案关系变动等方面比国有企业简单得多。这也从侧面反映出，至少在样本范围内，上海文化创意产业园区已形成了以个体私营为主的企业组织结构。

（3）年轻创意人才生存压力严峻。经济收入是员工生存的基础，有关创意人才的薪酬待遇，根据2015年《上海统计年鉴》数据显示，上海创意从业人员在2014年的平均年薪是：信息传输、软件和信息技术服务业从业人员为102881元，科学研究和技术服务业为99295元，文化、体育、娱乐为64716元，三者均值为8900元，这一水平远高于上海市同年65417元的职工平均工资。不过本书的调研结果似乎没有这么乐观，有近1/3的创意人员（31%）近两年的税后收入处于4001～6000元，与整个行业8900元的平均状况存在差距。从消费支出看，63%的受访者月均开支处于4001～6000元，通过收入与支出两项的交叉分析（见表7－6），发现有近55%的创意人才具有“月光”趋势，即收入区间与消费区间一致。面对上海居民消费指数的一路攀升，尤其是来自住房、社会交往等方面的开支，不少年轻创意人才正面临着城市生存的压力。

**表7－6 创意人才收入与支出交叉分析**

单位:%

| 支出<br>收入 | ≤4000元 | 4001～6000元 | 6001～9000元 | 9001～15000元 | ≥15000元 |
|---|---|---|---|---|---|
| ≤4000元 | 92.59 | 7.41 | 0.00 | 0.00 | 0.00 |

续表

| 收入＼支出 | ≤4000 元 | 4001～6000 元 | 6001～9000 元 | 9001～15000 元 | ≥15000 元 |
|---|---|---|---|---|---|
| 4001～6000 元 | 62.90 | 30.65 | 3.23 | 3.23 | 0.00 |
| 6001～9000 元 | 44.23 | 32.69 | 15.38 | 5.77 | 1.92 |
| 9001～15000 元 | 34.29 | 1.43 | 5.71 | 5.71 | 2.86 |
| ≥15000 | 10.53 | 36.84 | 26.32 | 21.05 | 5.26 |

### 7.1.3 创意人才集聚行为分析

7.1.3.1 基于频率分布的影响因素分析

根据人员流动现有文献，本书明确了影响创意人才流动的 8 个因素，即问卷 Q16 的备选项。其中①～④选项体现创意人才基于物质利益的动因，⑤～⑥选项反映其精神层面的动因，⑦～⑧选项为随机动因。图 7－2 反映了受访者对上述影响因素的整体选择情况。从中可知，“良好的工作与市场环境”、“更高的薪酬福利待遇”以及“更多的个人就业机会与成长潜力”分别成为影响创意人才流动的前三位因素，所占比重均超过 40%；其次，“优良的生活环境与城市公共服务”、“上海的经济活力与城市地位”两大因素也在影响创意人员流动中发挥着重要作用，所得比重近 1/3。

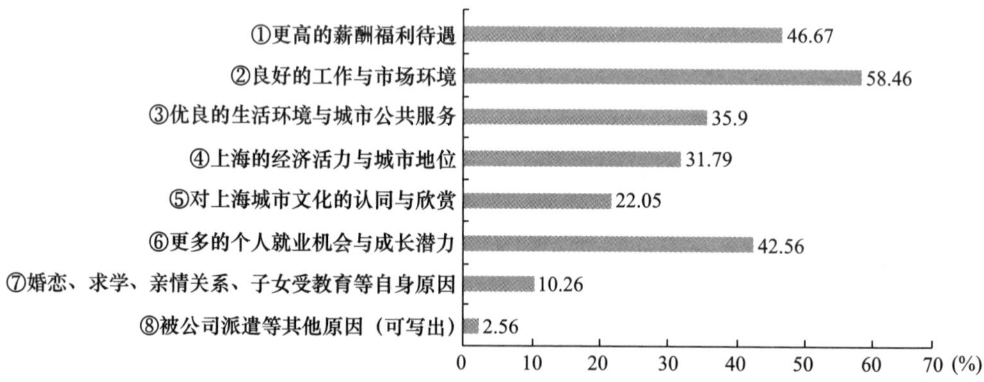


图 7－2　上海创意人才流动影响因素的概况

然而，在多项流动影响因素确定的情况下，每一类因素对不同创意人才的影响程度是不同的，为了对创意人才流动的影响因素及其影响程度展开深入挖掘和

量化分析，本书分别从人才年龄、人才类型、职务/岗位及技术/职称四个方面，探讨薪资报酬、市场环境、个人发展等 8 个因素对以上四种人才类型的不同影响。在问卷中，变量均为定性变量，用“1”表示流动因素，“0”表示非流动因素，由于是多选题，因此，可根据问卷实际填写情况同时选择多个 1。根据计算，得到的频率分布结果如表 7－7、表 7－8 所示。

**表 7－7　创意人才流动影响因素频率分布（1）**　　单位：%

| 影响因素 | 创意人才年龄 | | | | | 创意人才类别 | | | | |
|---|---|---|---|---|---|---|---|---|---|---|
| | <20 岁 | 21～30 岁 | 31～40 岁 | 41～50 岁 | >51 岁 | 研发设计 | 创意生产 | 创意营销 | 创意管理 | 中介 |
| 薪酬福利待遇 | 0 | 18.43 | 21.13 | 16.67 | 0 | 19.91 | 15.84 | 17.31 | 21.57 | 19.05 |
| 工作与市场环境 | 50 | 21.72 | 35.21 | 11.11 | 0 | 22.27 | 31.68 | 22.12 | 17.65 | 14.29 |
| 生活环境与城市服务 | 0 | 14.90 | 9.86 | 22.22 | 0 | 16.59 | 10.89 | 13.46 | 13.73 | 14.29 |
| 城市经济与地位 | 0 | 13.38 | 11.27 | 5.56 | 0 | 12.80 | 10.89 | 14.46 | 11.76 | 19.05 |
| 城市文化认同 | 0 | 8.59 | 8.45 | 16.67 | 0 | 7.58 | 9.90 | 7.69 | 9.80 | 19.05 |
| 个人成长机会与空间 | 0 | 18.69 | 6.45 | 16.67 | 0 | 17.06 | 15.84 | 19.32 | 19.61 | 4.76 |
| 婚恋等个人主观原因 | 50 | 3.54 | 4.23 | 11.11 | 0 | 3.32 | 3.96 | 5.77 | 5.88 | 0 |
| 工作调动等客观原因 | 0 | 0.76 | 1.41 | 0 | 100 | 0.47 | 0.99 | 0.96 | 0 | 9.52 |

**表 7－8　创意人才流动影响因素频率分布（2）**　　单位：%

| 影响因素 | 创意人才职务/岗位 | | | | | 创意人才技术/职称 | | | | |
|---|---|---|---|---|---|---|---|---|---|---|
| | 高层管理 | 中层管理 | 基层管理 | 技术人员 | 技师 | 高级职称 | 中级职称 | 初级职称 | 无职称 | 其他 |
| 薪酬福利待遇 | 12.50 | 14.04 | 20.73 | 20.39 | 25.00 | 25.00 | 15.83 | 23.08 | 16.78 | 11.54 |
| 工作与市场环境 | 29.17 | 22.81 | 26.83 | 18.45 | 37.50 | 16.67 | 20.86 | 22.44 | 27.27 | 26.92 |
| 生活环境与城市服务 | 20.83 | 17.54 | 9.76 | 16.50 | 12.50 | 16.67 | 17.99 | 12.82 | 11.89 | 15.38 |
| 城市经济与地位 | 4.17 | 12.28 | 12.80 | 13.59 | 25 | 12.50 | 12.95 | 12.18 | 13.99 | 7.69 |
| 城市文化认同 | 8.33 | 8.77 | 8.54 | 10.19 | 0 | 12.50 | 8.63 | 8.97 | 8.39 | 7.69 |
| 个人成长机会与空间 | 16.67 | 15.79 | 18.29 | 16.99 | 0 | 8.33 | 17.99 | 16.67 | 16.78 | 23.08 |
| 婚恋等个人主观原因 | 8.33 | 7.02 | 3.05 | 3.40 | 0 | 4.17 | 4.32 | 3.85 | 4.20 | 3.85 |
| 工作调动等客观原因 | 0 | 1.75 | 0 | 0.49 | 0 | 4.17 | 1.44 | 0 | 0.70 | 3.85 |

对表 7－7、表 7－8 加以综合分析，可归纳出如下三点规律：

第一，与图 7－2 的分析结果完全一致，“良好的工作与市场环境”、“更高的薪酬福利待遇”以及“个人成长与发展机会”是影响创意人才流动的前三位主导性因素，其中，“环境因素”在各类创意人才中所选比例多数高于20%，“薪酬待遇”也以超过15%的比例位居第二，这一结果与汪志红、谌新民等在探讨珠三角制造业人才流动动因的研究中，得出“薪酬福利、周边环境与交通成为影响企业人才流动的前两位因素”的结论大体一致，但“薪酬”与“环境”两者排名顺序的不同则又凸显了创意人才与传统产业人才的区别。对多数创意人才而言，他们对工作与市场环境的关注度已超过对物质利益的重视，他们更在乎宽容、自由、弹性的工作环境以及充分竞争、制度规范、版权受保护的公平公正的市场环境。

第二，有一例外的是，对那些年龄较大（41～50岁）、具有高级职称，又从事创意管理的技术类人才而言，“薪酬福利”因素对他们的流动影响居于第一位（见表7－7、表7－8）。对此，本书的解释是：对于年长类创意技术管理人员，其优势在于拥有丰富的工作经验与稳定的社会网络，但其劣势又在于创新能力伴随年龄增长在日渐衰退，加之自身在技术/职称上已触及顶层，创新动力减弱，因此，突破性创新对他们而言已较难实现。随着退休年龄的临近，他们更愿意趋向于报酬福利更优越、生活环境与城市服务（如医疗）更完善（22.22%）、对城市文化更认同（16.67%）的区域。事实上，与其他类型的创意人才相比，“生活环境与城市服务”因素对“三高型”（高龄、高职务、高职称）的创意人才的影响程度更大。而“城市文化认同”则对“两高型”（高龄、高职称）创意人才的影响作用较显著。

上述两大实证观点均有相应的文献理论支撑。王世平、毛海涛等的研究指出，高技能型劳动力通常前往特大城市、大城市中心（或邻近中心）的技术、资本密集型部门就业，这是因为，大城市劳动力匹配效率较高使工作机会更大，生产率更高，能为高技能劳动力支付更高的工资；收入增长更快，教育回报更高，人力资本积累速度更快，学习效应更强。而高技能型人口更偏好奢侈品消费，强调电影院、博物馆等有价值的消费的舒适性。同时，大城市能为其提供更多有效的面对面交流机会，从而对其产生较强的吸引力；Mion、Naticchioni 和 Glaeser、Resseger 认为，城市和技能之间具有互补性从而导致高效率劳动力集聚于大城市。

第三，正如 Baum－Snow and Pavan 指出：几乎没有证据表明劳动力在不同规模的城市存在严格分类，从现实情况来看，大城市同样汇集了技能相对较低的劳动者，因此，对年纪较小、职位较低、从事创意生产和没有技术职称的创意人才而言，“城市经济与地位”因素在其城市流动决策中影响较大。这种“愣头青”型的创意人才更容易受城市声誉、区域品牌、城市地位等外部评价性因素的影

响，因而容易引发盲从的羊群效应。而对从事中介服务的创意型人才而言，由于个人上升通道受限，因此，“个人成长”因素在其流动决策中影响不大。相反，城市的一些特质性因素如城市经济、城市地位、城市文化等对其影响显著，几近20%。Markusen 曾言：“在马歇尔型产业集群中，员工首先是对区域承诺，而不是对企业承诺。”这一描述贴切地揭示了这一点。

在表7－7、表7－8中，每一类因变量也有其自身的规律。本书将各种因素对各类创意人才流动的影响表现及其程度予以归纳，详见表7－9。

**表7－9 创意人才流动因素的具体影响表现与程度**

| 影响因素 | 影响表现与程度 |
|---|---|
| 薪酬福利待遇 | 整体位居第二，但对高龄、高职称、从事创意管理的技术类人才而言依然为第一影响因素 |
| 工作环境与市场环境 | 整体位居第一，且优势明显 |
| 生活环境与城市服务 | 对“三高型”（高龄、高职务、高职称）创意人才的影响程度较大 |
| 城市经济与地位 | 对年纪较小、职位较低、从事创意生产和没有技术职称的创意人才及中介型人才影响较大，容易诱发羊群效应 |
| 城市文化认同 | 对“两高型”（高龄、高职称）创意人才的影响作用较显著 |
| 个人成长机会与空间 | 整体位居第三，但与排名第二的“薪酬福利待遇”因素的影响程度相差不大，对低职称的创意人才影响较显著 |
| 婚恋等个人主观原因 | 随机 |
| 工作调动等客观原因 | 随机 |

首先，从年龄看，“个人成长与发展”因素对21～30岁年龄段的创意人才流动影响显著（18.69%），甚至略超“薪酬福利待遇”（18.43%），但对于31～40岁年龄段的创意人才而言，受家庭、创新能力减弱等因素影响，他们已将“薪酬福利”逐渐取代了“个人成长与发展”因素。这一结果与现实中“北漂”、“沪漂”一族以30岁以下年轻人居多的事实相互映衬。对“漂一族”而言，梦想、个人价值的实现对其影响更为突出。

其次，从人才类别看，“工作与市场环境”因素对研发设计、生产制作、市场营销类创意人才影响显著，但对创意管理人员而言，他们更受“个人成长与发展”因素的影响。毕竟，职位职务、技能职称的升迁对管理人员而言，是其自我价值实现的主要表现形式。

再次，从工作职务/岗位来看，本书发现，那些影响创意人才物质驱动的因素对职位越低的创意人才影响越发显著。从表7－8可知，对技师而言，影响其流动的因素全部集中于前4项，而与精神驱动力有关的因素（个人成长、城市文化认同）则丝毫未起作用。这种状况与马斯洛需求层次理论完全吻合。

最后，就技术/职称而言，“个人成长与发展”因素对职称越低的创意人才影响越显著，这符合人才的职业成长需求规律。

7.1.3.2 上海创意人才集聚表现的评价分析

创意人才在集聚区的行为表现可通过其自身感受与评价窥见一斑。表7－10对此予以了反映。本书将从人际氛围与关系、社会网络、信息共享三方面展开具体分析。

**表7－10 调研对象对创意人才集聚行为的评价**

| 问题 | 评价（%） | | | | |
|---|---|---|---|---|---|
| | 很好 | 良好 | 一般 | 较差 | 很差 |
| 1. 园区内创意人员的创新意识与氛围 | 26.67 | 35.9 | 31.79 | 3.59 | 2.05 |
| 2. 园区创新氛围对促进员工学习成长的作用 | 18.46 | 38.46 | 38.97 | 3.08 | 1.03 |
| 3. 园区内高端（知名）创意人才对其他创意人员的带动作用 | 16.41 | 40.51 | 34.36 | 7.18 | 1.54 |
| 4. 园区内同行员工之间的竞争 | 13.85 | 33.33 | 43.59 | 7.18 | 2.05 |
| 5. 园区内创意人员之间的交往与互动 | 15.9 | 30.26 | 47.69 | 4.62 | 1.54 |
| 6. 园区内创意人员的社会关系网络 | 14.36 | 36.41 | 42.56 | 5.64 | 1.03 |
| 7. 园区内的知识信息沟通渠道 | 15.9 | 30.26 | 46.15 | 6.67 | 1.03 |
| 8. 创意人员间知识信息共享机制 | 13.33 | 31.79 | 42.05 | 11.28 | 1.54 |
| 9. 园区内优秀员工的成长对其他员工的示范作用 | 18.46 | 31.28 | 41.54 | 7.69 | 1.03 |

（1）具有良好的创新氛围与人际关系。浓郁的创新氛围与良好的人际关系有助于激发创意人才的创新产出。在此次问卷中，63%的受访者认为上海创意园区内创意人员的创新意识强，在“很好”这一档次的所有评价中，“创新氛围”以26.67%的比例位居榜首。有超过一半的受访者（57%）认为，这样的氛围对自身的学习成长起到了积极的促进作用，尤其是园区内那些高端、知名的创意人士，他们通过对其他创意人员的带动作用使园区的创意氛围更为浓厚。在人际关系上，2/3的受访者认为，园内创意人才间的关系是竞争与合作并存，认为“只有竞争”的不足8%。正因如此，在评价园内同行员工竞争关系的剧烈程度时，认为“较激烈”和“一般”的比例分别为47%和44%。竞争与合作的这种相对均衡态势为良好人际关系维持稳定提供了可能。由此可见，受访者在集聚区内享有良好的创新氛围与人际关系。

（2）社会网络缔结有待加强。图7－3显示了上海创意人才获得当前就业的渠道与途径。位居前三的分别是：人才中介、猎头公司（29%）；创意企业直接招聘（28%）及基于亲戚、朋友、同学、同事等强连接网络关系（22%）。由此可得出如下三点判断：

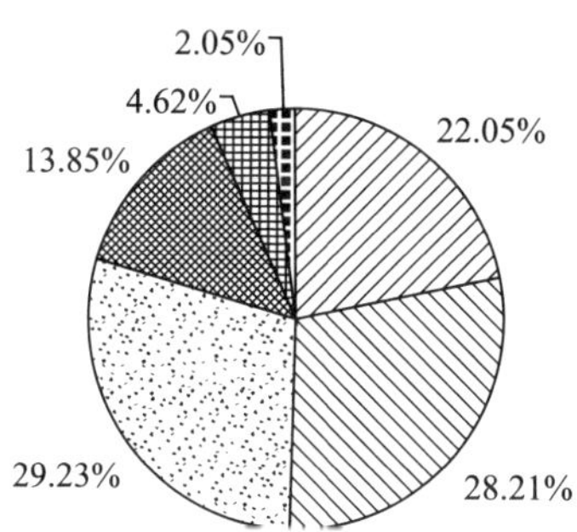


**图7－3　基于样本的上海创意人才就业渠道与途径**

第一，城市人才中介组织的发育程度（包括数量及其服务质量等）在促进人才流动中发挥着重要作用。当然，这也是现代服务业的一个重要组成部分。第二，直接通过与创意企业互动接洽的方式仍然是创意人才空间流动选择中的重要方式。第三，如前所述，上海创意人才以外地流入为主，当先期迁入者在此积累一定的工作经验和人际关系后，往往能引发基于血缘、乡缘、情缘的后期迁入者的流入。因此，在现代社会，社会网络将在人才、资金、信息等要素流动、交换中发挥日益显著的作用。

长期以来，我国企业界对非正式网络的构建与利用尚未给予足够重视，本书的实证结果也显示了这一点。调研数据显示，在近200个样本中，只有10%的创意从业人员自进入园区工作以来，加入了3个与工作相关的行业协会或专业组织，将近一半（45%）的创意人员甚至一个都没有加入。在微信、微博、QQ、论坛等现代交流平台日益发达的背景下，与园区内其他员工之间发展4个以上朋友圈（群）关系的比例仅为15%，有近1/3（30%）的比例选择了0个。正因如此，在“园区内创意人员之间的交往与互动”这一栏的评价中，受访者选择“一般”的比例高达48%，成为该档次所有选项中的最高项。而且，近一半（49%）的受访者自己也认为社会关系网络“一般”甚至“较差”。以上情况说明，虽然受访者在园区内有良好的创新氛围与员工关系，但这种关系或流于表面，还有待深化。上海创意人才需要跳出园区的空间限制，积极“走出去”拓展企业外关系和行业关系，以提升社会网络关系的广度和连接度。与此同时，还需要进一步夯实、强化与园区内员工的关系，使自身社会网络关系的节点得以加粗和强化。

（3）信息共享与知识溢出不容乐观。就理论而言，创意人才聚集于特定的园区空间，地理邻近、行业合作、面对面交流等理应带来信息成本的降低和知识的溢出。但从表7－10的数据看，受访者对园区知识信息共享方面的评价整体不容乐观。有超过一半（53%）的人认为园区在知识信息沟通渠道上“一般”、“较差”，同样，认为在信息共享机制上“一般”和“较差”的比例高达53%。即使园区内存在优秀员工的成长事例，依然有一半（49%）的受访者认为这对其他员工的示范作用“一般”甚至“较差”。究其原因，本书认为，这正与园区欠发达的社会网络有关。借助问卷调查中的访谈，我们获知，园区内经常性的互访和面对面的交流以促进知识、技术的流动现象不如想象中乐观，交流频率过少，互动平台欠缺，公共空间不足等严重阻碍了知识溢出效应的产生。良好的社会网络有利于知识的溢出与扩散，但调查样本的社会网络在数量、密集度与成熟度方面的不足在一定程度上限制了信息共享与知识溢出效应的发挥。

### 7.1.4 创意人才集聚效应评价分析

受问卷调研无法获得多样本企业所限，本书在此只对人才集聚的个体效应和园区效应展开分析。

#### 7.1.4.1 个体效应评价

创意人才集聚给人才自身带来的积极效应突出表现在“学习与创新能力增强”上。图7－4显示，这一比例高达73%，由于学习与创新能力的提升离不开对知识信息的积累与吸收，因此，“知识信息增加”效应（46%）尾随其后，成为对创意人才产生积极影响的第二表现。

| 选项 | 小计 | 比例 |
|---|---|---|
| 薪资水平提高 | 71 | 36.41% |
| 学习与创新能力增强 | 143 | 73.33% |
| 创新成果（产出）增多 | 60 | 30.77% |
| 知识信息增加 | 90 | 46.15% |
| 社会关系网络拓展 | 61 | 31.28% |
| 其他 | 13 | 6.67% |
| 本题有效填写人次 | 195 | |

**图7－4 创意人才集聚个体效应评价**

与传统产业集聚对规模性要求较高有所不同的是，创意产业集聚对企业差异性和互补性要求较高（这也是园区内企业通常规模较小的原因），异质性的存在意味着人才可替代性弱，“创意”在产品中的价值又决定了创意人才在企业中的地位，加之创意生产具有互补协同性，因而需求方——创意企业对人才要素价格的议价能力被削弱，而劳动供给方——创意人才议价空间得以提升，因此，在问卷调查中，有超过1/3的受访者认为人才集聚提高了自身的薪资水平。不过，在后续的问卷中，我们发现这种收入的增幅相对较小，具体情况是：将近20%的调研对象表示近三年内收入没有增加，只有1/4的受访者认为收入增加但幅度小于10%，增幅超过20%的仅为样本数的15%。此后，随着对问卷分析工作的继续推进，发现上述薪资增幅与受访者的职务升迁存在密切联系，图7－5显示，入园工作以来，职务升迁达2次的比例与收入增幅10%～20%的比例均为15.4%，而收入未增加的比例（45%）与升迁为0次的比例（52%）较为接近。

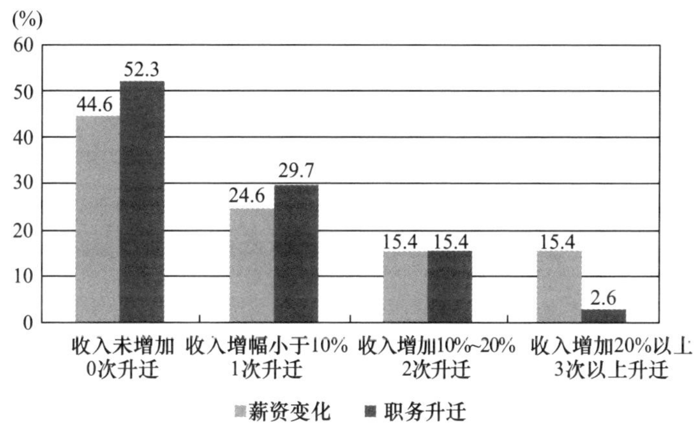


**图7－5 样本薪资变化与职务升迁次数**

创意人才集聚个体效应排名相对靠后的为“创新成果（产出）增多”和“社会关系网络拓展”。综合看，创新成果主要体现在新产品、新作品（65%）以及新生产工艺或管理手段的改进（38%）上，但专利申请量表现不突出（16%），这既与受访对象或样本园区的性质、类型有关，也与它们的整体实力水平相关。至于“社会关系网络拓展”效应的薄弱，则是创意人才自身社会网络缔结不发达的直接结果，本书7.1.3节的分析为其原因所在。

7.1.4.2 园区效应评价

如图7－6所示，超过一半的受访者认为，创意人才在园区的集聚首先改善了园区的人才队伍状况，使其在人才数量和质量方面都获得了日益提高和优化。

伴随园区人力资本的整体改善，园区的创新能力与创新成果也得到了相应提高（45%），园区的配套条件、环境设施以及管理水平同样伴随上海文化创意产业的发展获得了改良（40%）。经年累月，园区品牌开始形成，知名度日渐提升（33%）。只是，如前文所述，园区整体薪酬的提高被置于末端（25%），增幅较缓。

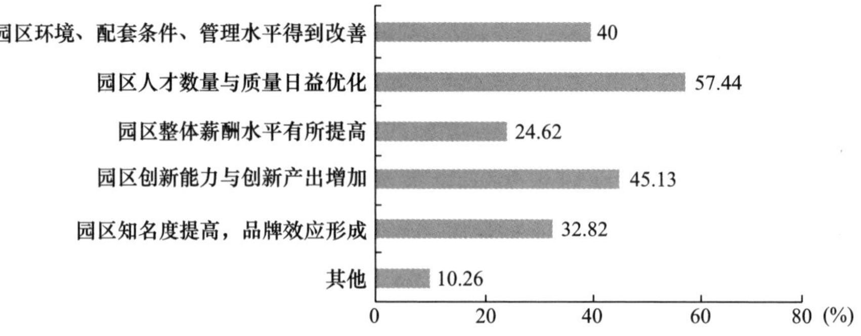


图7－6 创意人才集聚园区效应评价

对于园区的整体评价，虽然58%的受访者表示了“很满意”和“比较满意”，但仍然有40%的人给出了“一般”的评价。对此，本书将创意人才年龄与满意度进行交叉分析，发现在剔除样本数较少的极端值外，对园区总体满意度最高的年龄段是21～30岁，其给出的“满意”的评价合计57%，而且，年龄越大，对园区的满意程度越低。表7－11显示，31～40岁年龄段做出“一般”评价的比例要比21～30岁年龄段高出7个百分点。与此相对应的是，受访者想继续留在园区发展的意愿整体不高，合计51%，而选择“一般”的比例达到46%。

表7－11 年龄、工作年限与园区满意度、留任意愿交叉分析

| 年龄/园区满意度 | 很满意 | 较满意 | 一般 | 不满意 | 很不满意 |
|---|---|---|---|---|---|
| <20岁 | 50.00 | 50.00 | 0.00 | 0.00 | 0.00 |
| 21～30岁 | 9.09 | 48.25 | 39.86 | 2.80 | 0.00 |
| 31～40岁 | 2.33 | 51.16 | 46.51 | 0.00 | 0.00 |
| 41～50岁 | 0.00 | 100 | 0.00 | 0.00 | 0.00 |
| >51岁 | 0.00 | 0.00 | 100 | 0.00 | 0.00 |
| 工作年限/留任意愿 | 很强 | 较强 | 一般 | 较弱 | 很弱 |
| <1年 | 8.33 | 43.33 | 43.33 | 3.33 | 1.67 |

续表

| 工作年限/留任意愿 | 很强 | 较强 | 一般 | 较弱 | 很弱 |
|---|---|---|---|---|---|
| 1~3 年 | 12.82 | 41.03 | 43.59 | 1.28 | 1.28 |
| 4~6 年 | 3.13 | 37.50 | 59.38 | 0.00 | 0.00 |
| 7~10 年 | 15.38 | 46.15 | 15.38 | 23.08 | 0.00 |
| >10 年 | 8.33 | 41.67 | 41.67 | 8.33 | 0.00 |

在伊兰伯格的劳动经济学中，假定年龄不变，人在工作岗位上工作的时间越长，流动的可能性会越小。于是，本书将创意人才的工作年限与留任意愿做交叉分析，其结果与伊兰伯格的观点大体一致，见表 7－11。

表 7－11 中，在选择留任意愿"很强"、"较强"时，工作年限 7~10 年的创意人才的比例均为最大，分别达 15% 和 46%。以上分析得出了一个有趣的现象，即工作年限越长、年龄越大的创意人才对园区的满意度越低，但其留在园区继续发展的意愿却最强。这看似矛盾的现象其实在现实中并不少见。伴随在园区工作时间的增长，创意人才对园区的了解程度加深，发现问题、产生不满的机会与频率自然相对较高，从而在较大程度上影响对园区满意度的整体评价。另外，年龄增长、创新能力减弱、工作生活定型化、追求稳定等原因使工作年限较长者开始进入衰减稳定期，这极大地削弱了这部分群体的流动能力和流动意愿，从而表现出较强的留任意愿。

以上分析表明：受访对象对园区的整体评价及留任意愿并不是太过强烈，那么，会有哪些可能的原因迫使他们选择离开呢？结果如图 7－7 所示。

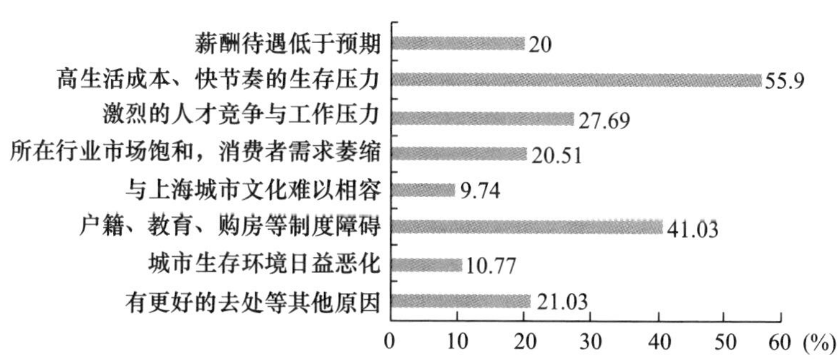


**图 7－7 影响创意人才离开园区的可能原因**

由图 7－7 可知，导致创意人才离开的主要原因在于大都市日渐高涨的生活成本开支以及快节奏的生存压力，这使 56% 的人产生了逃离意愿。同时，迫使创意人才选择离开的还有个人无法逾越的来自户籍、教育、购房等政策、制度性障碍。此外，面对激烈的人才竞争与工作压力，28%的受访者也将因此而选择离开。

创意人才是城市未来发展的活力源，尽管人才流动有利于经济生命体的新陈代谢，但过高的流动率不利于城市人力资本的积累和优化。因此，在未来文化创意产业发展中，我们既需要提高城市吸引力，以集聚、吸纳高端人才，优化人才队伍结构，同时也要密切注意如何“留住”这些受过良好教育、具有创新能力的人才群体，推动城市创新文化与传统的形成发展。

### 7.1.5 研究小结

基于上海四个创意产业园区的195份有效问卷，本书对上海创意人才的群体特征、集聚行为表现及效应评价展开了分析，主要研究结论如下：

（1）上海创意人才群体是一支以年轻化、高学历、外地流入为主要特征的队伍。他们多数为大学本科、研究生毕业，年龄集中于21～30岁，带着良好的创新能力与强烈的自我实现愿望从外地流入上海。他们具有较强的流动偏好，企业跳槽行为较为频繁。因为年轻，他们的工作年限普遍不长，这使创意人才队伍中资深创意人才相对匮乏。上海是一个高消费城市，创意人才群体具有较明显的“月光”趋势，来自住房、社会交往等方面的开支使他们面临巨大的生存压力。

（2）创意人才在上海创意园区的集聚深受不同因素的影响，同一因素对不同类型的创意人才，影响程度也不尽相同。其中，工作与市场环境、薪酬福利待遇、个人成长与发展是影响创意人才流动的前三位主导性因素，对多数创意人才而言，他们对宽容、自由、弹性的工作环境以及公平、规范的市场环境的关注已超过对物质利益的重视，这从侧面反映出精神价值驱动已成为样本对象流动的主要动力。而位居第三的“个人成长与发展”因素对创意管理人员具有更强烈的影响。此外，“生活环境与城市服务”对“三高型”（高龄、高职务、高职称）创意人才影响较大，“城市文化认同”对“两高型”（高龄、高职称）创意人才影响较显著。而对于年纪较小、职位较低、从事创意生产和中介服务、没有技术职称的创意人才而言，他们更容易受“城市经济与地位”这种外部评价性因素影响，容易产生盲目的羊群效应。从年龄看，“个人成长与发展”对21～30岁年龄段的创意人才流动影响显著，但对于31～40岁年龄段的创意人才而言，“薪酬福利”取代“个人成长与发展”成为第一考虑要素。

（3）基于样本，创意人才在集聚行为方面的表现呈现出如下特征：①具有良好的创新氛围与人际关系，人才间竞争与合作并存。②创意人才间的社会关系不够深化，行业关系拓展不广，社会网络缔结有待加强。③信息沟通渠道、共享

机制整体评价“一般”，知识溢出效应受到限制。

(4) 尽管知识溢出效应受限，但创意人才集聚的个体效应突出地表现在人才学习与创新能力的提升上，其次为知识信息增加。这一矛盾实际上反映了创意人才对获取知识信息的强烈意愿。虽然人才集聚促进了薪资水平的提高，但增幅不大，且与职务升迁紧密相关。人才集聚对拓展样本对象的社会网络关系表现不太突出，在促进人才创新成果增加方面，集中体现在新产品、新工艺改进上，专利申请量增加不显著。

(5) 样本对象认为，人才集聚给园区带来的效应主要体现在园区人才数量与质量的提升和改进上，这使园区创新成果增加，环境得以改善，知名度提高。但受访者对园区的总体评价居于中等水平，继续留任的意愿也并不是太过强烈，导致其离开的可能原因主要包括不堪高涨的生活成本开支、政策制度限制及激烈的竞争压力。

## 7.2 针对创意人才“集聚效应”的实证

上文基于问卷的调查分析有助于对创意人才的群体特征、集聚行为表现及效应的自我评价获得初步了解和把握。然而，集聚经济是一种规模经济，上海作为我国文化创意产业发展整体实力靠前、创意从业人员规模位居前五的城市，有必要、有条件从城市这一层面，对创意人才集聚效应的具体表现、变化态势及其内在联系展开分析，以便总结规律、发现问题、获得经验。

### 7.2.1 评价指标体系构建与说明

上海文化创意产业人才涵盖的范围较大，主要涉及设计、咨询、时尚消费、传媒产业、文艺演出及展示、软件、动漫等行业。图 7 - 8 直观地反映了近年来上海创意从业人员规模的变化态势。依然以科学研究、技术服务，文化、体育和娱乐业，以及信息传输、软件和信息技术服务三大行业的创意从业人数为计，在 2005 ~2014 年，上海创意从业人数以年均 13% 的速度整体增长了 2.42 倍。受 2008 年国际金融危机滞后性等因素影响，上海创意从业人数在 2010 年出现过短期下滑，但在历经 2011 年的平稳增长后，自 2012 年开始又表现出快速上升态势。创意人才在上海的城市集聚，所产生的效应表现如何？各效应的演变趋势与规律怎样？本书将通过基于统计数据的实证对上述问题展开探讨分析。

基于本书第 2 章、第 5 章的相关理论，在借鉴、修改彭树远和牛冲槐文献的基础上，本书构建了上海创意人才集聚效应评价指标体系，如表 7 - 12 所示。

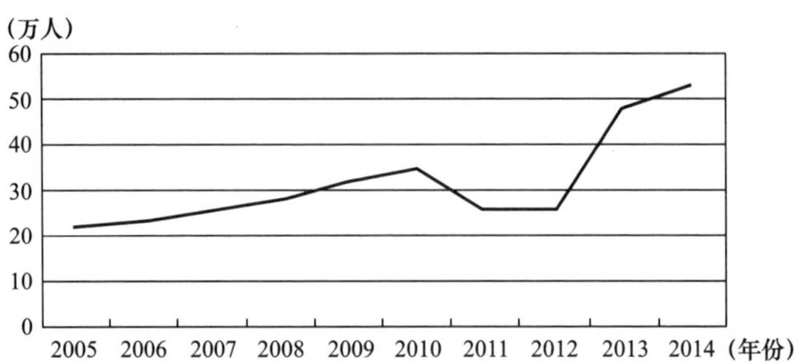


**图7-8 上海创意从业人员规模增长态势(2005~2014年)**

资料来源:各年《中国劳动统计年鉴》。

**表7-12 上海创意人才集聚效应评价指标体系**

| 一级指标 | 二级指标 | 备注说明 |
|---|---|---|
| A1<br>信息共享效应 | X1 图书馆书籍文献外借情况(万人次)<br>X2 博物馆、纪念馆参观人数(万人次)<br>X3 电视广播公共节目播出时间(小时) | X1、X2从需求角度;X3从供给角度反映创意人才以低成本或免费获得信息、实现信息共享的程度 |
| A2<br>集体学习效应 | X4 文化机构组织的活动(次)<br>X5 艺术表演团体数(个) | 从供需角度反映创意人才集聚对人才获得隐性知识的满足程度 |
| A3<br>学习成长效应 | X6 就业人员大学本科以上学历占比(%)<br>X7 获得高级职业技能证书的人数(个) | 从人才质量角度反映集聚效应,X6彰显对学历结构的提升效应;X7反映对人才职业技能提升的拉动效应 |
| A4<br>知识溢出效应 | X8 技术合同成交额(亿元)<br>X9 项目课题数(万项) | 从供需角度反映创意人才集聚对知识再造能力的带动效应 |
| A5<br>创新效应 | X10 专利申请量(项)<br>X11 发表论文数(篇)<br>X12 图书新出版数量(种)　　版权<br>X13 摄制和译制电影数(部) | 反映创意人才集聚对创意产业的各种创新推动,其中,X10反映专利,X11~X13反映对版权的促进效应 |
| A6<br>规模效应 | X14 主要文化机构数量(个)<br>X15 创意行业从业人员数(个) | 从组织和人员数量变化的角度反映创意人才的集聚效应 |

A1——信息共享效应。该效应是指因克服时空限制、以较低成本获得相关信息的优势。图书馆、电视、广播、博物馆、纪念馆等作为公共文化服务机构,是一个城市实现知识信息传播与扩散的重要载体,图书馆书籍文献的外借人次(X1),博物馆、纪念馆等文化场馆参观人数的多寡(X2)能从需求角度反映人

才的集聚效应，而电视广播公共节目播出的时间长短（X3）则主要从供给的角度对人才集聚效应做出反应。通常，区域内集聚的创意人才越多，其对知识信息的需求（X1、X2）、文化机构与创意组织对文化创意产品的供给（X3）也就越丰富，因此，上述三个指标能对创意人才在自身区域内信息共享的质量、数量、结构等方面做出判断，其数值越大，说明创意人才集聚效应越强。

A2——集体学习效应。文化机构组织的活动（X4）包括文艺活动、理论研讨、讲座、培训班、展览会等形式，加上由创意人士组织的各种艺术表演团体（X5），这些都是帮助创意人才实现更密切的人员交互、获得更多隐性知识、建立弱连接的场所和机会。通常，创意人才在特定地域的高度集聚，能带动当地对文化创意产品供给能力和需求水平的提高，因而，该区域文化机构组织的活动也更为丰富，艺术表演团体数也相应更多，进而反映创意人才集聚对区域内人才集体学习的拉动作用。因此，X4、X5 两个指标的数值越高，说明创意人才的集聚效应越好。

A3——学习成长效应。创意人才的集聚效应同时体现在对创意人才质量的优化提高上。人才的学习成长可以从经验积累、知识增加、技能提升、岗位升迁等方面得以表现，学历提高、技能优化、职称或职位提升等是其常用的量化指标。因此，用就业人员中大学本科以上学历占比（X6）、获得高级职业技能证书的人数（X7）两项指标，可以分别反映创意人才在学历和职业技能方面的优化程度，综合反映创意人才集聚对人才质量的促进效应。一般而言，随着人才集聚规模的扩大，人才竞争加剧，示范与带动作用加强，人才间的竞争机制能促进创意人才增加对自身的人力资本投资，因而创意人才集聚对人才质量的改进具有积极的正面推动效应。

A4——知识溢出效应。知识传播主要表现为知识的复制，而知识溢出往往反映知识的再造。专利引用、技术服务、商品流动等是知识溢出的重要载体，技术合同成交额（X8）能代表创意、科技与经济相结合，将创新成果转化为市场价值的水平，既能反映人们对创意市场的需求，也能反映特定区域对创意产品的供给能力，它和开展的项目课题数（X9）一起成为反映知识溢出效应水平的指标，因此，X8、X9 主要从供需两个角度反映创意人才集聚对知识再造能力的带动效应。

A5——创新效应。创意主要涉及科学创造、文化创意和经济创意三个部分，因此创意人才也相应涉足科学研究、文体娱乐、信息技术等多个领域，在表 7－12 的指标体系中，包括发明、实用新型、外观设计在内的专利申请量（X10）能有效反映设计类、科技研发类等创意人才的各种创新成果。由于创意产业更多以版权作为市场特征，因此，本书考虑到这一点，将发表论文数（X11）、图书新出版数量（X12）、摄制和译制的电影数（X13）这三类以版权为主要特征的指标，作为创意人才集聚带动创意人才创新成果的主要衡量指标。显然，这四个指标数值越高，代表人才集聚所产生的创新效应越强。

A6——规模效应。人才集聚的规模效应主要体现在组织数量与人才数量的增长上。创意企业（组织）是创意人才依托的微观主体，也是文化创意产业的基本生产经营单位。一个文化创意产业发达的城市往往云聚集了较多数量的企业群体、专业服务机构和各类从业人员，X14 中所涉及的文化机构主要包括艺术机构、图书馆、群众文化活动机构、文化市场经营机构、新闻出版机构等，既涵盖了文化创意事业单位，也囊括了文化市场类企业或机构。一般情况下，在积极的人才集聚效应分析中，创意行业从业人员数（X15）随产业发展、集聚效应的增强而增加。

### 7.2.2 数据来源、研究方法与计算结果

#### 7.2.2.1 数据来源

本书的基础数据来源情况如下：X6、X7、X15 三项指标的数据来源于各年《中国劳动统计年鉴》，X11 指标数据来源于各年《上海科技统计年鉴》，其余指标数据均来自于各年的《上海统计年鉴》。

#### 7.2.2.2 计算方法步骤与数据结果

本书采用熵值法，对上述各项指标赋予客观权重。通常，信息无序程度越低，其指标权重就越大，得到的信息熵就越小。熵值法具体的计算步骤以及实证分析的计算结果如下。

（1）构建初始数据矩阵。首先确定因变量和自变量，根据指标体系收集与整理原始数据。假定评价体系有 n 个指标，m 个样本，则可构建初始数据矩阵：

$$X=\begin{Bmatrix} x_{11} & x_{12} & \cdots & x_{1n} \\ x_{21} & x_{22} & \cdots & x_{2n} \\ \vdots & \vdots & \ddots & \vdots \\ x_{m1} & x_{m2} & \cdots & x_{mn} \end{Bmatrix} \quad X=|x_{ij}|_{m*n}(0\leqslant i\leqslant m,\ 0\leqslant j\leqslant n) \tag{7-1}$$

其中，$x_{ij}$表示第 i 个样本在第 j 项评价指标的数值。本书的评价系统是一个包括 10 个样本（2005 ~ 2014 年）、15 个指标的初始数据矩阵。

（2）建立标准化矩阵。在评价指标体系中，为消除不同计量单位和数量级（即量纲不同）对结果的影响，需要通过对指标的归一化处理实现异质指标的同质化。标准化处理常用的方法有二，方法一为：

$$x'_{ij}=\frac{x_{ij}-x_{min}}{x_{max}-x_{min}} \quad 或 \quad x'_{ij}=\frac{x_{max}-x_{ij}}{x_{max}-x_{min}} \tag{7-2}$$

其中，$x'_{ij}$为标准化值，$x_{ij}$为 j 项指标值，$x_{max}$、$x_{min}$分别为第 j 项指标的最大

值和最小值。若所用指标的值越大越好（即为正向指标），则使用前一个公式；若为负向指标，即所用指标值越小越好，则选用后一个公式。

标准化方法二为：

$$x'_{ij} = \frac{x_{ij} - \overline{x_j}}{S_j}, \text{其中}, \overline{x_j} = \frac{1}{n}\sum_{i=1}^{n} x_i, S_j = \frac{1}{n-1}\sum_{i=1}^{n}(x_{ij} - \overline{x_j})^2 \tag{7-3}$$

$\overline{x_j}$代表第 j 项指标的平均值，$S_j$ 为其标准差。

上述标准化处理实现了原始数据的归一化，而后采用下列公式计算第 j 项指标下第 i 个样本的比重：

$$p_{ij} = y_{ij} = Y = \frac{x'_{ij}}{\sum_{i=1}^{m} x'_{ij}} \tag{7-4}$$

以此建立数据的比重矩阵 $Y = \{y_{ij}\}_{m*n}$：

$$Y = \begin{Bmatrix} y_{11} & y_{12} & \cdots & y_{1n} \\ y_{21} & y_{22} & \cdots & y_{2n} \\ \vdots & \vdots & \ddots & \vdots \\ y_{m1} & y_{m2} & \cdots & y_{mn} \end{Bmatrix} \quad Y = |y_{ij}|_{m*n}(0 \leqslant i \leqslant m,\ 0 \leqslant j \leqslant n) \tag{7-5}$$

本书使用式（7－2）中的正向指标公式对原始数据进行标准化后的结果如表 7－13 所示。

**表 7－13 标准化后的样本矩阵结果**

| | 2005 年 | 2006 年 | 2007 年 | 2008 年 | 2009 年 | 2010 年 | 2011 年 | 2012 年 | 2013 年 | 2014 年 |
|---|---|---|---|---|---|---|---|---|---|---|
| X1 | 0.1404 | 0.1581 | 0.1545 | 0.0000 | 0.0089 | 0.0133 | 0.0185 | 0.0135 | 0.2292 | 0.2637 |
| X2 | 0.0000 | 0.0378 | 0.0177 | 0.0386 | 0.0386 | 0.0376 | 0.0552 | 0.1783 | 0.2636 | 0.3325 |
| X3 | 0.0000 | 0.0450 | 0.0915 | 0.0942 | 0.0998 | 0.1050 | 0.1343 | 0.1473 | 0.1434 | 0.1394 |
| X4 | 0.0066 | 0.1809 | 0.2280 | 0.0849 | 0.0166 | 0.0031 | 0.0000 | 0.0762 | 0.0967 | 0.3069 |
| X5 | 0.0240 | 0.0599 | 0.0778 | 0.0898 | 0.0000 | 0.0359 | 0.0749 | 0.1826 | 0.2126 | 0.2425 |
| X6 | 0.0000 | 0.0700 | 0.0528 | 0.0722 | 0.0974 | 0.0925 | 0.1067 | 0.1316 | 0.1455 | 0.2314 |
| X7 | 0.0000 | 0.0256 | 0.0360 | 0.0610 | 0.0309 | 0.1204 | 0.1366 | 0.1289 | 0.2372 | 0.2233 |
| X8 | 0.0000 | 0.0430 | 0.0767 | 0.0969 | 0.0985 | 0.1121 | 0.1216 | 0.1362 | 0.1485 | 0.1665 |
| X9 | 0.0000 | 0.0900 | 0.0675 | 0.0478 | 0.0759 | 0.0965 | 0.1256 | 0.1443 | 0.1612 | 0.1912 |
| X10 | 0.0000 | 0.0108 | 0.0473 | 0.0657 | 0.0964 | 0.1257 | 0.1552 | 0.1633 | 0.1756 | 0.1600 |
| X11 | 0.0000 | 0.0281 | 0.0578 | 0.0998 | 0.1354 | 0.1257 | 0.1338 | 0.1363 | 0.1362 | 0.1469 |
| X12 | 0.0095 | 0.0119 | 0.0000 | 0.0406 | 0.0722 | 0.1017 | 0.1631 | 0.1913 | 0.2160 | 0.1938 |
| X13 | 0.0351 | 0.0000 | 0.0000 | 0.1404 | 0.0175 | 0.1053 | 0.1404 | 0.1667 | 0.1579 | 0.2368 |
| X14 | 0.0347 | 0.0973 | 0.0765 | 0.1486 | 0.1145 | 0.1784 | 0.1411 | 0.1256 | 0.0833 | 0.0000 |
| X15 | 0.0000 | 0.0113 | 0.0340 | 0.0635 | 0.1025 | 0.1297 | 0.0388 | 0.0405 | 0.2642 | 0.3156 |

（3）计算熵值 $e_j$ 和信息效用值 $d_j$。

第j项指标的信息熵值 $e_j$ 的计算公式为：

$$e_j = -K\sum_{i=1}^{m} y_{ij}\ln(y_{ij}) \tag{7-6}$$

其中，K为常数，$K=\frac{1}{\ln(m)}>0$，满足 $e_j \geq 0$。

各项指标的信息效用值取决于该指标的信息熵 $e_j$ 与1之间的差值，该差值称为冗余度，用 $d_j$ 表示：$d_j = 1 - e_j$。本书计算出的 $e_j$、$d_j$ 值见表7-14。

**表7-14　样本矩阵 $e_j$、$d_j$、$w_j$ 值**

| 指标 | $e_j$ | $d_j$ | $w_j$ | 指标 | $e_j$ | $d_j$ | $w_j$ |
|---|---|---|---|---|---|---|---|
| X1 | 0.7714 | 0.2286 | 0.1076 | X9 | 0.9189 | 0.0811 | 0.0382 |
| X2 | 0.9349 | 0.0651 | 0.0307 | X10 | 0.8868 | 0.1132 | 0.0533 |
| X3 | 0.7621 | 0.2379 | 0.1120 | X11 | 0.9210 | 0.0790 | 0.1120 |
| X4 | 0.7642 | 0.2358 | 0.1110 | X12 | 0.8296 | 0.1704 | 0.0408 |
| X5 | 0.8555 | 0.1445 | 0.0680 | X13 | 0.8286 | 0.1714 | 0.0382 |
| X6 | 0.9133 | 0.0867 | 0.0408 | X14 | 0.9219 | 0.0781 | 0.0802 |
| X7 | 0.8506 | 0.1494 | 0.0703 | X15 | 0.7863 | 0.2137 | 0.1006 |
| X8 | 0.9300 | 0.0700 | 0.0329 | | | | |

（4）计算各项指标的权重 $w_j$。权重反映的是某指标信息的价值系数，若价值系数越高，则权重越大，意味着对评价结果的贡献越大，第j项指标的权重计算如式（7-7）所示，计算结果见表7-14。

$$w_j = \frac{d_j}{\sum_{j=1}^{n} d_j} \tag{7-7}$$

（5）计算各项指标的综合得分：

$$s_j = \sum_{j=1}^{n} w_j \cdot y_{ij} \tag{7-8}$$

最终得到的每项指标得分（即得到的各项集聚效应得分）如表7-15所示。

**表7-15　上海创意人才集聚的部分效应得分**

| 年份 | 信息共享效应 A1 | 集体学习效应 A2 | 学习成长效应 A3 | 知识溢出效应 A4 | 创新效应 A5 | 规模效应 A6 |
|---|---|---|---|---|---|---|
| 2005 | 0.0151 | 0.0024 | 0.0000 | 0.0000 | 0.0017 | 0.0028 |

续表

| 年份 | 信息共享效应 A1 | 集体学习效应 A2 | 学习成长效应 A3 | 知识溢出效应 A4 | 创新效应 A5 | 规模效应 A6 |
|---|---|---|---|---|---|---|
| 2006 | 0.0226 | 0.0241 | 0.0047 | 0.0049 | 0.0042 | 0.0089 |
| 2007 | 0.0214 | 0.0306 | 0.0047 | 0.0051 | 0.0090 | 0.0095 |
| 2008 | 0.0072 | 0.0155 | 0.0072 | 0.0050 | 0.0217 | 0.0183 |
| 2009 | 0.0083 | 0.0018 | 0.0061 | 0.0061 | 0.0239 | 0.0195 |
| 2010 | 0.0089 | 0.0028 | 0.0122 | 0.0074 | 0.0289 | 0.0273 |
| 2011 | 0.0123 | 0.0051 | 0.0140 | 0.0088 | 0.0353 | 0.0152 |
| 2012 | 0.0259 | 0.0209 | 0.0144 | 0.0100 | 0.0381 | 0.0141 |
| 2013 | 0.0586 | 0.0252 | 0.0226 | 0.0110 | 0.0394 | 0.0332 |
| 2014 | 0.0699 | 0.0505 | 0.0251 | 0.0128 | 0.0419 | 0.0317 |

### 7.2.3 结果讨论

基于表 7－15 的得分结果，可知过去十年来，创意人才在上海所产生的集聚效应具有如下几方面的特征：

#### 7.2.3.1 信息共享与集体学习效应变化趋势大体一致

图 7－9 显示了上海创意人才信息共享与集体学习两种集聚效应的变化趋势，不难看出，两者在整体发展趋势上大体表现一致。这是因为：创意人才集体学习的过程往往同时伴随知识信息的交流互动，参与者通过各种形式的集体活动能实现知识增量的增加，因此，集体学习将有利于知识信息的传播与扩散，从而对信息共享效应的发挥具有推动作用。反过来，在众多促进信息共享效应的途径与方式中，以研讨会、展览会、行业聚会、业务合作、培训班等为主要活动形式的集体学习，能较好地将各类创意人才聚合在一起，并基于地理的邻近性，帮助他们克服时空障碍，以较低甚至免费的成本获得相关信息。这种优势使集体学习成为实现信息共享效应的重要路径之一，对集体学习的途径依赖，使信息共享效应的表现直接影响集体学习效应的表现。也即：信息共享效应表现越强，其对集体学习的依赖和带动作用也就越充分，对其促进作用也就越大，这种“你荣我荣”、唇齿相依的关系使两者成为“命运共同体”，实现双向联动发展。

从图 7－9 可知，上海创意人才信息共享与集体学习效应在 2008 年前后均有一定程度的下滑，受国际金融危机影响，虽然此时人才规模效应尚未受到冲击（从表 7－15 的数据来看，金融危机前后，规模效应得分不仅没有减少，反而处于递增状态），但对宏观经济的悲观预期以及创意企业经营恶化，使创意人才间

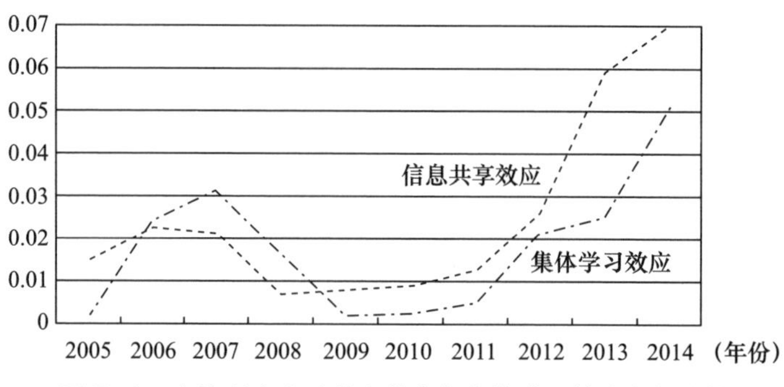


**图7－9　上海创意人才信息共享与集体学习效应变化趋势**

的知识信息交流、交互式集体探讨、业界共同学习等活动在数量、频率、密切度上出现减弱，从而使信息共享效应、集体学习效应在2007～2009年出现短暂走低。但伴随我国成功应对金融危机，2009年国家《文化产业振兴规划》将文化产业上升为国家战略的政策激励，使创意企业的生存环境获得改观，社会对创意活动的关注度、创意人才间的交流活跃度、创意创新氛围的创建等都被重新激发，在此背景下，信息共享效应、集体学习效应也由此走上持续加强的通道。

在本节所探讨的六类集聚效应中，信息共享效应的得分整体表现居前，尤其是自2012年后的最近几年，更是以分值第一的排名表现强劲。这既与上海在近年来强化对文化、信息公共服务方面的建设紧密相关，也与上海创意城市、智慧城市的功能建设目标一脉相承。图书馆、群艺馆、剧院、博物馆、公共媒体等设施的改善为信息共享效应的实现创造了良好条件，而城市智能化建设则为人才的信息共享带来了便利和快捷。由此可见，从城市尺度看，政策的激励、环境条件的改善为创意人才信息共享效应成效的提升创造了条件。

#### 7.2.3.2　知识溢出、学习成长、创新效应三者联动发展，趋势性良好，但知识溢出效应仍有改进空间

创意人才在上海的集聚促进了创新网络的形成，这是一种将各类创意型、知识型人才聚合在一起，进行共同学习、交流和协作的复合型网络，人才间通过长期正式和非正式的交流合作，不仅实现知识的螺旋式增加，产生知识溢出效应，并相继引发人才的成长突跃效应，与此同时，人才在创新网络中的频繁互动还将进一步激发人才的智慧潜能，使之创新能力得以提高，生态位得到扩张。这样的逻辑关系使知识溢出效应、人才的学习成长效应与创新效应三者之间相互联动、共同演进。图7－10对此予以了直观印证。

无论是图7－10（a）中的折线曲线，还是图7－10（b）中的趋势线，都充分显示了创意人才在知识溢出效应、学习成长效应、创新效应三方面具有变化趋势上的整体一致性。

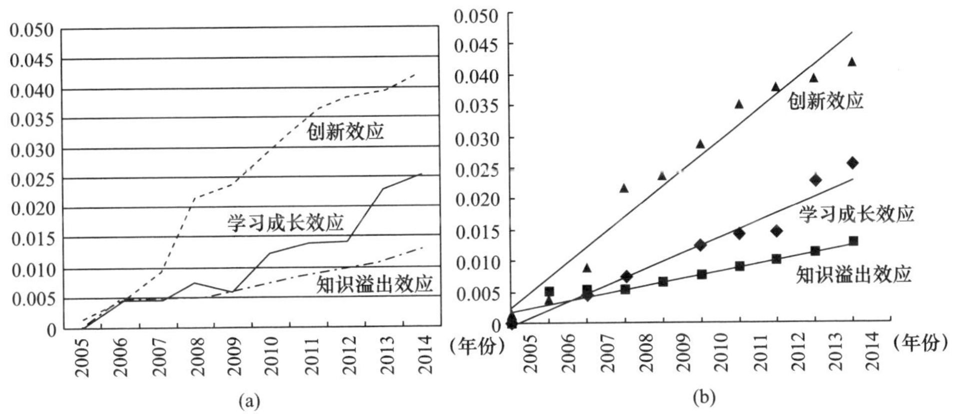


**图 7－10 上海创意人才知识溢出、学习成长、创新效应变化趋势**

创意人才的成长主要基于对知识信息的获取与吸收，因此，知识溢出效应是创意人才实现学习成长的条件和途径，而创新则体现为对知识信息和个人才华的创造性运用，是对生产要素的重新组合。可见，创新的产生不能简单依靠知识的复制利用，而必须严重依赖于人才的学习成长和质量，如前文所述，创新效应是知识溢出效应的联动效应，也是人才学习成长效应和知识溢出效应两者叠加的必然结果与最终体现。更值得注意的是，这种叠加从效应大小看，并非简单的 1＋1＝2，而是表现为更大的作用力和影响力，即非线性改变。从图 7－10 的曲线位置看，创意人才在知识溢出、学习成长、创新效应上由低至高，依次递增，学习成长效应大于知识溢出效应，而创新效应位居高位，又远大于学习成长效应。此刻，熊彼特关于“创新是建立一种新的生产函数”的论述得到了生动体现。

此外，创新对生产力的建设性“破坏”还能从效应趋势线的斜率对比中得到反映。在图 7－10（b）中，不难发现，学习成长效应趋势线的斜率大于知识溢出效应趋势线，而创新效应趋势线斜率又大于另外两条线的斜率，而且斜率差随时间变动越变越大。由此进一步说明，创意人才集聚的知识溢出、学习成长与创新效应在边际效应上也存在差异，其中，还是以创新的边际效应最高。

基于上述三种效应在 2005～2014 年逐年稳步递增的态势，可以说明，创意人才在上海城市层面的集聚，至少在知识溢出、学习成长和创新三方面整体趋势良好，而且正以符合经济发展规律的、健康科学的内在联系实现共同推进。

需要指出的是，尽管良好的信息共享效应为知识溢出创造了条件，但在本节所探讨的六种集聚效应中，分值位居末尾的属知识溢出效应。究其原因，本书认为主要与如下三个方面有关：

第一，基于知识溢出对外部性影响的不同。Henderson将外部性分为行业内外部性（Intra－industry Externalities）和行业间外部性（Inter－industry Externalities），同一产业内部企业之间的知识信息交流与积累所产生的外部性称为行业内外部性，又称专业化外部性或MAR外部性；不同行业之间的企业在同一区位所产生的外部性称为行业间外部性，又称Jacobs外部性。基于文化场馆、公共活动与信息服务设施的公共性，其所产生的信息共享效应对知识溢出的促进主要集中在行业间，即Jacobs外部性上，而MAR外部性则更多地取决于创意企业与创意人才在产业集群或园区内的交流互动。然而，本书7.1节的问卷调查结果显示，上海创意园区在信息共享机制、信息沟通渠道、人才社会网络关系缔结状况等方面的不足对知识溢出效应的发挥起到了限制作用。

第二，市场结构影响了中小型创意企业对信息共享与知识溢出的利用。文化创意企业多数规模不大，自身研发能力受限，因此，知识溢出所带来的外部性对其作用重大。但垄断使相对成熟的国有或民营大企业不仅容易获得高额的创新经济租，而且通过障碍壁垒增加了知识溢出的难度，知识共享机制的相对缺乏或信息获取的高成本减缓甚至妨碍了众多在中小型创意企业内工作的创意人才对新知识的适时获取与更新，从而影响了知识溢出效应的发挥。

第三，基于社会网络缔结的不发达。社会网络在当前经济活动中发挥着越来越重要的作用，稳定、可靠、互惠的社会网络为人才的信息交流创造了条件。然而，本书在7.1节问卷调查中发现，无论在数量，还是在密集度与成熟度方面，创意人才在上海当前的社会网络缔结中存有诸多不足，网络拓展不广、不深、不稳定使信息共享效应难以深入和持续，使知识溢出效应大打折扣，导致信息共享与知识溢出效应的不匹配。

#### 7.2.3.3 规模效应不规则变化明显，与信息共享效应在分值对比中相互演替

人才集聚效应是经济性与不经济性两种效应相互抗衡、共同作用的结果，当人才集聚超过一定的规模或外部环境变化、政策制度改变等“突变性”、“根本性”事件发生时，难免导致集聚效应的随机扰动，因此，人才集聚效应随时间变动而出现小幅波动属情理之中。

图7－11显示了上海创意人才集聚的规模效应在近十年的变化情况，显然，其不规则变化特征表现得极为明显。图7－11显示，2010年前，即使在2008年金融危机前后，上海创意人才和创意组织在数量规模上依然处于递增态势，这从侧面彰显了上海对创意人才的巨大吸引力。然而，以房价上涨为主带来的城市生存压力，使“逃离北上广”一度盛行，从而引发负的外部性，加之文化强国战略推动上海加快对文化创意产业市场的综合化改革与规范化管理，生存环境与政

策制度的改变成为扰动因子，使之前持续积累的规模效应被得以中断，图 7 - 11 显示，2010 年上海创意从业人数首次出现递减。

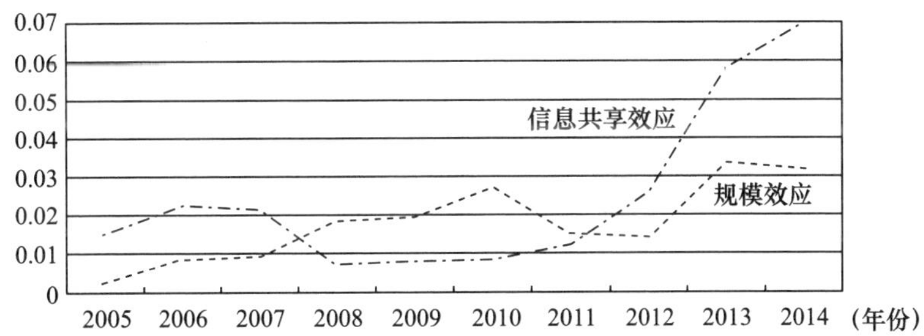


**图 7 - 11　上海创意人才规模效应与信息共享效应变化趋势**

当然，这种规模效应的递减主要是由创意组织数量的变动引起的。毕竟，上海作为国际化大都市，能有更多机会接触到创意领域的先进资源和前沿信息，因而对其他省市创意人才一直具有极大的吸引力。上海创意组织数量的递减可从图 7 - 12 中得到反映。

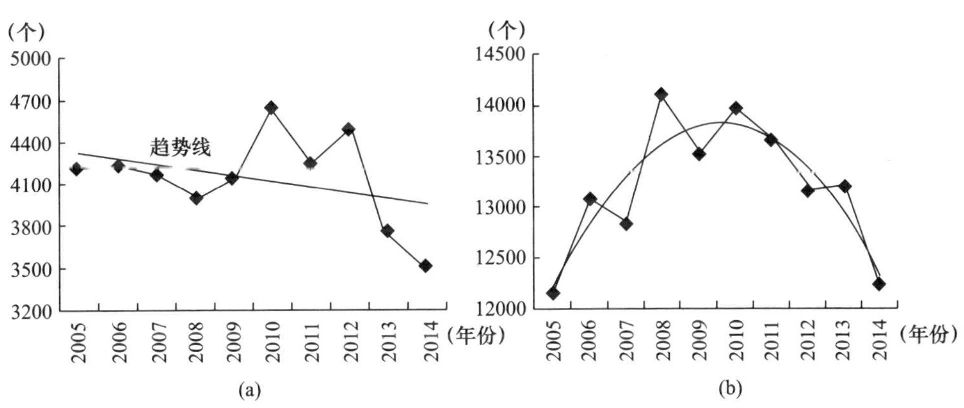


**图 7 - 12　2005 ~ 2014 年上海文化市场经营机构、新闻出版机构数量变化**

资料来源：各年《上海统计年鉴》。

图 7 - 12 显示，2005 ~ 2014 年，上海文化市场经营机构[①]与新闻出版机构的

① 在统计年鉴上，2009 年之前的文化市场经营机构被称为文化娱乐机构。

数量从趋势线看都在近年来，特别是 2010 年以来开始呈递减趋势[①]，这与上海对文化创意市场的改革与规范化管理，如加强对版权的登记与监管、强化专利保护，从而迫使那些严重依靠模仿、侵犯知识产权、缺乏竞争力的创意组织退出市场等行为不无关系。

一个有趣的发现是，将图 7－11 中规模效应与信息共享效应的变化趋势、大小数值进行对比，不难看出，两者具有相互演替的关系。2007 年前，上海创意人才的信息共享效应优于规模效应，此后至 2010 年，规模效应胜于信息共享效应。2011～2014 年，信息共享效应又超过规模效应，并不断拉开了距离。这一特征说明：以数量扩张为主要特征的规模效应并不能自然而然地带来信息共享效应的提升。规模效应只为信息共享效应的改变提供了可能，信息共享效应的发挥更多地取决于创意人才在创新网络中的学习与交流，并与创意人才的主观意愿、组织外部交流机会与平台、园区文化与信息服务设施等因素相关。而规模效应主要受区位品牌效应、羊群效应和马太效应影响，更多地与城市环境要素、政策要素紧密相关。

总之，在 2005～2014 年，上海创意人才在信息共享、集体学习、规模效应三方面均表现出了小幅波动的变化态势（见图 7－9、图 7－10、图 7－11）。不过从近五年的发展趋势看，除规模效应尚不明显外，其他五种效应在整体趋势上已进入持续上升通道。

### 7.2.4 实证小结

综合看，过去十年间，上海创意人才集聚除规模效应呈趋势性不规则递减外，信息共享效应、集体学习效应、知识溢出效应、学习成长效应和创新效应这五类效应均表现为整体上升，其中，尤以信息共享效应和创新效应表现为佳。信息共享效应离不开上海创意人才的集体学习和文化、信息服务条件的改善，而创新效应的优良表现则得益于创意人才学习成长效应与知识溢出效应两方面的齐头并进。上述态势说明：上海的创意人才集聚状况整体良好，正处于一个由外在的、物理的数量规模扩张转化到注重内在健康发展的阶段。

知识溢出效应是创新效应产生的基础性条件，但上海的实证分析结果呈现出“极强的创新效应”匹配“受限的知识溢出效应”，这说明：

第一，聚集于上海的创意人才是一类自身具有高度创新能力的知识群体，他们能基于自身的专业知识和技能获得良好的创新表现。

第二，上海创意人才知识溢出效应受限的主要原因有三：一是良好的文化信

① 上海创意从业人数递减也是发生在 2010 年，两者在时间上一致。

息条件产生的更多的是 Jacobs 外部性，而非 MAR 外部性；二是部分垄断性市场结构影响了信息共享与知识溢出效应的发挥；三是由于不够发达的社会网络影响知识溢出。

## 7.3 创意人才集聚对创意产业的影响实证

自 1986 年罗默提出知识溢出模型之后，大量研究证明了高级人才与区域创新之间具有强相关关系。具体而言，人力资本存量、劳动者素质与区域创新效率两者之间存在显著正相关关系。而人才集聚效应是通过产业集聚实现的，因此，人才集聚对产业的生产效率也会产生相应影响。虽然近年来，我国创意人才规模不断壮大，推动区域人力资本总量得到改善，但从空间结构看，创意人才目前仍高度集中于经济发达的沿海城市或文化资源相对丰富的少数中西部发达地区，且呈现出明显的动态演化特征（详见第 3 章），这种不平衡的集聚状况对文化创意产业的整体发展有何影响？由于生产效率是对资源配置、资源利用状况的综合反映，也是对创新水平、技术发展与经营能力的综合评价，因此，本书将采用 DEA – Tobit 两步法对“创意人才集聚的空间演化对文化创意产业投入—产出效率的影响”展开分析。

### 7.3.1 指标选取与研究假设

#### 7.3.1.1 指标选取与评价体系构建

（1）自变量指标。为了全面反映创意人才集聚的空间演化态势，本书借鉴产业集聚度指数，从创意人才的集聚规模、集聚强度和集聚均衡度三个方面对问题展开探讨分析。其中，集聚规模系数（Scale，$S_j$）表示区域 j 集聚的创意从业人数占样本范围内全部创意从业人数总和的比重，表达如下：

$$S_j = \frac{n_j}{N} \quad 其中， \quad N = \sum_{i=1}^{m} n_i \tag{7-9}$$

式中，$n_j$ 表示创意人才在区域 j 的数量，m 代表样本数，N 表示样本范围内创意从业人员总的数量规模，它由所有样本区域创意从业人数加总求和而得。集聚规模系数是用来衡量某一区域的创意人才在样本范围内的相对分布。显然，$S_j$ 越小，越接近于 0，表明创意人才在该区域的集聚程度越小；反之，$S_j$ 越大，越接近于 1，则意味着该地创意人才集聚程度越大。

创意资源的配置状况不仅与区域创意人才总量有关，还与区域的总人口规模有关。在创意资源既定的条件下，区域内的总人口规模将直接影响创意资源的分配状况。通常，总人口数量越多，人均创意人才获得的创意资源量将越少。为此，采用集聚强度系数（Agglomeration Intensity，$AI_j$）来对此进行反映。从式（7－10）中不难看出，$AI_j$ 代表区域 j 的创意从业人数占自身所在区域的总人口的比重。区域 j 的总人口数用 $Q_j$ 表示。显然，$AI_j$ 越大，该地对创意人才的吸引力也越大。

$$AI_j = \frac{n_j}{Q_j} \tag{7-10}$$

创意人才的空间集聚是一个持续动态演化的过程，本书第 3 章形象地对此进行了刻画。为了综合反映创意人才集聚在区域空间均衡状态的演变，本书借鉴反映市场垄断程度的指标之一——HHI 指数对此展开研究。其计算公式为：

$$AE_j = \sum_{j=1}^{m} S_j^2 \tag{7-11}$$

式中，AE（Agglomeration Equilibrium）表示创意人才区域集聚均衡度，$S_j$ 为创意人才在 j 区域的集聚规模，对其平方后加总求和，这样的处理出于如下几点考虑：

其一，相对创意人才集聚规模较小的区域，那些创意人才集聚规模较大的区域被赋予了更大的权重，这样能比较敏感地对排名靠前的那些区域的创意人才数量变化情况做出反应。

其二，将集聚规模平方后再求和更能明显地看出我国各区域在创意人才集聚规模上的差距。

其三，能找出哪些区域在创意人才集聚方面具有支配力以及这种支配力的变化情况。因此，同 HHI 指数一样，AE 系数越小，说明创意人才空间分布越均匀；反之，说明创意人才空间垄断越强。

（2）因变量指标。文化创意产业投入—产出效率作为因变量指标，能反映一定区域"创意要素投入"与"创新产出"的转换效率，成为评价区域创新能力、反映创意资源配置与利用状况的重要指标。表 7－16 显示了本书所构建的文化创意产业投入—产出效率评价指标体系。

**表 7－16　文化创意产业投入—产出效率评价指标**

| 指标体系 | 指标设计 | 变量 | 含义 |
|---|---|---|---|
| 投入指标 | A1 创意人才要素投入 | 创意从业人员数（人） | 反映"人员"上的投入 |
| | A2 创意资本要素投入 | 文体传媒支出占政府预算支出比重（%） | 反映"财力"上的投入 |
| | A3 土地等固定资产投入 | 当地文化机构数量（个） | 反映"物质"上的投入 |
| 产出指标 | 创意产业最终产出 | 创意产业产值 Y（亿元） | 反映总体产出能力 |

A1——创意人才要素投入。不少文献指出：政府的政策支持与人才要素是影响文化创意产业发展的重要因素，总体而言，与其他产业一样，文化创意产业的发展离不开对“人”、“财”、“物”的投入。作为知识经济纵深发展的代表，文化创意产业的发展尤其离不开其核心要素——创意人才的投入与使用。因此，本书将以创意从业人员数作为“人才（劳动）要素”投入的变量。

A2——创意资本要素投入。相比于传统产业，文化创意产业的发展更加离不开资本的大力支持。这是因为：作为创新的发端，创意只有经过商业化生产后才能实现创新，此外，创业风险的分散、启动资本的积累、企业成长和扩张的支持，均离不开资金支持。近年来，我国部分文化创意行业已引起了金融资本的关注，顺利实现了与资本市场的对接（例如，2011 年，光线传媒、浙报传媒、凤凰传媒等近 10 家大型文化企业登陆 A 股市场），但总体而言，我国文化创意产业与金融资本两者的姻缘还不十分深厚，在产业发展过程中依然面临着融资渠道单一（主要依靠银行贷款）、融资体制不健全、融资渠道不畅通等瓶颈问题。在此背景下，政府对文化创意产业发展的财政支持尤为重要。为了克服各区域财政总体状况的影响，本书将文体传媒支出占政府预算支出的比重（%）作为区域对创意资本要素投入的指标。

A3——土地等固定资产投入。从世界范围看，大量知名的文化创意集聚区多数诞生于废弃的老厂房、老仓库等衰败破旧之地，本书第 4 章所讨论的创意人才自发集聚区的形成，最初也是源于对工作空间的成本控制与发展需求。以土地为附属的物理空间对创意人才工作、创意企业经营是必不可少的一大要件，园区或城市所能提供的文化机构数量、质量、密度等状况能为本区域文化创意产业的发展创造良好的外部物质条件。基于此，本书将一地文化机构所具有的数量作为产业发展在“物”上的投入。

创意产业的产出有多种表现形式，如专利数量、版权交易等，都能在一定程度上反映一地的创意创新能力，但考虑到各区域在创意产出表现形式上的差异，本书本着“求大同”的原则，将创意产业增加值作为最终产出指标。

7.3.1.2　研究假设

（1）创新效率能反映创新投入与产出的比例关系。如前所述，创意人才作为一类以知识、技能为核心要素的高级人才，与区域创新、经济发展之间具有强相关关系。然而，人才集聚具有规模性和层次性特征。所谓规模性，是指人才集聚的过程涉及量变到质变的转变，人才的流动与会集只有达到一定规模后，集聚效应才能得以显现。并且，随着规模的扩大，区域内拥有的知识创新类人才越多，产生人才学习成长效应和知识溢出效应的可能性越大，创新效率才能得以提高，从而彰显出对文化创意产业投入—产出效率的优化。因此，本书提出假设一：

H1：适度的创意人才集聚规模（$S_j$）对区域文化创意产业投入—产出效率具有促进作用。

（2）创意人才集聚强度 $AI_j$ 反映的是区域创意资源的人均分配状况。显然，创意人才作为文化创意产业的核心要素，其集聚强度（$AI_j$）越大，意味着区域创意资源配置状况越好，表明区域创意人才的集聚水平越高，从而为提高创意资源的使用效率创造了良好条件，增强区域对外部创意人才的吸引力，推动该区域成为人才集聚高地，产生马太效应，最终使区域文化创意产业投入—产出效率得以提升。基于此，本书提出假设二：

H2：创意人才的集聚强度（$AI_j$）对区域文化创意产业投入—产出效率具有促进作用。

（3）创意人才在区域空间上总是表现出不均衡的分布特征。受地理区位、经济发展水平、资源禀赋等条件的影响，那些位置优越、资源丰富、经济发展较好的区域，人才的吸引力与容纳能力也越大，从而使人才集聚表现出相应的层次性特征。创意人才是知识溢出的载体，其在不同空间流动的同时往往伴随着知识的流动、传播与交换，由此成为推动区域协同创新的重要力量。因此，人才的区域分布越均衡，配置越合理，就越能提升对创意人才的使用效率，促进创意人才集聚效应的发挥和创新效率的提升。因此，本书提出假设三：

H3：创意人才的集聚均衡度（$AE_j$）对区域文化创意产业投入—产出效率具有促进作用。

### 7.3.2 研究方法

参数法和非参数法是研究生产效率的两种方法。其中，非参数法无须对生产函数进行设定，属数据包络分析法，具体有 DEA（数据包络分析）、FDH（自由处置包）等。本书采用 DEA 法对文化创意产业投入—产出效率进行测算。

#### 7.3.2.1 数据包络分析（DEA）

数据包络分析法（Data Envelopment Analysis，DEA）是一种常用来评价多投入、多产出决策单元（Decision Making Units，DMU）效率问题的测量方法，与其他方法相比，DEA 方法具有无须指定投入产出的生产函数式、无量纲化、无须进行权重假设、不必确定输入与输出之间的关联表达式等优点，主要通过 Deap 软件进行。

DEA 模型的基本表现形式如下：

$$x=\begin{bmatrix}\nu_1\\ \nu_2\\ \vdots\\ \nu_i\\ \vdots\\ \nu_m\end{bmatrix}=\begin{bmatrix}x_{11} & x_{12} & \cdots & x_{1j} & \cdots & x_{1n}\\ x_{21} & x_{22} & \cdots & x_{2j} & \cdots & x_{2n}\\ x_{31} & x_{32} & \cdots & \cdots & \cdots & \cdots\\ x_{41} & x_{42} & \cdots & x_{ij} & \cdots & x_{in}\\ x_{51} & x_{52} & \cdots & \cdots & \cdots & \cdots\\ x_{61} & x_{62} & \cdots & x_{mj} & \cdots & x_{mn}\end{bmatrix}$$

$$Y=\begin{bmatrix}\mu_1\\ \mu_2\\ \vdots\\ \mu_i\\ \vdots\\ \mu_m\end{bmatrix}=\begin{bmatrix}y_{11} & y_{12} & \cdots & y_{1j} & \cdots & y_{1n}\\ y_{21} & y_{22} & \cdots & y_{2j} & \cdots & y_{2n}\\ y_{31} & y_{32} & \cdots & \cdots & \cdots & \cdots\\ y_{41} & y_{42} & \cdots & y_{ij} & \cdots & y_{in}\\ y_{51} & y_{52} & \cdots & \cdots & \cdots & \cdots\\ y_{61} & y_{62} & \cdots & y_{mj} & \cdots & y_{mn}\end{bmatrix}$$

式中，n 代表研究样本的决策单元数量，m、s 分别代表每个决策单元输入、输出的种类（类型）数，$x_j=(x_{1j},\ x_{2j},\ \cdots,\ x_{mj})^T$ 和 $y_j=(y_{1j},\ y_{2j},\ \cdots,\ y_{mj})^T$ 分别表示输入与输出向量，且满足 $x_{ij}\geqslant 0(i=1,\ 2,\ \cdots,\ m)$，$y_{ij}\geqslant 0(i=1,\ 2,\ \cdots,\ r)$，$i=(1,\ 2,\ \cdots,\ n)$。此外，ν、μ 分别对应第 i 种输入指标、第 r 种输出指标的权重，在此，第 j 个被评价决策单元 $DMU_j$ 的效率评价指数为：

$$h_j=\frac{\sum_{r=1}^{s}\mu_r y_{rj}}{\sum_{i=1}^{m}\nu_r x_{ij}}\quad j=1,2,3,\cdots,n \tag{7-12}$$

式中，$\nu=(\nu_1,\ \nu_2,\ \cdots,\ \nu_m)^T$ 和 $\mu=(\mu_1,\ \mu_2,\ \cdots,\ \mu_m)^T$ 为权重向量，$h_j$ 为各个加权输出指标之和与输入指标的比值。通过选择合适的 ν 和 μ，能使 $h_j$ 满足：$0<h_j<1$。

常用的 DEA 模型主要有下列几种：

第一种为假定规模报酬不变的 CCR 模型。在有 n 个决策单元（j=1，2，…，n）、每个决策单元有 m 项投入、s 项产出的条件下，其向量分别为：

$x_j=(x_1,\ x_2,\ \cdots,\ x_j)^T>0,\ j=1,\ 2,\ \cdots,\ n$

$y_j=(y_1,\ y_2,\ \cdots,\ y_j)^T>0,\ j=1,\ 2,\ \cdots,\ n$

$x_{ij}$表示第 j 个决策单元对第 i 种类型输入的投入量；$y_{ij}$表示第 j 个决策单元对第 i 种类型输入的产出量。设输入和输出的权向量分别为：

$\nu_j=(\nu_1,\ \nu_2,\ \cdots,\ \nu_m)^T,\ \mu_j=(\mu_1,\ \mu_2,\ \cdots,\ \mu_m)^T$

同样，ν、μ 分别表示第 i 种输入指标、第 r 种输出指标的权重，第 j 个

DMU 投入和产出的综合值相应为 $\sum_{i=1}^{m} \nu_i x_{ij}$ 和 $\sum_{r=1}^{s} \mu_i y_{rj}$，此时，公式（7-12）则为每个决策单元的效率评价指数。限定所有的 $h_j$ 值（j=1，2，…，n）不超过 1，即 $\max h_k \leqslant 1$，由此可得出，第 $j_0$ 个决策单元的相对效率优化评价模型为：

$$\max h_{j0} = \frac{\sum_{r=1}^{s} \mu_r y_{rj0}}{\sum_{i=1}^{m} \nu_i x_{ij0}} \tag{7-13}$$

$$\text{s. t.} \begin{cases} \dfrac{\sum_{r=1}^{s} \mu_r y_{rj}}{\sum_{i=1}^{m} \nu_i x_{ij}} \leqslant 1, j = 1,2,\cdots,n \\ \nu = (\nu_1,\nu_2,\cdots,\nu_m)^T \geqslant 0 \\ \mu = (\mu_1,\mu_2,\cdots,\mu_m)^T \geqslant 0 \end{cases}$$

此后，针对 CCR 模型有关规模报酬不变的缺陷，一种用来反映规模收益可变、研究生产部门间“技术有效性”的 $C^2GS^2$ 模型被提出，其计算模型如下：

$$\begin{cases} \max \mu^T y_0 + \mu_0 \\ \omega_r x_0 - \mu^T y_0 - \mu_0 \geqslant 0，j=1，2，\cdots，n \\ \omega^T x_0 = 1 \\ \omega \geqslant 0，\mu \geqslant 0 \end{cases} \tag{7-14}$$

当存在最优解 $\omega^*$ 和 $\mu_0^*$ 时，满足 $\mu_0^{*T} y_0 + \mu_0^* = 1$，则 $DMU_{j0}$ 为 DEA 有效。这一模型只能评价技术有效性。此后，一种被修正后的 CCR 模型——BCC 模型被提出，其假定规模报酬不变，用来评价部门间的相对技术有效性，其模型为：

$$\begin{cases} \max \mu^T y_0 + \mu_0 = V_p \\ \text{s. t. } \omega_r x_j - \mu^T y_0 - \mu_0 \geqslant 0 \\ \omega^T x_0 = 1 \\ \omega \geqslant 0，\mu \geqslant 0，j=1，2，\cdots，n \end{cases} \tag{7-15}$$

其带有非阿基米德无穷小参数的对偶规划为：

$$\begin{cases}\max[\theta - \varepsilon(\hat{e}^T s^- + e^T s^+)] = V_D(\varepsilon) \\ s.t. \sum_{j=1}^{n} \lambda_i x_j + s^- = \theta x_{j0} \\ \sum_{j=1}^{n} \lambda_j y_j + s^+ = y_{j0} \\ \sum_{j=1}^{n} \lambda_j = 1 \\ \lambda_j \geqslant 0, j = 1,2,\cdots,n \\ s^+ \geqslant 0, s^- \geqslant 0 \end{cases}$$

当（$D_{BC_2}-\varepsilon$）的最优解 $\lambda^0$，$s^{-0}$，$s^{+0}$，$\theta^0$ 满足 $\theta^0=1$ 并且 $s^{-0}=s^{+0}=0$ 时，决策单元 $j_0$ 为基数有效，否则为技术无效。相较于 CCR 模型，BCC 模型多出一个约束条件 $\sum_{j=1}^{n}\lambda_j = 1$，其决策单元的规模收益被分为三种情况：当 $\theta^0=1$ 时，代表规模效益不变；当 $\theta^0<1$ 且 $\sum_{j=1}^{n}\lambda_j/\theta^0 > 1$ 时，意味着规模效益递减；当 $\theta^0<1$ 且 $\sum_{j=1}^{n}\lambda_j/\theta^0 < 1$ 时，则表示规模效益递增。

7.3.2.2 Tobit 模型

Tobit 模型是一种因变量受限取值的模型，主要用于在某些选择行为下，连续变量如何发生变化的问题。如公式（7－16）所示，Tobit 模型由表示约束条件的选择方程模型和满足约束条件下连续变量方程模型这两类方程组成，其基本结构如下：

$$y_i^* = \beta^T x_i + e_i$$

$$y_i = \begin{cases} y_i^*, & \text{if } y_i^* > 0 \\ 0, & \text{if } y_i^* \leqslant 0 \end{cases}$$

$$e_i \sim N(0, \sigma^2), \ i=1, 2, \cdots, n \quad (7-16)$$

式中，$y_i$ 为因变量，$x_i$ 为自变量，$\beta^T$ 为相关系数。当 $y_i^*>0$ 时，$y_i=y_i^*>0$，即 $y_i$ 为无限观测值，此时，其观测值为实际值；当 $y_i^*\leqslant 0$ 时，$y_i^*=0$，即 $y_i$ 为受限观测值，此时，其观测值受到截取，值为 0。

7.3.2.3 DEA－Tobit 两步分析法

由 DEA 模型计算所得的效率值是受限的，属被截断的数据，因此，其数值都在 0～1 之间。虽然 DEA 方法可以评价决策单元的相对效率，但并不能从整体上找出影响效率的因素。为了对系统效率的影响因素及其影响程度进行充分了解，Coelli 提出了一种“两阶段法”的效率评价方法。具体而言，就是先运用

DEA 法求出研究对象的效率值（第一阶段），而后将该效率值作为因变量，以影响因素作为自变量，在第二阶段利用 Tobit 模型进行回归分析。

DEA－Tobit 两步法自提出以来，因其操作简单、评价客观、适用范围广，被广泛应用于经济、教育、工业等领域的效率分析及其影响因素研究当中。本书也将利用这一方法对创意人才空间集聚演化对文化创意产业投入—产出效率的影响展开探讨分析。

### 7.3.3 假设检验与结果讨论

#### 7.3.3.1 样本选择说明与数据来源

本书选取了北京、上海、广州、深圳等 24 个城市作为样本城市，选择的思路与路径如下：首先，受制于我国对文化创意产业统计数据的较难获取，本书基于创意城市、创新城市与文化创意产业发展之间的高度相关性，将目前全国 45 个创新型城市作为第一轮样本选择范围；其次，在确定好评价指标体系的基础上（见表 7－16），以是否具有完整时间序列的统计资料为原则，从 45 个创新城市中确定了 24 个最终样本城市，这 24 个城市能提供完整的 2009～2013 年指标体系中所涉及的数据，既有北、上、广、深等一线城市，同时也包括众多东部沿海城市以及武汉、合肥、成都、重庆等中西部区域性中心城市，这样能确保样本的多样性和层次性。

在上述 24 个城市的统计数据中，“创意从业人员数”、“文体传媒支出占政府预算支出比重”这两项指标数据来源于各年《中国城市统计年鉴》，“当地文化机构数量”以及“创意产业产值”均来源于各城市统计年鉴或城市所在省市的统计年鉴。需要说明的是，武汉在 2010 年文化创意产业产值的数据缺失，因此该年的数据是在其他年份数值的趋势性分析基础上而得到的估计值。

#### 7.3.3.2 DEA 计算结果与分析

本书从产出角度来衡量技术效率，由于衡量的是同一年度、不同区域的投入—产出效率，因此，选用规模报酬不变的 CCR 模型，通过运用 Deap 软件，计算各城市的 DEA 效率值如表 7－17 所示。

**表 7－17 24 个城市 DEA 效率值（2009～2013 年）**

| 年份 | 2009 | 2010 | 2011 | 2012 | 2013 |
|---|---|---|---|---|---|
| 北京 | 1.000 | 1.000 | 1.000 | 1.000 | 1.000 |
| 上海 | 1.000 | 1.000 | 1.000 | 1.000 | 1.000 |
| 广州 | 1.000 | 1.000 | 0.952 | 0.790 | 0.426 |
| 深圳 | 0.644 | 0.925 | 1.000 | 1.000 | 1.000 |

续表

| 年份 | 2009 | 2010 | 2011 | 2012 | 2013 |
|---|---|---|---|---|---|
| 重庆 | 0.445 | 0.598 | 0.573 | 0.791 | 0.733 |
| 天津 | 1.000 | 0.925 | 0.890 | 0.624 | 1.000 |
| 成都 | 0.730 | 0.817 | 1.000 | 0.535 | 0.764 |
| 武汉 | 0.659 | 1.000 | 0.801 | 0.668 | 0.597 |
| 沈阳 | 0.392 | 0.583 | 0.602 | 0.960 | 0.513 |
| 长春 | 0.606 | 0.461 | 0.466 | 0.469 | 0.447 |
| 济南 | 0.553 | 0.494 | 0.569 | 0.497 | 0.450 |
| 大连 | 0.522 | 0.578 | 1.000 | 0.469 | 0.848 |
| 福州 | 0.889 | 0.472 | 0.488 | 0.850 | 0.436 |
| 合肥 | 0.358 | 0.542 | 0.540 | 0.498 | 0.553 |
| 南宁 | 0.547 | 1.000 | 0.261 | 0.258 | 0.262 |
| 宁波 | 0.519 | 0.336 | 0.488 | 0.463 | 0.490 |
| 呼和浩特 | 0.861 | 0.678 | 0.459 | 0.409 | 0.392 |
| 青岛 | 0.734 | 1.000 | 0.628 | 0.658 | 0.757 |
| 苏州 | 1.000 | 0.517 | 1.000 | 1.000 | 1.000 |
| 无锡 | 0.666 | 0.711 | 0.555 | 0.597 | 0.663 |
| 厦门 | 0.565 | 0.732 | 0.498 | 0.386 | 0.549 |
| 烟台 | 0.670 | 0.605 | 0.388 | 0.560 | 0.392 |
| 嘉兴 | 0.506 | 0.574 | 0.321 | 0.310 | 0.285 |
| 唐山 | 0.405 | 0.571 | 0.308 | 0.309 | 0.304 |
| 整体平均 | 0.678 | 0.713 | 0.658 | 0.629 | 0.619 |

由表7－17可知，24个城市文化创意产业投入—产出效率的整体水平属于中等状态，平均DEA值在0.6～0.8间波动，其中，北京、上海、深圳、苏州等经济发达城市效率最高，连续多年DEA效率达最大值1，广州、无锡等下降明显，其他城市则表现为不稳定增长的态势。整体而言，经济发达城市的DEA值较于欠发达城市整体偏高，说明这些城市的创新效率较高，但重庆、合肥、大连等城市近年来上升趋势明显。

7.3.3.3 Tobit计算结果与讨论

将表7－17计算所得的DEA效率值作为因变量，将创意人才集聚规模（$S_j$）、集聚强度（$AI_j$）、集聚均衡度（$AE_j$）作为自变量，依据Tobit受限回归模型分析创意人才集聚演化对文化创意产业投入—产出效率的影响。运用

EViews6.0 求解 Tobit 模型，得到的结果如表 7－18 所示。

**表 7－18 Tobit 回归结果**

| 变量 | 系数 | T 统计检验 | P 值 |
| --- | --- | --- | --- |
| 集聚规模（$S_j$） | 7.933363 | 4.044901 | 0.0001 |
| 集聚强度（$AI_j$） | 5.091154 | 2.123799 | 0.0358 |
| 集聚均衡度（$AE_j$） | －16.39318 | －3.956648 | 0.0001 |
| 常数项 | 0.457033 | 11.62170 | 0.0000 |

由表 7－18 可知，创意人才集聚规模、集聚强度、集聚均衡度对城市文化创意产业投入—产出效率影响显著，各 P 值均小于 0.05，其中，创意人才集聚均衡度（$AE_j$）与文化创意产业投入—产出效率呈负相关，而创意人才集聚规模（$S_j$）、集聚强度（$AI_j$）与文化创意产业投入—产出效率表现为显著的正相关关系。对此，讨论结果如下：

（1）创意人才集聚规模（$S_j$）与城市文化创意产业投入—产出效率显著正相关，这与假设一（H1）一致，说明现阶段 24 个城市的创意人才集聚规模能为城市文化创意产业发展提供良好的要素支持，这种支持与所在城市的创新效率相匹配，对城市文化创意产业投入—产出效率具有促进作用。

从图 7－13 有关 24 个城市创意人才集聚规模的离散分布来看，大致可以分为三个层次：第一层次属于北京，其在集聚规模上遥遥领先的优势持续保持“岿然不动”，第二层次为上海、广州、深圳等一线城市以及天津、重庆、成都、武汉等经济发达城市①，它们与第三层次的城市差距小于第一层次与第二层次的差距。

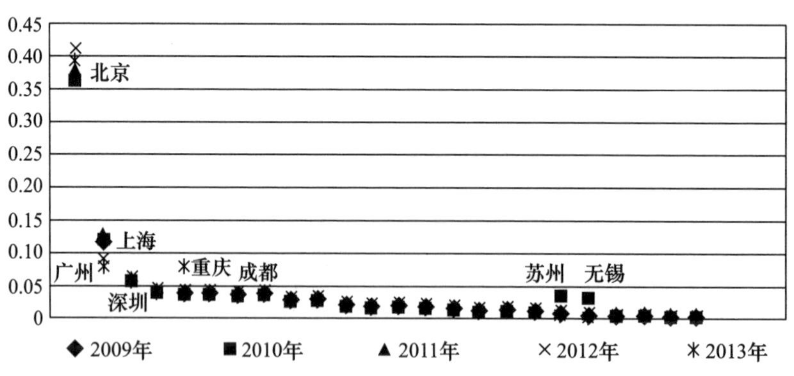


**图 7－13 24 个城市 2009～2013 年创意人才集聚规模（$S_j$）离散图**

① 苏州、无锡创意人才集聚规模在 2010 年之后下滑明显。

本书在第3章对比分析中指出，近年来我国中部地区文化创意产业发展态势良好，创意从业人员在中部区域（城市）日益壮大，在数量规模上表现出了“东部地区日益加强，中部地区明显改善”之势，由东部地区向中部地区梯次蔓延的态势和规律开始显现，各城市获得了相应数量的创意人才资源支持，人才间通过交流实现信息共享、知识溢出的能力增强，从而使城市创新效率提高，文化创意产业投入—产出效率得以改善。

（2）创意人才集聚强度（$AI_j$）与城市文化创意产业投入—产出效率同样显著正相关，这与假设二（H2）相同，即聚集强度越大，城市文化创意产业投入—产出效率越高。

城市创意人才集聚强度反映创意人才在城市总人口中所占的比重，强度越大，表明该城市创意人才集聚水平越高，越容易与周边城市形成人才聚集势差，继而产生指向该城市的持续的人才流动现象，且速度始终快于周边经济区域。创意人才集聚强度与集聚水平的提高有利于城市创意资源的有效配置和充分利用，有助于地理声誉和品牌效应的产生，增强城市对创意人才的吸引力，促进城市创新效率的提高。

图7－14反映了24个样本城市在2009～2013年创意人才集聚强度（$AI_j$）的态势，同样表现出三个发展层次：北京依然位居第一，但与集聚规模（$S_j$）状况相比，其在集聚强度（$AI_j$）表现上与第二层次城市的差距明显减少；深圳、上海、广州构成第二层次，而且，深圳在集聚强度上超过上海位居整体第二；在集聚规模上曾属于第二层次的天津、武汉、重庆、成都等城市，与其他城市一道构成第三发展层次。如第3章所述，我国创意人才具有环绕新兴产业园区分布的规律，我国文化创意园区相对集中在东部沿海等发达城市的分布格局在一定程度上影响了创意人才的集聚强度，使这些城市的文化创意产业投入—产出效率要高于其他城市地区，这一点可从表7－17的数据中得到印证。

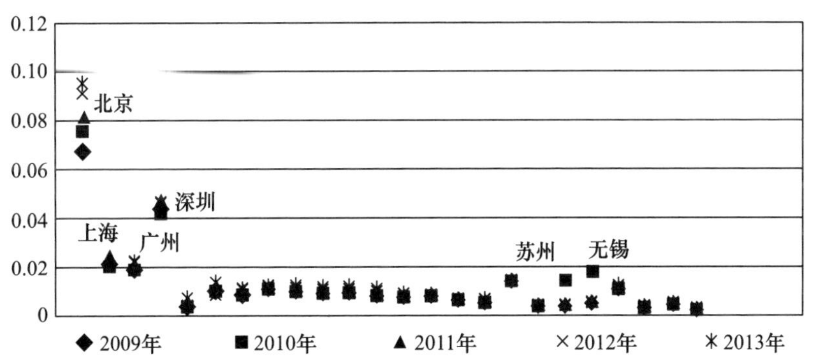


**图7－14　24个城市2009～2013年创意人才集聚强度（$AI_j$）离散图**

（3）创意人才集聚规模（$S_j$）、集聚强度（$AI_j$）从人才数量角度，反映了人才集聚对城市文化创意产业投入—产出效率的影响，而创意人才集聚均衡度（$AE_j$）则从创意人才空间分布与集中这一角度对上述问题展开分析。结果显示，创意人才集聚均衡度与城市文化创意产业投入—产出效率显著负相关，表现出与假设三（H3）的不一致。即我国当前的创意人才集聚均衡度态势影响了城市文化创意产业投入—产出效率的有效发挥，对其带来了负面影响。

究其原因，目前，我国创意人才区域分布处于不均衡阶段，过多的创意人才资源高度集中于北京、上海、深圳等经济发达城市，虽然这种集聚强度能促进这些城市本身文化创意产业投入—产出效率的提升，但在一定程度上却给其他城市造成了制约，从而对24个城市文化创意产业的投入—产出效率产生负向影响。

从效率角度看，人力资本应尽可能配置在产出效率较高的产业和区域。由于资源的稀缺性，经济资源通常在市场机制和政府调控下出现区域间、产业间的不均衡配置，继而产生资源配置效率差异，这种差异为人才流动提供了方向，致使人才从低效率区域（产业）流向高效率区域（产业）。

从经济学角度看，这种人才流动是合理有效的。然而，如若听任这种人才流动不加节制地发生，容易引发人才盲目地、不合理地流向高集聚区域，从而对低集聚区域资源配置效率带来不利影响。表7－17数据显示，2009～2013年，24个城市的平均DEA效率值由0.678逐年递减至0.619，就充分说明了这一点。由此可见，尽管文化创意产业在资金、技术、文化机构等要素投入方面更多地与当地政府发展文化创意产业的意愿、态度、财政支持等自身因素有关，具有一定的“本地化”倾向和排他性，但就创意人才资源而言，过多地集聚于少数某些城市将导致人才聚集空间结构的不平衡，使低势位城市在创意人才质量与数量方面无法实现对自身创意资源的有效利用而产生效率不足。或者说，由于不能满足城市创新效率对创意人才投入的要求而出现两者不匹配现象。

反过来，对于经济发达城市，从表7－17的数据看，北京、上海、深圳已连续多年其DEA效率值达到最大值1，人才集聚带来的负效应亦已见诸不少报端。反观其他城市的DEA效率值，则下降趋势明显，即使表现为增长也极不稳定。这说明我国创意人才高度集中于少数城市的态势给人才流出地城市的文化创意产业投入—产出效率造成了负面影响。为了改善这一状况，需要中西部城市自身加大对创意人才的培养与开发，同时也需要通过环境改善、政策优惠、福利待遇刺激等其他手段引进高质量创意人才，以缓解创意人才在空间分布上的不平衡，促进文化创意产业投入—产出效率的提升。

由上可见，创意人才聚集效应的发挥必须以合理的资源配置为基础，没有人

才资源配置的合理性，人才个体效应及以此为基础的其他效应将成为无源之水、无本之木。

## 7.4 本章小结

本章着重对上海创意人才的“集聚行为”与“集聚效应”展开实证分析。

首先，基于问卷调查，对上海创意人才的群体特征、集聚行为表现、集聚效应评价有所了解和把握。研究发现：①上海创意人才具有高学历、年轻化、外地流入为主的特征，工作环境与市场环境、薪酬福利待遇、个人成长与发展是影响其流动的前三位主导因素。②在产业园区，创意人才共享良好的创新氛围与人际关系，这为他们带来“知识信息增加、学习与创新能力提升”的良好优势，但也存在“社会网络缔结不深厚、信息沟通渠道与共享机制一般”的不足，从而使知识溢出效应受到限制。③人才集聚给创意园区带来了积极影响，使园区人才数量与质量提升、创新成果增加、环境改善、知名度提高。但由于薪酬增加、职务上升的幅度有限，加之城市生存压力，他们对园区的总体评价以及留任意愿并不太强，从而产生创意人才集聚的挤出效应。

其次，为了更深入了解创意人才集聚效应的具体表现、演化态势及其内在联系，本章基于城市层面，对上海创意人才集聚的六种效应展开实证分析。结果显示，上海创意人才在集聚质量和运作效率方面得到改进和提升，正向深入交互式的中高端集聚阶段演化。具体来看：①2005～2014 年，上海创意人才集聚在“信息共享”与“集体学习效应”的变化趋势上大体一致，两者双向联动发展；②知识溢出、学习成长、创新效应三者联系密切，趋势性良好，但知识溢出效应仍有改进空间，这与问卷调研的研究结果整体一致；③规模效应不规则变化表现明显，与信息共享效应在分值对比中相互演替。

为了从整体上对创意人才集聚的行为意义做出判断，本章最后从产业角度，针对创意人才集聚与城市文化创意产业投入—产出效率两者的关系展开实证分析。基于 24 个创新城市的面板数据，运用 DEA－Tobit 两步法，研究结果显示，创意人才集聚规模（$S_j$）、集聚强度（$AI_j$）均与文化创意产业投入—产出效率显著正相关，但集聚均衡度（$AE_j$）与文化创意产业投入—产出效率显著负相关。这一结果说明，我国创意人才整体规模在扩大，但空间分布处于不均衡阶段，过多的创意人才资源高度集中于少数几个发达城市，这样的空间结构对城市创意产业生产效率造成了损失，因而，“蔓延式、多中心集聚”不失为优化我国创意人才空间集聚、提升区域创新效率的有效举措。

# 8 结论与启示

创意人才与集聚地环境之间构成复杂适应性系统（CAS），因而具有 CAS 理论的四个通用特性和三个主导机制。人才空间集聚的过程实质是人才与集聚地、人才与企业、人才与其他人才间关系形成与深化的过程，也即人地关系、人企关系、人际关系的建立与互动。本书基于“集聚态势（现状）—集聚演化（过程）—集聚行为（表现）—集聚效应（结果）”的内容安排与研究主线，通过对创意人才空间集聚现象的理论探讨与实证分析，对创意人才自发集聚演化的过程与流动特征，创意人才与创意企业、与其他创意人才间的行为关系，以及人才集聚效应三方面内容予以阐述和分析，在此对本书观点与研究结论加以概括总结，并提炼出在研究探讨中得出的有关理论与政策启示，最后指出研究不足，提出研究展望。

## 8.1 全书观点总体概括

### 8.1.1 对创意人才空间集聚行为的趋势性判断

相较于政府引导下的创意人才集聚，国内对人才自发流动的集聚模式尚未引起足够重视。但在创新驱动成为当今世界主流发展模式的宏观背景下，创意边界扩展、第四次国际产业转移、世界创新资源的系统性东移以及我国文化强国战略的付诸实施，都让人乐于预见，我国创意人才空间集聚将有越发强烈和丰富的表现空间。

然而，在国内，文化创意产业集聚尚处于成长阶段，创意人才对产业发展还不能提供足够智力支持，此时，纯粹依靠建立创意产业园区从而诱发创意人才集聚的方式并不能充分满足产业发展和人才空间流动的现实需要。基于“创意人才在地理空间的流动性比非创意人才更加频繁”的移动资本理论，我国需要充分激发并实现更多自发机制下的创意人才流动。

### 8.1.2 对创意人才集聚态势的概括

基于修正后的人才规模区位熵（LQ 指数），我国创意人才高度集聚于东部沿海发达城市的不均衡特征表现明显。但近年来，其空间分布出现了“东部城市日益加强，中部城市明显改善”之势，东、中、西三大区域都有创意人才高度集聚的典型城市，层次分异和节点明显，折射出创意人才在空间结构上不断向好，呈现出开始向内陆蔓延、趋向于“多中心集聚”的萌芽态势。

创意人才在城市内部的集聚具有三种分布规律：外部性追求使其高度汇集于文教区周边；成本、环境考量迫使其在“城市衰败区—繁荣中心—另一个衰败区”的转换中完成一次又一次迁徙；政府规划引导使产业园区成为创意人才的新兴集聚地。本书将上述规律相应概括为“空间极化、空间迁移和政策引导”三种类型。

### 8.1.3 对创意人才空间集聚行为关系的总结

#### 8.1.3.1 人地关系总结

基于宋庄与大芬村的案例探讨，本书将创意人才自发集聚的演化过程概括为“萌芽起步—吸引提升—根植与成熟—自增强—衰退或更新”五个阶段，其中，偶发事件是诱发集聚的开端，关系嵌入、成长嵌入、内部流动嵌入是实现人才本地根植的前提，社会网络的强连接、弱连接则为促进人才集聚的重要推手与渠道。与此相对应，创意人才在集聚地的流动被归纳为“初始人才创业活动—外部人才吸引流入—本地嵌入与根植—群内流动与成长—人才更新或流出”五个过程。创意人才集聚地存在自我更新的外部动力和内在要求，尽管源于自发集聚，但无论在早期的形成发展阶段还是后续的转型升级阶段，政府的参与和介入都不容缺失。

#### 8.1.3.2 人企关系概括

人企关系主要涉及创意人才的企业选择与组织内保留。从行为动力看，对物质利益与精神层面（声誉、个人成长、同行评议等）的追求为其流动的内部推力，在物质利益决策中，需要增加对房租、社交等开支的考量，从而得出修正的伊兰伯格流动净收益模型；创意人才流动的外部拉力源于产业集聚对要素的依赖以及产业链分工基于人才互补协同所产生的要素需求，它们在不同的发展阶段，对人才集聚的作用力各不相同。

组织激励对创意人才的流入与保留作用显著，但组织激励对创意的激发受创意人才自身能力的限制而遭遇多个停滞期，这种非线性关系使企业的知识平均增长率低于创意人才的学习能力时，人才的成长受限，组织激励对创意的激发失效，人才的流出意愿将显著增强。因此，创意企业需要不断提高对新知识的创造与获取能力，以便形成“企业创新加强—人才成长—创意激发—企业创新加强”的良性循环。

8.1.3.3 人际关系阐述

依创意生态理论，创意人才间的关系表现为寄生、双赢、共济三种类型，人才对共同占有资源（生态位重叠）的处理方式将决定他们的竞合关系与行为表现。针对内涵式生态位重叠，纵向创意人才将更多地采取合作方式，而横向创意人才则取决于生态位较宽者的态度。对于相交的生态位重叠，横向创意人才更多地体现为竞争，而纵向创意人才更多地选择合作。

CAS系统内，创意人才的人际关系需要保持一定的稳定与均衡。通过Logistic增长模型和Lotka－Volterr模型的稳定性数值分析，发现双赢型创意人才的稳定性条件在于人才间彼此合作互利，达人达己；寄生型创意人才的稳定性条件则为此消彼长、相互牵制，这种关系有利于创意企业和集聚地在人才队伍结构上更富有层次性和多样化。

### 8.1.4 对创意人才空间集聚效应的阐述

创意人才集聚效应产生的总体逻辑被概括为“完成初始集聚—信息共享形成—知识溢出、知识协同产生—创意人才与企业非线性改变—区域效应形成”五个关键环节。

（1）学习成长效应。该效应主要通过创意人才职业发展的正反馈与突跃效应、知识溢出效应两方面得以实现。集聚地地理邻近、认知邻近、组织邻近和社会关系邻近优势，较好的社会网络以及创意人才在企业内、园区内所进行的集体学习有效推动了知识，尤其是隐性知识的螺旋式流动与扩散，推动创意人才产生基因突变，生态位扩张，胜任力提升，从而实现在企业内部的成长流动或外部空间转移。

（2）创新效应。创意人才的学习成长契合创意企业扁平化、松散的组织结构以及集群内形成的知识网络，在知识协同作用下，推动企业知识更新、知识创造能力提升，创新效应显现。但信任障碍、胜任力障碍、应激交互障碍、组织和区域障碍对创意人才的知识共享意愿、共享能力和组织激励产生阻碍，从而影响创新效应的形成。

（3）区域效应。主要表现为区域创新效率与人才集聚力的提高。该效应的发挥主要得益于集聚地知识存量、人力资本质量的改善以及区位品牌的形成，并在羊群效应、马太效应的作用下产生规模效应。

### 8.1.5 有关创意人才空间集聚模式的选择

实证发现，创意人才的集聚规模、集聚强度对文化创意产业的投入—产出效率具有正向推动作用，能提高对创意资源的有效配置和充分利用，这为加强我国创意人才的开发、教育与培训提供了依据。然而，作为反映人才空间结构态势的创意人才集聚均衡度，则与文化创意产业的投入—产出效率呈负相关，这意味着我国创意人才当前的非均衡结构给其他区域造成了制约，使人才低集聚区在创意人才质量与数量方面无法实现对自身创意资源的有效利用而产生效率不足。对此，本书提出，我国需要采用“多中心、蔓延式”的集聚模式，各地通过积极创建“偶发”因素，吸引创意人才自发集聚进而“落地生根”，形成有规模的创意人才集聚地，从而引导创意人才从少数几个高集聚区流向更多其他区域性中心城市，实现对创意人才空间结构的优化。

## 8.2 延展性理论启示

### 8.2.1 人工选择机制对创意的管理

宋庄、大芬村案例探讨显示，在创意人才自发集聚演化中，政府的参与和介入不容缺失；实证分析亦表明，中介组织在创意人才空间集聚中作用显著，这充分说明，创意企业在 CAS 系统中，需要聚合其他主体对创意人才加以管理。对身处现代商业逻辑中的创意企业而言，若将所有创新都交由市场机制进行甄选，必将造成资源浪费和效率损失，此时，通过设立“人工选择”机制，帮助企业成功挑选出符合时代需要和自身要求的创意人才与有效创新，迅速淘汰无效创新，具有深刻的现实意义。它有效揭示了社会网络、政府、经纪公司、中介机构等在创意人才 CAS 系统（CCAS）中存在的意义——发挥“人工选择”机制，同时也解释了一个成功的创意企业，仅有设计类、艺术类等创意人才远远不够，还需要一批深谙市场营销、战略决策、企业管理的复合型人才对创意加以有效管理。这与本书以及不少学者关于创意人才的定义基本一致，同时也证明本书选用 CAS 理论作为研究视角是合乎逻辑的。

### 8.2.2 从劳动价值角度审视创意人才在产业转型升级中的作用

在案例探讨中，大芬村油画产业历经金融危机“起死回生”，实现了由普通手工业向文化创意产业的升级，艺术劳动者也由最初的手工业者向创意设计者转化，由被动接受市场信息变成主动输出知识，不仅带来产业链价值流向的逆转，更带来创意人才对自身身份认同的转换以及对自我价值的重新认知。

大芬村油画产业升级的经验对发展中国家（地区）文化创意产业的发展具有借鉴意义。它彰显了：创意人才集聚地的转型发展，需要创意人才通过学习能力的提升，将自身劳动逐渐嵌入产业链高端，不断上溯，不断创造、生成、提高产品价值。产业转型升级、创意人才集聚更新的关键，在于让创意人才在劳动分工与生产过程中重新找到劳动的价值。为此，无论是政府，还是创意企业，在有关推动创意人才集聚的政策制定中，需要更多地从激发原创动力入手。

### 8.2.3 文化在创意人才空间选择中的标识功能

创意产业之后，“文化经济”将成为未来趋势[①]。本书基于实证，认为创意企业和集聚地可通过“文化标识”功能实现对创意人才的优胜劣汰。

组织文化、集聚地的科教与文化如同一只“无形的手”，对人才要素具有无形的甄选作用，能引领和指导创意人才的空间选择、流动与协作共生。城市通过自身的制度文化、产业格局、角色地位、功能定位、精神气质等层面，对创意人才的类型、类别、层次等做出限定，用“文化滤网”和标识功能优先选择那些与城市文化属性相匹配的创意人才，这些人才的集聚又进一步夯实城市的文化属性，使城市文化标识得以形成和强化。现实中，具有浓郁海派文化特质的上海更容易成为时尚设计人才集聚地，而深具历史文化底蕴的首府北京则更易成为文化娱乐人士集中之地，这与城市“文化漏网”功能不无关系[②]。作为全球四大设计之都、时尚之都，纽约、米兰、伦敦、东京凭借“创意高地、风尚之源”的城市艺术气质、位居“全球创意产业价值链高端”的地方声誉，自发地完成对创意人才的优胜劣汰和地方性垄断。可见，在成为全球第二大经济体之后，将我国建成“文化高地”，继而吸引高端人才集聚的战略举措，的确具有积极而深远的意义。

① Alter和Kwan指出，在全球化背景下，“文化共用”正成为一种潮流，经济与艺术、文化相连已然成为一种社会常态。

② 这一论断基于两城市创意人才的行业结构分布。

# 8.3 启示与建议

## 8.3.1 针对创意企业的启示

### 8.3.1.1 以“共同进化”理念加强对外部成长性资源的捕获与利用

传统人力资源管理着眼于从组织内部对人才潜力的开发与利用，强调通过激励等人才治理方式实现组织对人才的物尽其用，而相对忽视了从外部空间——集聚地共享环境中寻求推动人才与组织成长的资源、机会与条件。本书认为，在创意人才 CAS 系统（CCAS）中，创意人才、创意企业、创意园区、当地政府、科研机构等都是具有适应能力的主体，它们基于同质性或互补性标识机制，形成上下交错的创意团队（构造模块），通过在系统内的集聚和以知识流为主要表现的各种“流”的传递，实现非线性改变，使整个系统及系统内各个主体获得积极的正向反馈（即集聚效应）。这种正向反馈有助于人才突变、组织突变和系统突变，对促进创意中小企业的成长极为显著。因此，对于身居 CCAS 系统的创意企业而言，应突破组织自身边界，积极寻求并获得更多外部性成长资源，努力提升企业的知识获取和创造能力，实现与创意人才、与其他主体的共同发展、共同进化。

### 8.3.1.2 以更快于创意人才学习能力的“知识创造”实现人才保留

尽管尚无法求出最优的人才流动率，但过于频繁的人才流动无论对创意企业还是对集聚地而言，都不利于人力资本的积累和优化。为维持人企关系、人际关系的稳定均衡，创意企业需跳出“人才提供服务、企业支付报酬”的传统劳资关系认知，代之以相互信任、互动依存的现代人企关系。事实上，从本书的样本实证结果看，创意人才对环境的关注、对成长的要求已超过对物质利益的重视。因此，在人才保留管理中，创意企业需要不断提高自身对新知识的创造与更新能力，以更快于创意人才学习能力的知识增长率，一方面，满足人才的内在成长需要，增强其对企业的感情承诺与继续承诺；另一方面，通过对创意人才自身能力的提升，促进组织激励对人才创意动力的有效激发，推动更多创新成果产生，最终实现良性循环。

## 8.3.2 针对上海的建议

（1）通过制度激励+市场机制实现对人才的“开源”与“节流”，以构建层次分明、结构合理、优势互补、文化相融的创意人才队伍。

实证显示，流入上海的创意人才是一类具有高学历、年轻化优势的知识型群体，他们构成上海城市未来发展的活力源。然而，在生活成本、工作压力、制度性障碍等因素下，上海创意人才显示了较强的流出意愿，这对上海而言，无疑是一种因未能物尽其用而产生的资源浪费与流失。

上海“国际时尚之都”、“全球科创中心”功能的实现，离不开大量高素质创意创新人才的会聚，同样也需要在城市内形成良好的创新文化与传统，这并非一日之功，需要一批批创意人才在完成本地化根植后不断维护、延续、传承而成。因此，为了构建层次分明、结构合理、优势互补、文化相融的创意人才队伍，上海既需要通过政策激励机制实现人才“开源”，加大对尖端创意人才、核心人才、重点领域专门人才、高技能人才和国际化人才的引进、本土培养和扶持力度，筑实创意人才结构体系的高端核心层；同时也需要基于文化创意产业的生产互补与团队合作之特性，加大对符合产业发展要求的一般类创意人才的需求的关注与服务体系建设，凭借市场筛选机制实现对这类人才的“节流”，以夯实创意人才结构体系的支持层与配套层。

（2）加强各类正式与非正式网络的缔结与利用，完善公共服务平台与孵化平台的建设，提升知识溢出效应。

“信息共享—知识溢出—学习成长—创新效应”是创意人才集聚效应产生的几个关键节点。然而，问卷调研与实证结果均显示，上海创意人才的社会网络缔结状况不容乐观，极强的创新效应却匹配了受限的知识溢出效应，这意味着群体内人才与人才之间在信息共享、知识交流，尤其是隐性知识流动与传播方面表现不突出，也从侧面说明各种推动创意人才进行交互式学习的活动平台、活动形式、组织机构（如行业协会）建设还相对欠缺，从而导致知识的再造能力不足。

由于隐性知识的生产和转移有赖于良好的社会资本，因此，创意企业与政府需要在充分利用已有“众创空间”、“创新屋”等各项创新基础设施的基础上，充分重视、引导创意人才加强对各类正式与非正式网络关系的缔结与资源利用，进一步加强公共服务平台建设，拓宽创意人才群体的交流渠道，使他们通过更多的知识交流与信息共享，激发更多创意创新成果，使上海创意性人力资本得到不断累积，促进创新文化与创新传统的形成与强化。

（3）进一步规范市场环境，积极营造创业氛围与人文气候，提高对高端创意人才的吸引与根植。

实证结果显示，“工作环境与市场环境”是影响创意人才在上海集聚的首要因素。对他们而言，宽容、自由的工作环境以及公平、规范的市场环境已超过物质利益的重要性，为此，上海需要进一步加强对市场环境的规范化管理，尤其加强对知识产权的保护；同时，针对高龄、高职务、高职称的高端创意人才对“生活环境与城市服务”、“城市文化认同”的高度关注，努力打造并维护好满足创意人才所偏好的创业氛围与人文气候，加强城市利便性建设，并基于文化所具有的巨大发挥空间，激发文化市场活力，促进文化市场发育。

## 8.4 研究不足与展望

### 8.4.1 研究不足

尽管做出了能力范围内的努力，但本书在下列问题研究中依然存在不足。

#### 8.4.1.1 未从企业层面展开实证分析

在第7章的实证分析中，本书只通过对园区内创意人才个体的问卷调查以及统计年鉴面板数据展开对个体效应和集聚地效应的分析，而未从企业层面展开实证研究。主要原因有三：一是本书的重点在于集中探讨创意人才的集聚行为与表现，着力点在于“创意人才”自身，而非企业。因此，在第6章有关创意人才集聚效应的理论分析中，本书对创意人才的学习成长效应予以了较多着墨，而对创新效应和区域效应予以弱化处理。二是考虑到文化创意产业涉及太多不同类型的企业，如设计类、软件开发类、营销类等不一而足，这难免造成代表性样本企业选择上的困难。三是人才集聚是一种规模经济，但受创意企业规模较小所限，使调研无法获得足够满足条件的样本，有鉴于此，本书未从企业层面展开实证分析。

#### 8.4.1.2 评价指标体系存在不足

在上海创意人才集聚效应评价指标体系的构建中（见表7-12），有关知识溢出效应的评价，本书认为采用“技术合同成交额”和“项目课题数”两个二级指标不能精确或全面反映创意产业所具有的“知识再造”能力；而且，将“专利中请量”、“发表论文数”作为创新效应的两个二级指标，很容易模糊创意人才集聚效应与高科技人才集聚效应的边界。不过，这样使用的合理性在于：据本书对创意人才的界定，上述两项指标被囊括在创意人才集聚效应中，因而尚可成立。

此外，受制于数据获取的困难，本书在构建文化创意产业投入—产出效率评价指标体系（见表7-16）时，主要考虑了财政资金的投入，而未对社会资本和私人资本加以考虑，从而不能较好地反映各城市文化创意产业的市场化程度。

#### 8.4.1.3 有关超本地网络的研究

在CCAS系统中，创意人才所形成的社会关系不仅局限于人才在创意企业内部所形成的组织人际关系以及在集群内所构建的本地化网络，同时，还表现在依托现代交流技术手段（如互联网）等基础上的超本地化网络。尽管 Singh 基于大样本业已证明跨区域知识整合有利于企业创新绩效的提升，魏江、徐蕾运用知识网络双重嵌入概念，证明本地、超本地网络能通过不同的中介机制推动企业能力提升，但因为超本地网络突破了一定的地理空间约束，而本书主要聚焦于“有形地理空间集聚”的探讨，因此在6.2.2有关社会网络对知识溢出的影响分析中未对超本地网络展开具体分析。

### 8.4.2 研究展望

（1）对于超本地网络对创意人才与企业的作用，本书目前不成熟的观点是：基于互联网技术的现代交流媒介对包括创意人才在内的现代人类沟通、相处方式产生了重要影响，使“有形空间”变得没有以前那么重要，人才物理集聚的重要性与必要性出现弱化趋势，因此，对超本地网络的研究将对知识网络、创新网络在空间视角的后续研究具有积极的指引作用。但从目前实际情况看，尽管创意人才突破有形地理空间，逃离北上广等现象时有发生，但这些流出者新的流动去向依然没有逃离或仍然局限在本书所归纳的发达城市以及城市内部的三类集聚空间。而且，出于对现代沟通技术的依赖，他们对新的流动空间在技术与服务环境上的要求反而更高，这说明创意人才对超本地网络优势的追求目前依然建立在获取/依赖本地化网络优势的基础之上。因此，关于技术变革、虚拟空间、超本地网络对创意人才未来的空间流向与集聚行为具体产生怎样的影响将成为未来研究的新内容。

（2）本书着力于探讨创意人才在地理空间上的流动，而对皮埃尔·布迪厄所提出的社会空间上的流动情况尚未展开探讨研究。与非创意人才相比，创意人才在获取经济资本、文化资本和移动资本上更具优势，并借此提升自身在社会空间中的位置，创意人才在社会空间的流动也会对其地理空间流动产生影响。关于两者的相互关系可以成为本书后续研究的内容。

# 附 录

## 附录1 入选联合国教科文组织创意城市网络表

| 创意城市称号 | 城市名称 | 国家 | 加入日期 |
| --- | --- | --- | --- |
| 文学之都（Literature） | 爱丁堡（Edinburgh） | 英国 | 2004. 10 |
| | 墨尔本（Melbourne） | 澳大利亚 | 2008. 8 |
| | 爱荷华市（Iowa City） | 美国 | 2008. 11 |
| | 都柏林（Dublin） | 爱尔兰 | 2010. 7. 20 |
| | 雷克雅未克（Reykjavik） | 冰岛 | 2011. 8. 2 |
| 电影之都（Film） | 布拉德福德（Bradford） | 英国 | 2009. 6. 8 |
| | 悉尼（Sydney） | 澳大利亚 | 2010. 11. 22 |
| 音乐之都（Music） | 塞维利亚（Seville） | 西班牙 | 2006. 3. 30 |
| | 博洛尼亚（Bologna） | 意大利 | 2006. 5. 29 |
| | 格拉斯哥（Glasgow） | 英国 | 2008. 8 |
| | 哈尔滨（Haerbin） | 中国 | 2010. 6. 22 |
| | 根特（Ghent） | 比利时 | 2009. 6. 8 |
| 民间手工与艺术之都（Crafts & Folk Art） | 圣达菲（Santa Fe） | 美国 | 2005. 7. 13 |
| | 阿斯旺（Aswan） | 埃及 | 2005. 9. 1 |
| | 金泽（Kanazawa） | 日本 | 2009. 6. 8 |
| | 利川（Icheon） | 韩国 | 2010. 7. 20 |

续表

| 创意城市称号 | 城市名称 | 国家 | 加入日期 |
|---|---|---|---|
| 设计之都（Design） | 圣达菲（Santa Fe） | 美国 | 2005. 7. 13 |
| | 布宜诺斯艾利斯（Buenos Aires） | 阿根廷 | 2005. 8. 24 |
| | 柏林（Berlin） | 德国 | 2005. 11. 2 |
| | 蒙特利尔（Montreal） | 加拿大 | 2006. 5. 12 |
| | 名古屋（Nagoya） | 日本 | 2008. 10 |
| | 神户（Kobe） | 日本 | 2008. 10 |
| 设计之都（Design） | 深圳（Shenzhen） | 中国 | 2008. 11 |
| | 上海（Shanghai） | 中国 | 2010. 2. 10 |
| | 首尔（Seoul） | 韩国 | 2010. 7. 20 |
| | 圣埃蒂安（Saint – étienne） | 法国 | 2010. 11. 22 |
| | 格拉茨（Graz） | 澳大利亚 | 2011. 3. 14 |
| 媒体艺术之都（Media Arts） | 里昂（Lyon） | 法国 | 2008. 6 |
| 美食之都（Gastronomy） | 波帕扬（Popayán） | 哥伦比亚 | 2005. 8. 11 |
| | 成都（Chengdu） | 中国 | 2010. 2. 10 |
| | 厄斯特松德（Östersund） | 瑞典 | 2010. 7. 20 |

资料来源：联合国教科文组织创意城市网络网站，http：//www. unesco. org。

# 附录2 文化创意产业在不同国家（地区）的称谓与范畴

| 产业称谓 | 代表国家（地区） | 产业范畴 |
|---|---|---|
| 创意产业 Creative Industries | 英国（13） | 音乐、表演艺术、工艺、设计、广告、建筑、出版、电视广播、电影与录像、动漫游戏、软件、流行设计与时尚、艺术及古董市场 |
| | 澳大利亚（7） | 出版、印刷等制造业；音乐或书籍批发与销售；建筑、广告财务资产与其他商务；休闲服务；社区服务；公共管理与国防；其他产业 |
| | 新西兰（10） | 设计、时尚设计、视觉艺术、音乐与表演艺术、电影与录像制作、广播电视、出版、广告、软件与资信服务、建筑 |
| | 中国香港（11） | 设计、出版、音乐、表演艺术、电影、电视与电台、广告、数码娱乐、软件与资讯服务业、建筑、古董与工艺品 |
| 文化产业 Cultural Industries | 联合国教科文组织（10） | 音乐、表演艺术、视觉艺术、文化遗产、著作文献、音频媒体、视听媒体、社会文化活动、体育和游戏、环境和自然 |
| | 中国内地其他地区（9） | 文化艺术；广播电视及电影；文化休闲娱乐；新闻；出版与版权服务；网络文化；文化用品；文化产品代理；设备及相关产品销售 |
| | 芬兰（9） | 文学、戏剧、电影、舞蹈、音像、塑像、工业设计、媒体、建筑 |
| | 新加坡（3） | 设计、文化艺术、媒体 |
| 文化创意产业 Cultural Creative Industries | 北京（9） | 文化艺术、广播电视电影、新闻出版、软件网络与计算机服务、设计服务、广告会展、旅游休闲娱乐、艺术品交易、其他辅助服务 |
| | 上海（11） | 时装设计、时尚艺术、动漫设计、工艺品制作、影视制作、工业设计、广告设计、室内设计、建筑设计、网络媒体、品牌发布 |
| | 中国台湾（13） | 视觉艺术；音乐与表演艺术；电影；广播电视；文化展演设施；设计；出版；广告；工艺；品牌时尚设计；建筑设计；创意生活；数字休闲娱乐 |

续表

| 产业称谓 | 代表国家（地区） | 产业范畴 |
| --- | --- | --- |
| 内容产业<br>Content Industry | 韩国（17） | 影视、音像、动画、游戏、广播、创意性设计、卡通形象、演出、广告、美术、出版印刷、网络、多媒体影像软件、传统工艺品、传统服装、传统食品、文物市场 |
|  | 日本（3） | 内容产业、时尚产业、休闲产业 |
| 版权产业<br>Copyright - based Industry | 美国（4） | 核心版权产业、部分版权产业、边缘支撑产业及交叉产业 |

注：第二列国家（地区）中括号内数字表示创意产业在该国划分的种类数量。

# 附录3　我国近年来密集出台的规范创意产业发展的相关政策文件

| 时间 | 发布机构 | 政策、制度及主要内容 |
| --- | --- | --- |
| 2010.1.22 | 国务院办公厅 | 《专利法实施细则》，进一步完善我国专利制度 |
| 2010.2.12 | 广电总局 | 《关于进一步加强广播电视广告审查和监管工作的通知》，对播出机构播出违规广告或使用主持人“叫卖”宣传等行为予以规范 |
| 2010.3.17 | 广电总局 | 《互联网视听节目服务业业务分类目录（试行）》，明确互联网视听节目服务业务的分类及其界定，促进互联网视听节日服务健康有序发展 |
| 2010.5.4 | 广电总局 | 《电视剧内容管理规定》，规范电视剧内容管理工作，繁荣电视剧创作 |
| 2010.6.9 | 文化部 | 《关于加强文化产业园区基地管理、促进文化产业健康发展的通知》，引导促进文化产业园区基地健康发展 |
| 2010.6.22 | 广电总局<br>国家档案局 | 《电影艺术档案管理规定》，加强电影艺术档案的收集和管理，有效保护和利用电影艺术档案 |
| 2010.7.19 | 文化部 | 《国家级文化产业示范园区管理办法（试行）的通知》，规范国家级文化产业示范园区的申报、命名和监督管理工作 |
| 2010.8.1 | 文化部 | 《网络游戏管理暂行办法》，首次系统地对网络游戏的娱乐内容、市场主体、经营活动、运营行为、管理监督和法律责任做出明确规定 |
| 2010.11.9 | 文化部 | 《全国文化市场知识产权保护专项执法行动方案》严厉打击侵权盗版，完善知识产权保护长效机制 |
| 2010.11.17 | 广电总局 | 《关于印发〈广播影视知识产权战略实施意见〉的通知》，推进广播影视知识产权保护制度建设与实施 |
| 2015.2.9 | 国务院 | 《博物馆条例》（国务院令第659号），鼓励博物馆通过设立公益性资金等多渠道筹措方式为博物馆提供经费 |
| 2015.4.24 | 国务院 | 《中华人民共和国广告法》（主席令第二十二号），进一步规范广告活动，保护消费者合法权益 |

# 附录4 上海创意产业园区一览表

| 行政区 | 创意产业园名称 | 是否在内环区 | 周边是否有高校或科研院所 | 是否为老工业建筑改造 | 是否以互联网等高新技术产业为主导产业 | 是否政府参与 | 主要产业 |
|---|---|---|---|---|---|---|---|
| 徐汇区 | 浦原科技园 | 是 | 是 | 否 | 是 | 是 | 软件开发和仪器仪表，以原创设计为核心，以研发设计创意为定位 |
| | 2577大院 | 是 | 否 | 是 | 否 | 是 | 广告设计、咨询策划 |
| | 尚街LOFT | 是 | 是 | 是 | 否 | 否 | 时尚生活、时尚设计 |
| | 设计工厂 | 否 | 是 | 是 | 否 | 是 | 设计服务、设计教育、设计研发 |
| | 文定生活家居创意广场 | 是 | 否 | 是 | 否 | 否 | 国际品牌家居展示、设计服务 |
| | 西岸创意园 | 是 | 否 | 是 | 否 | 否 | 产品设计、时尚生活设计、意大利创意精品 |
| | D1国际创意空间 | 是 | 否 | 是 | 是 | 否 | 影视、动漫、网络软件、广告设计 |
| | 虹桥软件园 | 是 | 是 | 是 | 是 | 是 | 软件、互联网、新材料等高科技产业 |
| | 汇丰创意园 | 否 | 否 | 是 | 否 | 否 | 家居时尚创意设计展示、艺术大师工作室，以"丰"命名的楼群 |
| | SVA越界创意产业园 | 否 | 否 | 否 | 否 | 是 | 电子产品设计、开放式园区 |
| | 乐山软件园 | 是 | 是 | 是 | 是 | 是 | 软件设计、数码技术、计算机培训、新材料、科技型创业企业孵化 |
| | X2创意空间 | 是 | 否 | 是 | 是 | 否 | 软件设计、数码技术、IT技术培训 |
| | 数娱大厦 | 是 | 否 | 否 | 是 | 否 | 软件设计、数码技术、教育软件、游戏软件开发 |

续表

| 行政区 | 创意产业园名称 | 是否在内环区 | 周边是否有高校或科研院所 | 是否为老工业建筑改造 | 是否以互联网等高新技术产业为主导产业 | 是否政府参与 | 主要产业 |
|---|---|---|---|---|---|---|---|
| 长宁区 | 法华525创意树林 | 是 | 是 | 是 | 否 | 否 | 设计类企业 |
| | 创邑·河 | 是 | 是 | 是 | 否 | 否 | 服装设计、广告制作、商业咨询 |
| | 创邑·源 | 是 | 否 | 是 | 否 | 否 | 工业设计、城市艺术、数码科技 |
| | 华联创意广场 | 是 | 否 | 是 | 是 | 是 | 中山公园商圈、工业设计、软件开发、动漫制作、IT培训 |
| | 聚为园 | 是 | 否 | 是 | 否 | 否 | 室内装饰、建筑、广告、动漫等设计 |
| | 天山软件园 | 否 | 是 | 否 | 是 | 是 | 软件开发、数字技术、IT培训 |
| | 时尚园 | 是 | 是 | 是 | 否 | 是 | 服装设计、时尚发布、品牌培育 |
| | 时尚园品牌会所 | 否 | 否 | 是 | 否 | 否 | 服装设计、时尚发布、品牌培育 |
| | 映巷创意工场 | 是 | 是 | 是 | 否 | 否 | 文化传媒、视觉艺术 |
| | 湖丝栈创意产业园 | 是 | 否 | 是 | 否 | 否 | 广告设计、视觉艺术设计、媒体公关 |
| | 新十钢（红坊） | 是 | 是 | 是 | 否 | 是 | 城市规划、建筑设计、环境艺术 |
| | 周家桥创意产业集聚区 | 是 | 否 | 是 | 否 | 否 | 艺术设计、美术摄影、动漫艺术 |
| | 原弓艺术仓库 | 是 | 否 | 否 | 否 | 否 | 原弓美术展览馆、艺术家工作室 |
| 虹口区 | 大柏树数字设计创意产业集聚区 | 否 | 是 | 否 | 是 | 是 | 数字出版、数字内容、数字网络、软件服务、互联网信息服务 |
| | 1933老场坊 | 是 | 否 | 是 | 否 | 否 | 形象设计、时尚体验、影视创意、创意作品交易 |
| | 智慧桥 | 否 | 是 | 否 | 否 | 否 | 网络信息技术服务、研发、设计 |
| | 花园坊 | 是 | 是 | 否 | 否 | 否 | 设计创意服务 |
| | 绿地阳光园 | 是 | 否 | 是 | 否 | 否 | 室内装潢、建筑设计、生活消费创意 |
| | 建桥69 | 是 | 否 | 是 | 否 | 否 | 创意、建筑、软件等设计策划咨询 |
| | 空间188 | 是 | 否 | 是 | 是 | 是 | 电视内容制作、网络运营、网络设备研发、网络技术设计 |
| | 新兴港 | 是 | 否 | 是 | 否 | 否 | 建筑、工业、动漫等设计、咨询策划 |
| | 彩虹雨 | 否 | 是 | 否 | 否 | 否 | 创意搜索：咨询策划、软件设计、人才培训、服装设计 |
| | 优族173 | 否 | 是 | 否 | 是 | 否 | 软件设计、人才培训、信息交流 |
| | 通利园 | 是 | 否 | 是 | 否 | 否 | 创意搜索：产品设计、建筑设计、航运咨询服务 |
| | 物华园 | 是 | 否 | 否 | 否 | 否 | 航运物流、涉外办公、创意设计、咨询策划 |

续表

| 行政区 | 创意产业园名称 | 是否在内环区 | 周边是否有高校或科研院所 | 是否为老工业建筑改造 | 是否以互联网等高新技术产业为主导产业 | 是否政府参与 | 主要产业 |
|---|---|---|---|---|---|---|---|
| 杨浦区 | 上海国际家用纺织品产业园 | 否 | 否 | 是 | 否 | 是 | 家纺、纺织、研发设计、产业配套服务 |
| | 建筑设计工场 | 是 | 是 | 否 | 是 | 是 | 建筑设计、景观设计、城市规划、数字科技、软件研发 |
| | 昂立设计创意园 | 是 | 是 | 否 | 否 | 否 | 工业设计、建筑设计、设计咨询 |
| | 上海创意联盟产业园 | 否 | 否 | 否 | 否 | 否 | 广告设计、设计服务、咨询策划 |
| | 东纺谷 | 否 | 是 | 否 | 否 | 是 | 纺织品新技术研发、床上用品研发、服装设计 |
| | 上海国际设计交流中心 | 否 | 是 | 是 | 否 | 是 | 工业设计、建筑设计、环境艺术、视觉设计、信息技术 |
| | 铭大创意广场 | 否 | 是 | 是 | 否 | 是 | 工艺品设计及创意 |
| | 中环滨江 128 | 否 | 是 | 是 | 是 | 是 | 工业设计、软件设计、产品设计、包装设计、先进制造业的科技引擎 |
| | 环同济创意集聚区 | 是 | 是 | 否 | 否 | 是 | 设计创意服务 |
| | 海上海 | 是 | 否 | 否 | 否 | 否 | 建筑设计、设计咨询、工业设计 |
| 静安区 | 源创创意园 | 是 | 否 | 否 | 否 | 否 | 建筑、广告设计，家具设计定制，静安区文史馆，服装设计，公益服务 |
| | 安垦绿色 | 是 | 否 | 是 | 是 | 否 | 建筑设计、文化传媒、咨询策划、IT 信息研发、家具设计等创意产业 |
| | 3 乐空间 | 是 | 否 | 是 | 是 | 是 | 文化产业、文化传媒、广告设计、电脑软件、信息服务、医疗器械、生化制品 |
| | 传媒文化园 | 是 | 否 | 是 | 否 | 是 | 艺术摄影、影视制作、网络媒体、建筑和工业创意设计 |
| | 98 创意园 | 是 | 否 | 是 | 否 | 否 | 工业设计、上海国际创意产业博览会静安馆 |
| | 同乐坊 | 是 | 否 | 是 | 否 | 否 | 艺术创意、时尚会展、娱乐文化、弄堂改造 |
| | 汇智创意园 | 是 | 否 | 是 | 否 | 否 | 文化传媒、广告设计、产品设计 |
| | 静安现代产业园 | 是 | 否 | 是 | 是 | 否 | 文化、传媒、广告、设计、网络 |
| | 800 秀 | 是 | 否 | 是 | 否 | 否 | 时尚设计、展示发布 |

续表

| 行政区 | 创意产业园名称 | 是否在内环区 | 周边是否有高校或科研院所 | 是否为老工业建筑改造 | 是否以互联网等高新技术产业为主导产业 | 是否政府参与 | 主要产业 |
|---|---|---|---|---|---|---|---|
| 黄浦区 | 旅游纪念品设计大厦 | 是 | 否 | 否 | 否 | 否 | 玉雕、黄金首饰、工艺品 |
| | 上海滩 | 是 | 否 | 否 | 否 | 是 | 总部型创意产业、文化博览、艺术展示、世博概念 |
| | 南苏河 | 是 | 否 | 是 | 否 | 否 | 建筑环境、平面媒体等设计、展会咨询 |
| | 田子坊 | 是 | 是 | 是 | 否 | 否 | 视觉艺术、工艺美术、室内设计 |
| | 8 号桥 | 是 | 是 | 是 | 否 | 是 | 建筑设计、设计咨询、影视制作 |
| | 江南智造 | 是 | 否 | 否 | 否 | 否 | 服务外包、创意产业、生产性服务业 |
| | 卓维 700 | 是 | 否 | 是 | 是 | 是 | 动漫广告、投资咨询、软件开发、瓷器艺术 |
| | 智造局 | 是 | 否 | 是 | 否 | 是 | 设计创意服务 |
| 闸北区 | 创意仓库 | 是 | 否 | 是 | 否 | 否 | 城市规划、建筑设计、环境艺术 |
| | 孔雀园 | 是 | 否 | 是 | 是 | 否 | 工业设计、多媒体制作、软件开发、广告设计、人性化服务 |
| | 老四行 | 是 | 否 | 是 | 否 | 否 | 动漫设计、广告设计、摄影美术 |
| | 工业设计园 | 是 | 否 | 是 | 否 | 否 | 工业设计、产品研发、数据交易 |
| | 名仕街 | 否 | 否 | 是 | 否 | 否 | 服装设计和展示、新品发布、“萨克斯乐器”雕塑 |
| | 合金工厂 | 否 | 否 | 是 | 否 | 否 | 视觉产业、工业设计、大宁创意区域 |
| | 新慧谷 | 否 | 是 | 是 | 是 | 是 | 影视制作、展览展示、数字媒体 |
| 普陀区 | 中华 1912 | 是 | 否 | 是 | 否 | 是 | 广告、建筑、动漫等设计、会展会务 |
| | M50 创意园 | 是 | 否 | 是 | 否 | 否 | 当代艺术、画廊、广告影视、服装设计、工业设计 |
| | 创邑金沙谷 | 否 | 否 | 是 | 否 | 否 | 影视制作、策划设计 |
| | E 仓创意园 | 是 | 否 | 是 | 否 | 否 | 艺术、平面广告、建筑、动漫等设计、文化推广、亲水平台、时尚秀场 |
| | 景源时尚产业园 | 是 | 否 | 是 | 是 | 否 | 国家艺术家中心、文化传媒、研发设计、咨询策划 |
| | 天地软件园 | 是 | 否 | 否 | 是 | 否 | 软件设计、数码技术、游戏软件开发、IT 培训 |

续表

| 行政区 | 创意产业园名称 | 是否在内环区 | 周边是否有高校或科研院所 | 是否为老工业建筑改造 | 是否以互联网等高新技术产业为主导产业 | 是否政府参与 | 主要产业 |
|---|---|---|---|---|---|---|---|
| 浦东新区 | 张江创星园 | 否 | 是 | 否 | 是 | 是 | 各类创新、创意、设计、高科技、高成长、新能源、新材料、LED、环保节能、互联网、物联网、电子信息、电子商务、文化创意等产业 |
| | 尚街LOFT上海双创产业园 | 是 | 否 | 是 | 是 | 否 | 影视制作、游戏软件、动漫制作、创业+创意、大学生创业 |
| | 张江文化科技创意产业基地 | 否 | 是 | 否 | 是 | 是 | 影视制作、游戏软件、动漫制作 |
| | 国家对外文化贸易基地（上海） | 否 | 否 | 否 | 否 | 是 | 文化装备服务 |
| | 上海证大喜马拉雅艺术中心 | 是 | 是 | 否 | 否 | 否 | 文化创意产业的综合商业地产 |
| 松江区 | 时尚谷创意园区 | 否 | 是 | 否 | 否 | 否 | 纺织、服装、鞋帽、家居用品等时尚设计和品牌创意产业 |
| | 创异工房 | 否 | 否 | 否 | 否 | 否 | 研发设计、文化传媒 |
| | 泰晤士小镇 | 否 | 是 | 否 | 否 | 是 | 文化传媒、婚庆服务、情景会展、研发设计、咨询策划 |
| 宝山区 | 半岛1919 | 否 | 否 | 是 | 是 | 否 | 文化艺术、艺术培训、文化传播、网络科技、婚庆礼仪 |
| | 上海国际工业设计中心 | 否 | 是 | 是 | 是 | 否 | 工业设计、设计咨询、文化艺术传播、网络科技 |
| | 上海动漫衍生产业园 | 否 | 是 | 否 | 否 | 是 | 动漫衍生产业 |
| | 中国移动互联网视听产业基地 | 否 | 是 | 是 | 是 | 是 | 移动互联网应用与服务 |
| 闵行区 | 西郊鑫桥 | 否 | 否 | 是 | 否 | 否 | 艺术设计、广告咨询、建筑设计、服装设计、家具设计 |
| 嘉定区 | 智慧金沙.3131 | 否 | 否 | 是 | 是 | 是 | 电子商务，网络科技 |
| 合计“是” | | 60 | 33 | 63 | 29 | 33 | |

资料来源：根据上海市创意产业展示与服务平台网站：www. creativecity. sh. cn资料整理。

# 附录5 《上海创意园区创意人才集聚行为与效应》调查问卷

尊敬的先生/女士：

您好！

感谢您拨冗完成本次调查问卷。本问卷旨在调查了解上海文化创意产业园区吸引各类创意人才集聚的现状及对创意员工带来的影响和效应。问卷目的仅供科研使用，无须署名，不涉及商业机密，我们承诺严格为您保密，最终调查结果也不会泄露于他人。请您根据自身真实情况与想法，在相应的序号上打“√”，衷心感谢您的大力支持！

东华大学

## 第一部分 基本信息

1. 您的性别：

①男 ②女

2. 您的地域来源：

①上海 ②江、浙、皖 ③长三角地区以外 ④外国人士

3. 您的年龄：

①≤20 岁 ②21 ~30 岁 ③31 ~40 岁 ④41 ~50 岁

⑤≥51 岁

4. 您的学历：

①高中及以下 ②大专 ③大学本科 ④硕士

⑤博士

5. 您最后学历毕业的院校属于：

①985 高校 ②211 院校 ③一般本科院校 ④大专及以下学校

6. 您的工作年限：

①≤1 年 ②1 ~3 年 ③4 ~6 年 ④7 ~10 年

⑤≥10 年

7. 您在本园区工作的年限：

①≤1年　②1~3年　③4~6年　④7~10年
⑤≥10年
8. 您在本企业工作的年限：
①≤1年　②1~3年　③4~6年　④7~10年
⑤≥10年
9. 您工作以来调换企业的次数：
①1次　②2次　③3次　④4次
⑤5次及以上　⑥无
10. 您目前所在的企业性质是：
①国有/集体　②民营/私有　③三资
11. 您目前从事的工作类别（性质）：
①创意研发设计　②创意产品生产制作
③创意产品营销　④创意管理
⑤中介或经纪人
12. 您目前的职务/岗位：
①高层管理人员（董事长、总裁总经理、副总裁副总经理、总监）
②中层管理人员（部门经理、业务主管）
③基层管理人员/办事人员
④技术人员
⑤技师
⑥其他人员请注明________________
13. 您目前的职称/技术等级：
①高级职称　②中级职称　③初级职称　④暂无职称
⑤其他
14. 您近两年税后的月收入：
①≤4000元　②4001~6000元
③6001~9000元　④9001~15000元
⑤15000元以上
15. 近一年来您的月均开支：
①≤4000元　②4001~6000元
③6001~9000元　④9001~15000元
⑤15000元以上

# 第二部分 集聚行为表现与评价

16. 吸引您来当地工作的原因是（可多选）：

①更高的薪酬福利待遇　②良好的工作与市场环境

③优良的生活环境与城市公共服务　④上海的经济活力与城市地位

⑤对上海城市文化的认同与欣赏　⑥更多的个人就业机会与成长潜力

⑦婚恋、求学、亲情关系、子女受教育等自身原因

⑧被公司派遣等其他原因（可写出）＿＿＿＿＿＿＿＿

17. 您目前的这份工作是通过下列何种渠道获得的？

①经亲戚、朋友、同学、同事等推荐或介绍

②通过公司直接招聘

③通过人才网站、猎头等中介公司

④自己主动上门应聘

⑤自我创业落户于此

⑥其他

18. 进入园区工作以来，您加入与工作相关的行业协会、社团组织的个数大约有：

①0 个　②1～2 个　③3～4 个　④5 个及以上

19. 您与园区内其他员工之间发展的朋友圈（群）累计大约有：

①0 个　②1～3 个　③4～6 个　④6 个以上

20. 下列表格中的问题从“1”至“5”程度逐渐加强，请您在您认为合适的表述后打“√”。

| 问题 | 评价 | | | | |
|---|---|---|---|---|---|
| | 5 | 4 | 3 | 2 | 1 |
| A1. 园区内创意人员的创新意识与氛围 | 很好 | 良好 | 一般 | 较差 | 很差 |
| A2. 园区创新氛围对促进员工学习成长的作用 | 很强 | 较强 | 一般 | 较弱 | 很弱 |
| A3. 园区内高端（知名）创意人才对其他创意人员的带动作用 | 很强 | 较强 | 一般 | 较弱 | 很弱 |
| A4. 园区内同行员工之间的竞争 | 很激烈 | 较激烈 | 一般 | 较弱 | 很弱 |
| A5. 园区内创意人员之间的交往与互动 | 很频繁 | 较频繁 | 一般 | 较少 | 很少 |

续表

| 问题 | 评价 | | | | |
|---|---|---|---|---|---|
| | 5 | 4 | 3 | 2 | 1 |
| A6. 园区内创意人员的社会关系网络 | 很发达 | 较发达 | 一般 | 不发达 | 不存在 |
| A7. 园区内的知识信息沟通渠道 | 很顺畅 | 较顺畅 | 一般 | 不发达 | 没有 |
| A8. 创意人员间知识信息共享机制 | 很完善 | 较完善 | 一般 | 较缺乏 | 没有 |
| A9. 园区内优秀员工的成长对其他员工的示范作用 | 很强 | 较强 | 一般 | 较弱 | 很弱 |

# 第三部分　集聚效应表现与评价

21. 近三年来您收入增加的幅度：

①工作不满三年，无法答　②没有增加

③小于10%　④10% ~20%

⑤21% ~50%　⑥50%以上

22. 您进入园区工作以来职务升迁的次数为：

①0次　②1次　③2次　④3次

⑤4次及以上

23 ~26：下列表格中的问题从“1”至“5”程度逐渐加强，“5”表示很认同，“1”表示极不认同，请您在您认为合适的表述后打“√”。

| 23. 企业与员工在园区内的集聚给您带来的积极影响如何？ | | | | | |
|---|---|---|---|---|---|
| 问题 | 很认同 | 认同 | 中立 | 不太认同 | 极不认同 |
| A1. 薪资水平提高 | | | | | |
| A2. 学习与创新能力增强 | | | | | |
| A3. 创新成果（产出）增多 | | | | | |
| A4. 知识信息增加 | | | | | |
| A5. 社会关系网络拓展 | | | | | |
| 24. 企业与员工在园区内的集聚对您在学习成长方面带来的影响如何？ | | | | | |
| 问题 | 很认同 | 认同 | 中立 | 不太认同 | 极不认同 |
| A1. 促进学历提高 | | | | | |
| A2. 知识信息增加，专业技能提升 | | | | | |

续表

| 问题 | 很认同 | 认同 | 中立 | 不太认同 | 极不认同 |
|---|---|---|---|---|---|
| A3. 帮助声誉拓展 | | | | | |
| A4. 创新能力增强 | | | | | |
| A5. 职位（职称）提升 | | | | | |
| 25. 企业与员工在园区内的集聚对您在创新成果方面带来的影响如何？ | | | | | |
| 问题 | 很认同 | 认同 | 中立 | 不太认同 | 极不认同 |
| A1. 专利申请量增加 | | | | | |
| A2. 论文发表量增加 | | | | | |
| A3. 新产品、新作品增加 | | | | | |
| A4. 改进（创新）生产工艺或管理手段 | | | | | |
| 26. 企业与员工在园区内的集聚给园区带来的影响如何？ | | | | | |
| 问题 | 很认同 | 认同 | 中立 | 不太认同 | 极不认同 |
| A1. 园区环境、配套条件、管理水平得到改善 | | | | | |
| A2. 园区人才数量与质量日益优化 | | | | | |
| A3. 园区整体薪酬水平有所提高 | | | | | |
| A4. 园区创新能力与创新产出增加 | | | | | |
| A5. 园区知名度提高，品牌效应形成 | | | | | |

27. 您对您所在园区的总体满意度：

①很满意　②较满意　③一般　④不满意

⑤很不满意

28. 您继续留在园区内发展的意愿：

①很强　②较强　③一般　④较弱

⑤很弱

29. 如果要离开园区，下面哪些因素是您可能的原因（可多选）？

①薪酬待遇低于预期　②高生活成本、快节奏的生存压力

③激烈的人才竞争与工作压力　④所在行业市场饱和，消费者需求萎缩

⑤与当地城市文化难以相容　⑥户籍、教育、购房等制度障碍

⑦城市生存环境日益恶化　⑧有更好的去处等其他原因

衷心感谢您的参与和配合！

# 参考文献


［1］2013 创意经济报告［R］. 联合国贸发会网站，http：//www. unctad. org/Templates/Web Flyer. asp? int Item ID =5763&lang =1.

［2］2014 年北京文化创意产业占 GDP 比重突破 13%［N］. 北京日报，2015 -03 -12.

［3］2014 年中国动漫业发展报告［R］. 人民网，http：//media. people. com. cn/n/2015/0313/c394672 -26688504. html.

［4］2015 年通州宋庄镇全力推进产业结构调整转型［R］. 通州时空网，http：//www. btcbd. com/news/2015/121499. html.

［5］Abelson，Baysinger. Optimal and Dysfunctional Turnover：Toward an Organizational Level Model［J］. Academic Management Review，1984，9（2）：331 -341.

［6］Alexander Ardichvilia，Richard Cardozo，Sourav Ray. A Theory of Entrepreneurial Opportunity Identification and Development［J］. Journal of Business Venturing，2003，18（1）：105 -123.

［7］Amabile T. M.，Barsade S. G.，Muelleret J. S. Affect and Creativity at Work［J］. Administrative Science Quarterly，2005，50（3）：367 -403.

［8］Andersson R.，Quigley J. M.，Wilhelmsson M. Urbanization，Productivity，and Innovation：Evidence from Investment in Higher Education［J］. Journal of Urban Economics，2009（66）：2 -15.

［9］Ann Bartel Wages. Non - wages Job Characteristics and Labor Mobility［J］. Industrial and Labor Relations Review，1982（4）：578 -589.

［10］Baum - Snow N.，R. Pavan. Understanding the City Size Wage Gap［J］. Review of Economic Studies，2012，79（1）：88 -127.

［11］Bluedorn. The Theories of Turnover：Causes，Effects，and Meaning［J］. Research，1982（1）：175 -228.

［12］Bottazzi L.，Peri G. Innovation and Spillovers in Regions：Evidence from European Patent Data［J］. European Economic Review，2003（47）：610 -687.

[13] Burge D. J. The Study of Population Internal Migration [M] . Chicago: University of Chicago Press, 1959.

[14] Byron K. , Khazanchi S. Rewards and Creative Performance: A meta – analytic Test of Theoretically Derived Hypotheses [J] . Psychological Bulletin, 2012, 138 (4): 809 – 830.

[15] Charles Landry. The Creative City: A Toolkit for Urban Innovators [J] . Earthscan, 2008.

[16] Chatterjee S. Agglomeration Economics: The Spark That Ignites a City? [J] . Business Review, 2003 (4): 6 – 13.

[17] Cheetham G. , Chivers G. Towards a Holistic Model of Professional Competence [J] . Journal of European Industrial Training, 1996, 20 (5): 20 – 30.

[18] Chen J. J. Voluntary Disclosure, Reputation and Bank Loan [R] . Working Paper, 2011.

[19] Chris Bilton, Stephen Cummings. Creative Strategy: Reconnecting Business and Innovation [M] . John Wiley & Sons, 2010.

[20] Chris Bilton. Management and Creativity: From Creative Industries to Creative Management [M] . John Wiley & Sons, 2007.

[21] Combes, P. – P, G. , Duranton and Gobillon L. Spatial Wage Disparities: Sorting Matters [J] . Journal of Urban Economics, 2008, 63 (2): 723 – 742.

[22] Creative Leipzig. Understanding the Attractiveness of the Metropolitan Region for Creative Knowledge Workers [EB/OL] . http: //dare. uva. nl/document/188949. 2013 – 08 – 22.

[23] Daniel Bell. The Coming of Post – industrial Society: A Venture in Social Forecasting [M] . Basic Books, 1973.

[24] David Brooks. Bobos in Paradise: The New Upper Class and How They Got There [M] . Thorndike Press, 2001.

[25] Duffy, B. Supporting Imagination and Creativity in the Early Years [M]. Buckingham: Open University Press , 1998.

[26] Eisenberger R. , Rhoades L. Incremental Effects of Reward on Creativity [J] . Journal of Personality and Social Psychology, 2001, 81 (1): 728 – 741.

[27] Etienne Wenger, Richard McDermott, William Snyder. Cultivating Communities of Practice [M] . Perseus, 2002.

[28] E. I. Altman. Financial Ratios, Discriminant Analysis and Prediction of Corporate Bankruptcy [J] . The Journal of Finance, 1968, 23 (4): 589 – 609.

［29］ Fangqi Xu，Tudor Rickards. Creative Management：A Predicted Development from Research into Creativity and Management ［J］. Creativity and Innovation Management，2007，16（3）：216 – 228.

［30］ Flamholz E. G. Human Resource Accounting ［M］. Dickenson Publishers，1974.

［31］ Florida R.，Tinagli I. Europe in the Creative Age ［R］. Carnegie – Mellon Software Industry Center，2004：13 – 30.

［32］ Freedman，M. L. Job Hopping，Earnings Dynamics and Industrial Agglomeration in the Software Publishing Industry ［J］. Journal of Urban Economics，2008，64（3）：590 – 600.

［33］ Fujita M.，Krugman P. The New Economic Geography：Past，Present and the Future ［J］. Papers of Regional Science，2004（83）：139 – 164.

［34］ Glaeser E. L. Cities，Agglomeration and Spatial Equilibrium ［M］. Oxford：Oxford University Press，2008.

［35］ Glaeser E. L. Learning in Cities ［J］. Journal of Urban Economics，1999，46（2）：254 – 277.

［36］ Glaeser G. L.，Resseger M. G. The Complementarily between Cities and Skills ［J］. Journal of Regional Science，2010，50（1）：221 – 244.

［37］ Griffeth R. W.，Horn P. W. The Employee Turnover Process ［J］. Research in Personnel and Human Resource Management，1995（13）.

［38］ IBM 技术红皮书，《B2B Collaborative Commerce with Sametime，QuickPlace and WebSphere Commerce Suite》，http：//www. redbooks. ibm. com/abstracts/sg246218. html.

［39］ Jane Jacobs. 城市经济 ［M］. 项婷婷译. 北京：中信出版社，2007.

［40］ John Eger. The Creative Community：Forging the Links between Art Culture Commerce & Community ［M］. GRIN Verlag，2010.

［41］ John Howkins. Creative Ecologies：Where Thinking is a Proper Job ［M］. Transaction Publishers，2010.

［42］ John Kreidler. Creative Community Index：Measuring Progress toward a Vibrant Silicon Valley. Cultural Initiatives Silicon Valley ［EB/OL］. www. ci – sv. org/2002.

［43］ Justin O' Connor. After the Creative Industries：Why We Need a Cultural Economy? ［R］. Platform Paper，www. Currencyhouse. org. au，May 2016.

［44］ J. G. March，H. A. Simon. Organization ［M］. New York：Wiley，1958.

[45] Ken G. Smith, Christopher J. Collins, Kevin D. Clark. Existing Knowledge, Knowledge Creation Capability, and the Rate of New Product Introduction, High - Technology Firms [J] . 2005, 48 (2): 346 -357.

[46] Kirby Wright Personal Knowledge Management: Supporting Individual Knowledge Worker Performance [J] . Knowledge Management Research & Practice, 2005 (3): 156 -166.

[47] Lazerson M. H., Lorenzoni G. The Firms That Feed Industrial Districts: A Return to the Italian Source [J] . Industrial & Corporate Change, 1999, 8 (2): 235 -266.

[48] Lee S. Ability Sorting and Consumer City [J]. Journal of Urban Economics, 2010, 68 (1): 20 -33.

[49] Lucas R. E. On the Mechanics of Economic Development [J] . Journal of Monetary Economics, 1988 (22): 3 -42.

[50] Lucas R. On the Mechanism of Economic Development [J] . Journal of Monetary Economics, 1988 (22): 3 -22.

[51] Mark Granovetter. The Strength of Weak Ties [J] . American Journal of Sociology, 1973 (78): 1360 -1380.

[52] Markusen A. Urban Development and the Politics of a Creative Class: Evidence from the Study of Artists [J] . Environment and Planning, 2006, 38 (10): 1921 -1940.

[53] McClelland D. C. Testing for Competence Rather than for Intelligence [J] . American Psychologist, 1973 (1): 1 -4.

[54] Michael D. Mumford. Managing Creative People: Strategies and Tactics for Innovation [J] . Human Resource Management Review, 2000, 10 (3): 313 -351.

[55] Mion G., Naticchioni P. The Spatial Sorting and Matching of Skills and Firms [J] . Canadian Journal of Economics, 2009, 42 (1): 28 -55.

[56] Mobley. Employee Turnover: Causes, Consequences, and Control [M] . Addison Wesley, 1982.

[57] Mumford M. D., Scott G. M., Gaddis B., et al. Leading Creative People: Orchestrating Expertise and Relationships [J] . The Leadership Quarterly, 2002, 13 (6): 705 -750.

[58] Nonaka I. A Dynamic Theory of Organizational Knowledge Creation [J] . Organization Science, 1994, 5 (1): 14 -37.

[59] Osterman P. Turnover, Employment Security, and the Performance of the

Firm. In M. Kleiner [J]. Human Resources and the Performance of the Firm, 1987 (1): 275-317.

[60] O' Connor J. Creative Cities: The Role of Creative Industries in Regeneration [C]. Power Point Presentation, University of Leeds, 2006.

[61] Palivos Theodore, Wang Ping. Spatial Agglomeration and Endogenous Growth [J]. Regional Science & Urban Economics, 1996 (1): 148-151.

[62] Paul Fussell. Class: A Guide through the American Status System [M]. Simon & Schuster, 1983.

[63] Paul Krugman. Development Geography and Economic Theory [M]. Cambridge, MIT Press, 1995.

[64] Peter Drucker, Ferdinand. The Age of Discontinuity: Guidelines to Our Changing Society [M]. Transaction Publishers, 1992.

[65] Peter F. Drucker. Innovation and Entrepreneurship [J]. Harper Collins, 1999.

[66] Peter F. Drucker. Knowledge - worker Productivity [J]. California Management Review, 1999, 41 (2): 79-94.

[67] Price J. L. Reflections on the Determinants of Voluntary Turnover [J]. Human Resource Management of Man Power, 2001 (22): 600-622.

[68] Price J. L. The Study of Turnover [M]. Ames: Iowa State University Press, 1977.

[69] Reese Gsla. Cultivating the Creative Class: And What about Nanaimo? Economic Development Quarterly, 2008, 22 (1): 8-23.

[70] Richard Florida. The Creative Compact: An Economic and Social Agenda for the Creative Age [J]. The Martin Prosperity Institute, 2009 (1): 1-13.

[71] Rulke D. L., Zaheer S., Anderson M. H. Sources of Managers' Knowledge of Organization Capabilities [J]. Organizational Behavior and Human Decision Processes, 2000, 82 (1): 134-149.

[72] Sato Y. & Zenou Y. How Urbanization Affect Employment and Social Interactions [Z]. IZA Discussion Paper, 2014.

[73] Saxenian A. The New Argonauts: Regional Advantage in a Global Economy [M]. Cambridge, MA: Harvard University Press, 2006.

[74] Scott Allen J. Storper Michael. High Technology Industry and Regional Development: A Theoretical Critique and Reconstruction [J]. International Social Science Journal, 1987 (5): 7-14.

[75] Scott Allen. New Industrial Spaces: Flexible Production Organization and Regional Development in North America and Western Europe [M]. London, Pion, 1988.

[76] Scott A. J. Cultural products Industries and Urban Economic Development Prospects for Growth and Market Contestation in Global Context [J]. Urban Affairs Review, 2004, 39 (4): 461-490.

[77] Sharon Zukin. Loft living: Culture and Capital in Urban Change [M]. Rutgers University Press, 1989.

[78] Spencer L. M., Spencer S. M. Competence at Work: Models for Superior Performance [M]. New York: John Wiley & Sons, Inc. 1993.

[79] Steers R. M., Mowday R. T. Employee Turnover and Post - Decision Accommodation Process [J]. Research in Organizational Behavior, 1981: 235-281.

[80] Strober M. H. Human Capital Theory: Implications for HR Managers [J]. Industrial Relations, 1990 (29): 214-239.

[81] Super D. E. Career and Life Development [C]. In Brown, D., Brooks, L. (Eds.), Career Choice and Development, Jossey - Bass, San Francisco, 1984.

[82] S. H. Slichter. The Management of Labor [J]. Journal of Political Economy, 1919, 27 (10): 7-14.

[83] Taylor L. R., Taylor R. A. Aggregation, Migration and Population Mechanics [J]. Nature February, 1977 (1): 38-41.

[84] Thomas H. Davenport, Sirkka L. Jarvenpaa, Michael C. Beers. Improving Knowledge Work Processes [J]. Sloan Management Review, 1996, 37 (4): 53-65.

[85] Vernon Henderson. Medium Size Cities [J]. Regional Science and Urban Economics, 1997, 27: 583-612.

[86] Yeung H. W. C. Critical Reviews of Geographical Perspective on Business Organizations and the Organizations of Production: Towards a Network Approach [J]. Progress in Human Geography, 1994, 18 (4): 460-490.

[87] 阿弗里德·马歇尔．经济学原理 [M]．北京：华夏出版社，2005.

[88] 阿伦·斯科特．文化产业：地理分布与创意领域 [C] //林拓．世界文化产业发展前沿报告（2003-2004）．北京：社会科学文献出版社，2004.

[89] 艾米尔·路德维希．拿破仑传 [M]．梅沱，张萍等译．杭州：浙江文艺出版社，2008.

[90] 安德鲁·J. 杜布林．人际关系/职业发展与个人成功心理学 [M]．北京：机械工业出版社，2016.

[91] 安树伟，李鹏．城市创意阶层研究新进展［A］//北京大学，北京市教育委员会，韩国高等教育财团．北京论坛（2012）文明的和谐与共同繁荣——新格局·新挑战·新思维·新机遇："世界城市精神传承——经验与创新"城市分论坛论文及摘要集，2012.

[92] 白积洋．中国人口省际迁移的空间选择机制研究［J］．中国人口·资源与环境，2010（20）：7－17.

[93] 鲍枫．中国文化创意产业集群发展研究［D］．吉林大学博士学位论文，2013.

[94] 卞元超，白俊红，范天宇．产学研协同创新与企业技术进步的关系［J］．中国科技论坛，2015（6）．

[95] 蔡昉．劳动力迁移的两个过程及其制度障碍［J］．社会学研究，2001（4）：44－51.

[96] 蔡一帆，童昕．全球价值链下的文化产业升级：以大芬村为例［J］．人文地理，2014（3）：116.

[97] 查尔斯·兰德利．创意城市——如何打造都市创意生活圈［M］．杨幼兰译．北京：清华大学出版社，2009：167－197.

[98] 陈昆玉，陈昆琼．论企业知识协同［J］．情报科学，2002（9）：986－989.

[99] 陈强远，梁琦．技术比较优势、劳动力知识溢出与转型经济体城镇化［J］．管理世界，2014（11）：47.

[100] 陈舒雯．上海创意产业集聚区的发展现状及特征研究［C］．规划创新——2010中国城市规划年会，2010－10－15.

[101] 陈炎霞．创意人才能力素质模型的构建及其应用研究［D］．华侨大学博士学位论文，2011.

[102] 陈治平．影响创意人才集聚的政策因素分析：以上海为案例［J］．城市经济，2009（1）：2－13.

[103] 谌新民．中国劳动力流迁的动因与成本分析［J］．中国人口，1999（4）：25.

[104] 大芬油画村官方网站，http：//www. cndafen. com/index. php？ s =/About/index. shtml.

[105] 德鲁克．21世纪的管理挑战［M］．朱雁斌译．北京：机械工业出版社，2009.

[106] 调查显示：中国员工平均流动率居全球高位［EB/OL］．http：//www. jobhising. com/news/html/？391. html.

［107］丁忠锋，张正萍．亚当·斯密与卡尔·马克思：劳动分工学说之比较［J］．浙江社会科学，2016（3）：146－152.

［108］杜德斌．上海如何迈向具有全球影响力的科技创新中心［N］．解放日报，2014－06－27.

［109］段军芳．生态约束机制下创意产业聚集的组织演化研究［D］．东华大学博士学位论文，2011.

［110］段楠．城市便利性、弱连接与“逃回北上广”——兼论创意阶层的区位选择［J］．城市观察，2012（2）：99－109.

［111］段轩如．创意思维的特点及创意意识的强化［J］．济宁师范专科学校学报，2002（10）：45.

［112］范桂玉．北京市文化创意产业集群发展机制研究［J］．特区经济，2009（10）：84　86.

［113］方明．缄默知识论［M］．合肥：安徽教育出版社，2004.

［114］付永萍．基于生态学的创意产业集群创新机制研究［D］．东华大学博士学位论文，2013：43－44.

［115］高长春．创意经济新思维［M］．北京：经济管理出版社，2010.

［116］郭梅君．创意产业发展与中国经济转型的互动研究［D］．上海社科院，2011.

［117］胡黎明，赵瑞霞．文化创意人才元胜任力模型的 SEM 实证研究——基于文化创意产业链跨区整合视角［J］．北华大学学报（社会科学版），2015（4）：134－138.

［118］花建．推动文化产业的集聚发展［J］．社会科学，2011（1）：14－22.

［119］华正伟．我国创意产业集群与区域经济发展研究［D］．东北师范大学博士学位论文，2012.

［120］黄斌．北京文化创意产业空间演化研究［D］．北京大学博士学位论文，2012.

［121］黄芳．文化创意产业人才特征探析［J］．文史博览：理论，2010（6）：85－87.

［122］黄进，胡甲刚．“三创教育”论纲［J］．武汉大学学报（社会科学版），2003（4）：516－521.

［123］黄群慧，李春琦．报酬、声誉与经营者长期化行为的激励［J］．中国工业经济，2001（1）：60.

［124］黄鑫英，许斗斗．发展福建文化创意产业提高对台产业承接深度——

一种实践的社会资本的分析视角［J］．发展研究，2010（10）：82－85.

［125］黄阳．我国创意城市评价研究［D］．华侨大学博士学位论文，2012.

［126］黄志锋．文化创意产业的价值实现初探［J］．南京航空航天大学学报（社会科学版），2013（2）：32－38.

［127］霍兰．隐秩序——适应性造就复杂性［M］．周晓牧，韩晖译．上海：上海科技教育出版社，2011.

［128］蒋三庚，王晓红等．创意经济概论［M］．北京：首都经济贸易大学出版社，2009：247－250.

［129］堺屋太一．知识价值革命［M］．上海：东方出版社，1986.

［130］金祥荣，陶永亮等．基础设施、产业集聚与区域协调［J］．浙江大学学报（人文社会科学版），2012（3）：148－160.

［131］金元浦．新技术革命与文化产业［J］．瞭望，2004（21）：29－30.

［132］卡尔·马克思．资本论（第一卷）［M］．编译局译．北京：人民出版社，2004.

［133］孔德议，张向前等．创意人才研究综述［J］．科技管理研究，2013（6）：123.

［134］孔德议，张向前．组织承诺与知识型人才激励研究［J］．商业研究，2013（1）：103.

［135］雷光和，傅崇辉，张玲华等．中国人口迁移流动的变化特点和影响因素——基于第六次人口普查［J］．西北人口，2013（5）：1－8.

［136］李程骅，赵曙明．发达国家创意人才的培养战略及启示［J］．经济学研究，2006（11）：1－5.

［137］李刚，牛芳．人才集聚与产业集聚［J］．中国人才，2005（5）：27－28.

［138］李光红，陈学中，孙丽丽．高层次人才集聚管理机制创新［J］．理论学刊，2006（3）：7－14.

［139］李季，范玉刚．中国文化产业园［M］．北京：社会科学文献出版社，2012：32－43.

［140］李建民．人力资本与经济持续增长［J］．南开经济研究，1999（4）：1－6.

［141］李津．创意产业人才素质要求与胜任力研究［J］．科学学与科学技术管理，2007（8）：193－196.

［142］李军锋，周宁等．知识型员工个人元胜任力的测量模型［J］．北京理工大学学报（社会科学版），2012（6）：75－76.

［143］李明峰．深圳油画村：一个城中村的再生轨迹［N］．第一财经日报，2010－04－01.

［144］李明英，张席瑞．中部六省人才柔性流动下的集聚效应研究［J］．中国行政管理，2007（4）：43－45.

［145］李乃文，李方正．产业集群与人才集群的互动关系初探——基于系统动力学的思想框架［J］．产经评论，2011（9）：17－24.

［146］李倩，程刚．企业隐性知识共享能力综合评价研究［J］．情报理论与实践，2014（2）：66－70.

［147］李士勇等．非线性科学与复杂性科学［M］．哈尔滨：哈尔滨工业大学出版社，2006.

［148］李絮，朱金兆，朱清科．生态位理论及其测度研究进展［J］．北京林业大学学报，2003（1）：100－107.

［149］李元元，曾兴雯等．基于创意人才需求偏好的激励模型研究［J］．科技进步与对策，2011（6）：150－153.

［150］李元元．基于创意人才需求偏好的激励模型研究［J］．科技进步与对策，2011（6）：151－154.

［151］李喆．创意劳动的生产劳动研究［J］．西北大学学报（社会科学版），2009（4）：111－115.

［152］理查德·佛罗里达．创意阶层的崛起［M］．司徒爱勤译．北京：中信出版社，2010.

［153］理查德·佛罗里达．创意经济［M］．方海萍，魏清江译．北京：中国人民大学出版社，2006.

［154］厉无畏，于雪梅．关于上海文化创意产业基地发展的思考［J］．上海经济研究，2005（8）：48－53.

［155］厉无畏．创意产业导论［M］．上海：学林出版社，2006.

［156］厉无畏．创意改变中国［M］．北京：新华出版社，2009.

［157］联合国教科文组织创意城市网络网站，http：//www. unesco. org/new/en/culture/themes /creativity/creativeindustries/creative－cities－network.

［158］梁启华，何晓红．空间集聚：隐性知识转移与共享机理与途径［J］．管理世界，2006（3）：146－147.

［159］梁伟年．中国人才流动问题及对策研究［D］．华中科技大学博士学位论文，2004.

［160］林剑，张向前．我国创意产业国际竞争力研究［J］．商业研究，2013（2）：66.

[161] 林剑．企业创意人才生态系统健康研究［D］．华侨大学博士学位论文，2014.

[162] 刘晋强，景普秋．推—拉理论在我国乡—城劳动力转移中的应用与启示［J］．高等财经教育研究，2015（9）：73.

[163] 刘丽，张焕波．北京文化创意产业集群发展问题研究［J］．中国农业大学学报，2006（3）：49.

[164] 刘利成．支持文化创意产业发展的财政政策研究［D］．财政部财政科学研究所博士学位论文，2011（6）：1－2.

[165] 刘平．英国、日本、韩国创意产业发展举措与启示［J］．社会科学，2009（7）：53－60.

[166] 刘强．中国文化产业发展水平的区域比较［D］．东北财经大学硕士学位论文，2010：22－23.

[167] 刘思峰，王锐兰．科技人才集聚的机制、效应与对策［J］．南京航空航天大学学报（社会科学版），2008，3.

[168] 刘奕，马胜杰．我国创意产业集群发展的现状与政策［J］．学习与探索，2007（3）：136－138.

[169] 刘奕，田侃．国外创意阶层的崛起：研究述评与启示［J］．国外社会科学，2013（7）：121.

[170] 陆铭，高虹等．城市规模与包容性就业［J］．中国社会科学，2012（10）：47－66.

[171] 马进．区域人才环境评价指标体系的构成要素［J］．人事管理，2003（9）：4－6.

[172] 迈克尔·波特．国家竞争优势［M］．北京：华夏出版社，2002（1）：72.

[173] 迈克尔·波特．竞争论［M］．高登第，李明轩译．北京：中信出版社，2003：208－219.

[174] 梅萍．英国创意阶层形成和发展［D］．中国美术学院博士学位论文，2009.

[175] 倪鹏飞，高广春等．住房绿皮书——中国住房发展报告（2013－2014）［M］．北京：社会科学文献出版社，2013.

[176] 年终盘点：2015年度文化创意产业园区面面观［EB/OL］．中国文化创意产业网，http：//www.ccitimes.com.

[177] 牛冲槐，崔静等．人才流动与人才聚集效应的作用机理研究［J］．山西农业大学学报（社会科学版），2010（1）：72－73.

[178] 牛冲槐等．人才聚集效应及其评判［J］．中国软科学，2006（4）：119.

[179] 牛冲槐，田莉等．科技型人才聚集对区域经济增长收敛的影响分析［J］ 技术经济与管理研究，2010（2）：63－66.

[180] 牛冲槐，张敏等．基于和谐管理下的人才聚集效应研究［J］．生产力研究，2006，10.

[181] 诺思．制度、制度变迁与经济绩效［M］．上海：上海三联书店，1993.

[182] 彭莎．基于创意产业链的企业创意管理研究［J］．经营管理者，2014（5）：61.

[183] 彭树远，牛冲槐．基于人才聚集视角的知识螺旋过程研究［J］．科技管理研究，2014（3）：166.

[184] 芮明杰，吴光飙等．新经济·新企业·新管理［M］．上海：上海人民出版社，2002.

[185] 芮雪琴，蒋媛卉等．科技型人才聚集中知识共享行为的博弈分析［J］．情报科学，2015（3）：141－145.

[186] 芮雪琴，李亚男等．科技人才集聚的区域演化对区域创新效率的影响［J］．中国科技论坛，2015（12）：126－131.

[187] 商艺．国外创意产业集聚区发展模式研究［J］．中外文化交流，2015（6）：64－66.

[188] 盛建国．创意人才的地域聚集现象分析［J］．新校园（上旬刊），2013（11）：5.

[189] 舒尔茨．论人力资本投资［M］．北京：北京经济学院出版社，1990.

[190] 宋美丽，孙健．国外人才集聚模式的经验及对我国的启示［J］．经济纵横，2010（2）：119－122.

[191] 宋艳涛，李燕．三种异质相互依存型人才的聚集模型［J］．山西财经大学学报，2011（4）：247，249.

[192] 孙健，邵秀娟等．新兴工业化国家和地区人才集聚环境建设的经验及启示［J］．中国海洋大学学报（社会科学版），2004（6）.

[193] 孙健，孙启文，孙嘉琦．中国不同地区人才集聚模式研究［J］．人口与经济，2007（3）：13－18.

[194] 孙健，徐辉等．国有、民营、外资企业人才集聚模式比较研究［J］．软科学，2007（3）：138－141.

[195] 孙健，尤雯．人才集聚与产业集聚的互动关系研究［J］．管理世界，2008（3）：177.

[196] 孙丽丽，陈学中．高层次人才集聚模式与对策［J］．商业研究，2006（9）：131－134.

[197] 孙茜．关于人力资本与经济增长关系的文献综述［J］．商场现代化，2015（29）：98－99.

[198] 孙亚菲．原创力促大芬文化产业升级［N］．中国文化报，2013－05－14（12）.

[199] 泰勒尔．产业组织理论［M］．北京：中国人民大学出版社，1997.

[200] 唐朝永．经济环境与科技型人才聚集效应的关联分析［J］．中国市场，2010（4）：69.

[201] 田巧芳．北京市文化创意产业的发展模式研究［D］．中国地质大学博士学位论文，2008.

[202] 汪志红，谌新民等．企业视角下人才流动动因研究——来自珠三角854家企业数据［J］．科技进步与对策，2016（3）：149－150.

[203] 王飞鹏．文化创意产业发展与创意人才开发研究［J］．未来与发展，2009（7）：19－22.

[204] 王飞鹏．文化创意产业人才的开发与培育研究［J］．人口与经济，2009（3）：41.

[205] 王奋，杨波．科技人力资源区域集聚影响因素的实证研究——以北京地区为例［J］．科学学研究，2006（10）：722－726.

[206] 王桂新，潘泽瀚等．中国省际人口迁移区域模式变化及其影响因素——基于2010年人口普查资料的分析［J］．中国人口科学，2012（5）：2.

[207] 王缉慈，王敬甯．中国产业集群研究中的概念性问题［J］．世界地理研究，2007（12）：94－95.

[208] 王俊，汤茂林等．国外创意阶层研究进展［J］．江苏商论，2007（5）：121－123.

[209] 王俊票．城市文化创意产业发展环境研究——以我国35个大中城市为例［D］．浙江财经大学博士学位论文，2014.

[210] 王克岭，陈微等．基于分工视角的文化产业链研究述评［J］．经济问题探索，2013（3）：167.

[211] 王乐杰，崔沪．制造业人才集聚模式与对策［J］．山东商业职业技术学院学报，2009（6）：16－18.

[212] 王萍，章守明．区域人才集聚策略研究［J］．经济问题，2006

(11)：14－15.

［213］王荣欣．中国创意阶层的空间流动［D］．广东省社会科学院博士学位论文，2014.

［214］王锐兰，刘思峰．发达地区创新人才集聚的驱动机制［J］．江苏农村经济，2006（3）：50.

［215］王世平，毛海涛．城市规模、流动成本与异质性就业［J］．中南财经政法大学学报，2015（4）：46－49.

［216］王学义．我国知识失业问题的制度根源分析［J］．中国劳动，2015(3)：7－14.

［217］王勇．人才集聚研究综述［J］．生产力研究，2011（9）：205－207.

［218］魏权龄．数据包络分析（DEA）［M］．北京：科学出版社，2004.

［219］翁清雄，胡蓓．人才流动的成长效应［J］．经济管理，2008（5）：54－57.

［220］吴晓刚，张卓妮．户口、职业隔离与中国城镇的收入不平等［J］．中国社会科学，2014（6）：118－140.

［221］吴玉娟．文化创意企业融资机制探析［J］．财会通讯，2014（11）：17－18.

［222］夏芒．不可不知的心理效应全集［M］．北京：化学工业出版社，2011.

［223］向勇．创意领导力：创意经理人胜任力研究［M］．北京：北京大学出版社，2011.

［224］肖晓勇，罗育林．军事人力声誉激励机制研究［J］．学术争鸣，2010（5）：16－17.

［225］邢春冰，贾淑艳，李实．教育回报率的地区差异及其对劳动力流动的影响［J］．经济研究，2013（11）：7－14.

［226］徐德英，韩伯棠．地理、信息化与交通便利邻近与省际知识溢出［J］．科学学研究，2015（10）：1555－1563.

［227］徐光平．人力资本空间集聚与产业集聚发展互动研究［D］．山东师范大学博士学位论文，2007.

［228］亚当·斯密．国富论［M］．谢宗林，李华夏译．北京：中央编译出版社，2010.

［229］鄢圣文．产业集聚的人才集聚效应分析［J］．现代商业，2015(36)：36－37.

［230］严善平．中国省际人口流动的机制研究［J］．中国人口科学，2007

(1)：71 –77，96.

［231］颜爱民．人力资源生态系统导论［M］．北京：经济管理出版社，2011.

［232］杨波．系统动力学建模的知识转移演化模型与仿真［J］．图书情报工作，2010（9）.

［233］杨多贵，周志田．创新驱动发展的战略选择、动力支撑与红利挖掘［J］．经济研究参考，2014（64）：3 –9.

［234］杨留华．文化创意产业链中的信任机制研究［J］．商道，2015（5）：37.

［235］杨燕英，张相林．我国文化产业创意人才的素质特征与开发［J］．中国广播电视学刊，2010（9）：33 –35.

［236］杨玉龙．文化创意产业发展要素研究［J］．经营管理者，2011（3）：203，213.

［237］杨郁．基于创新型人才聚集视角的组织知识协同管理研究［J］．中国市场，2012（12）：29 –30.

［238］叶康涛，张然，徐浩萍．声誉、制度环境与债务融资［J］．金融研究，2010（8）：171 –183.

［239］伊丽莎白·科瑞德．创意城市：百年纽约的时尚、艺术与音乐［M］．北京：中信出版社，2010：97 –115.

［240］易华．创意产业勃兴与创意阶层崛起［J］．经济问题探索，2009（11）：46.

［241］易华．创意阶层理论研究述评［J］．外国经济与管理，2010（3）：63 –64.

［242］尹宏．文化创意产业集聚的空间演化研究［J］．四川师范大学学报（社会科学版），2013（2）：39 –45.

［243］英国文化体育与传媒部（UK Department of Culture，Media and Sport）．创意及休闲旅游产业的生产力估算［EB/OL］．http：//www. culture. gov. uk.

［244］于丽丽，赵新正等．上海创意产业集聚区：动力机制、形成模式和空间分异［J］．产经评论，2010（7）：13.

［245］余芳珍，陈劲，沈海华．新产品开发模糊前端创意管理模型框架及实证分析——基于全面创新管理的全要素角度［J］．管理学报，2006（3）：573 –579.

［246］袁界平，张圆圆．我国创意人才匮乏现状、原因解析及对策思考［J］．科技管理研究，2009（5）：346 –348.

[247] 袁薇薇. 浅论创意管理的要素与方法 [J]. 经营管理者, 2012 (12): 49 - 55.

[248] 苑捷. 当代西方文化产业理论研究概述 [J]. 马克思主义与现实, 2004 (1): 98 - 105.

[249] 约翰·M. 伊万切维奇. 人力资源管理 [M]. 赵曙明译. 北京: 机械工业出版社, 2005.

[250] 约翰·霍金斯. 创意生态 [M]. 林海译. 北京: 北京联合出版公司, 2011.

[251] 约瑟夫·熊彼特. 经济发展理论 [M]. 北京: 商务印书馆, 2000.

[252] 曾光. 创意产业城市集聚探析 [D]. 湘潭大学博士学位论文, 2007.

[253] 湛垦华, 沈小峰. 普利高津与耗散结构理论 [M]. 西安: 陕西科学技术出版社, 1998.

[254] 张峰, 李雪铭等. 基于创意人才发展的城市人居环境评价研究[J]. 河南科学, 2014 (1): 98.

[255] 张浩, 洪琼. 协同创新主体间知识创新演化的系统动力学分析 [J]. 现代情报, 2016 (1): 36.

[256] 张恒惠, 尹艳冰. 天津创意产业与创意经济发展研究 [J]. 网络财富, 2008 (10): 81.

[257] 张洪潮, 牛冲槐. 人才集聚现象与集聚效应质量互变系统研究 [J]. 中国流通经济, 2006 (11): 138 - 140.

[258] 张洁瑶. 创意产业组织价值共创机理及影响要素研究 [D]. 东华大学博士学位论文, 2014.

[259] 张婕, 樊耘等. 组织激励与组织约束对员工创新的二元影响研究——基于应激交互作用理论 [J]. 预测, 2015 (6): 1 - 3.

[260] 张京成, 刘光宇. 我国创意产业发展现状与趋势 [J]. 北京联合大学学报 (人文社会科学版), 2011 (5): 79.

[261] 张京成. 中国创意产业发展报告 (2015) [M]. 北京: 中国经济出版社, 2015.

[262] 张仁汉. 人才集聚效应: 文化创意产业发展的新引擎 [J]. 浙江经济, 2013 (5): 36 - 37.

[263] 张胜冰. 文化创意人才的地域集聚与环境要素的关系 [J]. 福建论坛 (人文社会科学版), 2011 (10): 21 - 25.

[264] 张诗信. 员工成长曲线——职业命运解析与自我管理秘籍 [M]. 世界图书出版公司, 2013.

［265］张守凤，刘建勋．基于系统论的知识型组织人才集聚效应的评价研究［J］．东岳论丛，2010（6）：125－127.

［266］张嗣瀛．复杂性科学、整体规律与定性研究［J］．复杂系统与复杂性科学，2005（1）：71－83.

［267］张体勤，刘军等．知识性组织的人才集聚效应与集聚战略［J］．理论学刊，2005（6）：7－14.

［268］张西奎，胡蓓．产业集群的人才集聚研究［J］．商业研究，2007（3）：5－7.

［269］张樨樨．产业集聚与人才集聚的互动关系评析［J］．商业时代，2010（9）：24.

［270］张向前．知识型人才内涵分析［J］．科学学研究，2009（4）：504－510.

［271］张晓明．创意产业在中国的前景［J］．投资北京，2005（5）：46－48.

［272］张秀艳，徐立本．人才流动的经济学分析［J］．吉林大学社会科学学报，2003（5）：119.

［273］张燕，付晟，蔡娟娟等．文化创意人才测评方法及综合评价研究［J］．现代传播（中国传媒大学学报），2010（8）：87－91.

［274］赵曙明，李程骅．创意人才培养战略研究［J］．南京大学学报（哲学·人文科学·社会科学），2006（6）：111－114.

［275］赵祥宇，姜宇．产业集聚与区域人力资本集聚［J］．技术经济，2003（2）：22－23.

［276］中松义郎．人际关系方程式：用公式开拓你的人生［M］．桂林：漓江出版社，1999.

［277］钟秉林．国际视野中的创新型人才培养［J］．中国高等教育，2007（34）：37.

［278］周皓．资本形式、国家政策与省际人口迁移［J］．中国人口科学，2006（1）：42－51.

［279］周均旭，胡蓓．产业集群人才引力效应与成因分析［J］．管理评论，2010（3）：102.

［280］周均旭，江奇．产业集群人才集聚机理研究［J］．河南科技学院学报（社会科学版），2011，3.

［281］周蜀秦，李程骅．文化创意产业促进城市转型的机制与战略路径［J］．江海学刊，2013（6）：89.

［282］朱传耿，顾朝林．中国城市流动人口的特征分析［J］．人口学刊，

2001（2）：3.

［283］朱良华，张堂云．西部地区“三位一体”人才集聚模式的构建［J］．商场现代化，2009（4）：285－286.

［284］朱天龙，胡健．基于创意价值链的创意产业管理人才定义及能力研究［J］．科技管理研究，2011（19）：128－130.

［285］朱杏珍，朱彩虹．人才集聚效应评价指标构建：基于浙江省的实例［J］．中共福建省委党校学报，2011（10）：100.

［286］朱杏珍．浅论人才集聚机制［J］．商业研究，2002（8）：66－67.

［287］诸大建，易华等．上海建设创意型城市的战略思考——基于“3T”理论的视角［J］．毛泽东邓小平理论研究，2007（3）：59－64.

［288］祝琴，贾晓菁等．创新研究系统隐性知识生成转化反馈环特性仿真分析［J］．系统工程理论与实践，2015（7）：7－14.

［289］宗艺东．基于库克曲线应对国企人才流失的措施［J］．企业管理，2015（3）：121.